明清时期

张晓纪／著

MINGQINGSHIQI HUBEI RENCAI DILI FENBU YANJIU

湖北人才地理分布研究

人民出版社

目　录

绪　论

一、研究缘起

(一)问题的提出

自古以来"人才"都是人们关注和研究的对象。早在春秋战国时期,各诸侯国就深知"得人才者得天下"的道理,广延天下人才。汉代王充所著《论衡》开卷第一篇就是论述人才之机遇。三国时期魏国刘劭所著《人物志》则较为系统论述了人才识别、选取和任用的理论与方法,该书也是现存的第一部专论人才选拔与任用的著作。《四库全书提要》对《人物志》给出了中肯的评价,曰"其书主于辨论人才,以外见之符,验内藏之器,分别流品,研析疑似"。至唐宋,既有韩愈、李贺借马喻人的典故,也有秦观著《人才》策论。明朝开国皇帝朱元璋专门颁布《求贤令》,曰"贤才,国之宝也"①。清代雍正皇帝也认为:"治天下惟以用人为本,其余皆枝叶事耳。"②清嘉庆、道光朝以后,面对国势的日趋衰败,著名文学家和思想家龚自珍发出了"我劝天公重抖擞,不拘一格降人才"③的呐喊,更是深深影响和触动着每一个中国人。

---

① (清)夏燮撰,王日根、李一平等校点:《明通鉴》,明通鉴纪卷五《纪五》"太祖洪武六年癸丑至八年乙卯",岳麓书社 1991 年版,第 226 页。

② (清)蒋良骐撰,林树惠、傅贵九校点:《东华录》,卷二十五,中华书局 1980 年版,第412 页。

③ (清)龚自珍:《己亥杂诗》,其二百二十。

固然"人才"在中国历史上备受各阶层的重视,上至帝王将相、中到士绅阶层、下至平民百姓都重视人才、渴望人才,但是对人才地理分布的科学研究则是比较晚近的。历史人才地理研究,实际上就是对历史时期的人才进行地域分布格局的复原,并探索其分布及变迁的规律与原因。从地域空间性角度看,历史人才地理是历史文化地理的分支。关于历史人才地理分布的科学研究肇始于 20 世纪初,从既有的研究文献来看,对湖北历史人才地理分布的研究还比较少,尤其是对明清湖北人才地理分布的系统研究更是鲜见。

湖北境域在先秦时曾是楚国的核心地区,也是灿烂辉煌的楚文化的中心。早在《史记·货殖列传》中就称:"楚越之地,地广人希,饭稻羹鱼,或火耕而水耨,果隋蠃蛤,不待贾而足,地势饶食,无饥馑之患,以故呰窳偷生,无集聚而多贫,是故江淮以南,无冻饿之人,亦无千金之家。"①湖北属于西楚"其俗剽轻,易发怒,地薄,寡于积聚。江陵故郢都,西通巫、巴,东有云梦之饶"②。迨至宋代,湖北则"本朝二百年之间,降为荒落之邦,北连许、汝,民居稀少,土产卑薄,人才之能通姓名于上国者,如晨星之相望;况至于建炎、绍兴之际,群盗出没于其间,而被祸尤极"③。南宋叶适也曾说过:"今吴越闽蜀,家能著书,人知挟册,以辅人主取贵仕。而江汉盖鲜称焉,岂其性与习俱失之哉?"④两宋时期湖北文化的萧条与落后,人才之凋零与东南地区形成鲜明的对照。

1922 年梁启超到武汉演讲时指出,自汉至明末,"湖北与中国各省文化之程度比较,适或水平线列于不高不低之地位间。"⑤明清湖北进士在全国

---

① (汉)司马迁:《史记》,卷一百二十九,中华书局 1959 年版,第 3270 页。
② (汉)司马迁:《史记》,卷一百二十九,中华书局 1959 年版,第 3267 页。
③ (元)脱脱:《宋史》,卷四百三十六《列传第一百九十五》"陈亮",中华书局 1977 年版,第 12937 页。
④ (宋)叶适:《水心文集》,卷九《汉阳军修学记》,商务印书馆 1922 年版。
⑤ 周积明:《一九二二年梁启超的武汉之行及其关于湖北文化的演讲》,《光明日报》2004 年 7 月 20 日。

也处于中等偏下的位置,何炳棣通过统计分析的方法阐述了全国各省明清两代的进士数量及社会流动,发现湖北进士在明清两代均排在第 11 位,①居中等偏下的位置;平均每百万人口的进士数,明代湖北排第 10 位,清代排第 14 位。② 可见明代湖北人才比清代突出。正如清人顾祖禹所言:"论湖北之人才,春秋楚为首,三国时次之,明又次之。"③明代是湖北历史上人才产出的三大高峰之一。

但是这些都是针对湖北文化及进士人才在全国的地位研究,未见对湖北区域人才的内部细化研究,尤其是对处于明清社会转型期的湖北人才关注不多。诸如明清两代湖北人才地理分布,人才演变趋势以及人才与区域经济、文化之间的关系等等,都具有重要的研究价值。湖北人才地理分布的研究不仅是填补区域历史人才地理研究在这一细分领域的空白,更是梁启超、何炳棣等前辈学人研究的延续与补充。

(二)研究的意义

学界在研究地域文化发展程度的时候经常通过分析一些指标来反映,"在考察历史上国家一级地域的社会文化发展程度的问题时,人才的地理分布是一项十分重要的指标。"④传统中国对同乡观念比较看重,人们对本地区所涌现出的人才感到自豪也是重视同乡观念使然。周振鹤曾指出,"历史人物分布密集的地方,相对而言文化比较发达,这是不言而喻的。中国人安土重迁,籍贯和生长地往往是二而一,所以从人物的籍贯分布又可以窥见环境对于人物的影响。"⑤因此,虽然籍贯并不是研究区域人才分布的

---

① 何炳棣著,王振忠译,陈绛校:《科举与社会流动的地域差异》,《历史地理》第十一辑,上海人民出版社 1993 年版,第 301—302 页。

② 何炳棣著,王振忠译,陈绛校:《科举与社会流动的地域差异》,《历史地理》第十一辑,上海人民出版社 1993 年版,第 301—302 页。

③ 顾祖禹:《读史方舆纪要》,中华书局 2005 年版。

④ 伍跃:《明末州县官僚的地理分布——以〈分省抚按缙绅便览〉为中心》,《明史研究论丛(第十三辑)——庆祝中国社会科学院历史研究所成立 60 周年专辑》,2014 年版。

⑤ 周振鹤:《中国历史文化区域研究》,复旦大学出版社 1997 年版,第 8 页。

唯一指标,但它却是学术研究不可忽视的一项,也是人才地理研究中使用较多的一个指标。"籍贯是人才地理研究的主要基础。"①而选择某一区域作为历史文化地理研究的对象已为学界广泛认同和采纳。

于湖北而言,以往的学术研究较多关注湖北文化史的研究,对于湖北人才的研究仅仅是宏观地阐述或一带而过。人才是文化的外在表征,产出的人才能反映文化的水平。因此结合方志资料进行明清湖北人才地域分布的深入研究,对于丰富明清时期湖北文化地理的研究以及湖北文化史的研究都很有意义。

1. 理论意义

明清时期,湖北文化比唐宋时期有较大幅度的发展,在全国的地位有所升高。明人描述湖北武昌文化盛况的有,"夫黄鹤楼以壮丽称江湘间,当天下盛时,舟车旌盖之来游,考钟鼓,肆管绒,燕会于其上者踵相接也。"②黄鹤楼以壮丽称于江、湘间,这表明武昌作为文化中心与整个长江中游的空间联系起来,湖北文化反映了整个长江中游文化空间格局的变化。

明清时期是湖北行政区划的定型时期,自明代设立湖广行省之后,湖北疆域才开始统属于一个独立的高层政区,清承明制,高层政区变化不大。因此,明清两代为今天湖北的行政区划格局奠定了基础。明代湖北在各领域涌现出众多的人才。

> 相业则杨溥、张居正;名臣则张瓒、王轼、陈金、邹文盛、孙交、周宏
> 禴、郭正域;谏诤则仵瑜、杨涟;清廉则吴琳、鲁铎、王兴福;将略则刘天
> 和、梅国祯、熊廷弼;忠节则贺逢圣、张同敞;理学则李承箕、耿定向;文
> 章则李维桢、王廷、陈斯并载在前史,章章然矣。然明一代人才之所由

---

① 胡兆量等:《中国人才地理特征》,《经济地理》1998 年第 1 期。
② (明)方孝孺:《逊志斋集》,卷十八《书黄鹤楼卷后》,文渊阁本《四库全书》,台湾商务印书馆 1983 年版,第 1235 册,第 527 页。

出,皆自科举言者。至谓科举败坏人才,殊不知科举之法犹猎,张網而顿之,一朝之获,祭祀宾客,庖厨之选,皆备人才,必历试而后显用之。……明视进士尤重,十数年间致位卿相后先相望不幸蹉跌,旋仆旋起。①

这一时期,湖北经济也开始了繁华的时代。民谚有云:"湖广熟,天下足"。明代成化年间,湖北各地商品经济发展较快,带动各类学校、书院等教育设施的发展,促进了刻书业的繁荣。由于汉水的改道,给汉口带来了绝佳的发展条件,并跻身为全国四大名镇之一。正是在经济发达、文化繁荣的基础上,才造就了明代湖北的人才辈出。

"虽谓清之人才无以加于明可也,独湖北减哉,今人才未尝一日乏绝于天下也。"清代湖北人才逊色于明代。彼时,湖北位于战略要地,常受战乱之祸害。如明末清初之变故,长达三四十年的空前动乱,使得湖北社会解体,生产停顿,城乡残破,人口锐减。《湖北通志》的编者们在总结清代湖北人学术影响不彰的原因时则说,"学莫患乎足己而无以公诸人,无以公诸人则先生不能诱接后进,以成遂其名,谓之无友;足己则后生不肯服从先达而诵谈其行,谓之无师。至且避标榜之迹而并去其阐扬之实,胥失之已。"这段话表明,湖北士人的性格内向、耻于自我阐扬,不善交结、交流,是造成清代学术成果不易传播和流传的原因。就清代而言,战乱、专制政体的束缚以及沿袭传统的隐逸风俗,加上清代湖北距离政治中心较远,经济不甚发达等原因造成人才的衰落。现有的研究成果对明清两代湖北省内人才的差异与变迁关注颇少。对于这一领域还有很大的研究空间。因此从历史地理学的视角探究湖北历史的重要阶段——明清时期的人才地理分布是湖北人才地

---

① (清)吕调元、刘承恩修,张仲炘、杨承禧纂:民国《湖北通志》,卷一百二十三《人物志》"序",民国十年重刊本,台湾华文书局1967年版,第2789页。

理研究的需要,亦将充实湖北文化史的研究。

2.现实意义

19世纪末20世纪初,时任湖广总督的张之洞在主持"湖北新政"取得耸动中外视听的成就之际,在黄鹤楼欣然题写楹联:"昔贤整顿乾坤,缔造先从江汉起;今日交通文轨,登临不觉欧亚遥。"高度评价了湖北省的重要地位。

做历史研究的意义在于"有用于世"①。白寿彝先生曾说:"历史理论的探索,是通古通今的,既要探索历史发展过程中所体现的规律,也要探索这种规律跟现实的联系性,用以说明现在,观察未来。"②湖北素来有"九省通衢"的美誉,交通便捷,具有丰沛的淡水资源,人力资源和产业优势明显。今天的湖北作为长江经济带的重要省份,战略地位凸显。长江经济带集内河经济带、协调发展带、对内对外开放带、先行示范带于一体,发展机遇众多。湖北省省域地貌是东、西、北三面环山,中间低平,略呈向南敞开的不规则盆地。自古以来,荆楚大地文化底蕴深厚,春秋战国时期的楚国在长达八百多年的历史中,创造了灿烂辉煌的楚文化。但是湖北人在历史上有"天上九头鸟,地上湖北佬"的称谓,褒贬不一,如民国《夏口县志》有云:"吾邑山少水多,坎流之性有余,艮止之性不足,故地无团结之气,人亦少团结之心。其不植私党者道在此,其不能合群者亦在此。"③影响了湖北人才的外在形象。

明清时期去今不远,亦是湖北历史上的重要阶段。研究明清时期湖北人才,可以更全面地展现这一时期湖北地区区域文化发展的全貌,有助于其与周边省份及全国人才的对比与对话。

---

① 史念海:《发挥中国历史地理学有用于世的作用》,《中国历史地理论丛》1992年第3期。

② 白寿彝:《中国通史》第一卷《导论》,上海人民出版社2004年版,第290页。

③ 民国《夏口县志》,卷二《风土志》,《中国地方志集成》,湖北府县志辑03,江苏古籍出版社2001年版,第37页。

通过研究明清两代湖北人才的地域分布及演变,揭示湖北人才之特点,进而归纳出影响人才成长与分布的因素,可以为今天的湖北加强自身人才培养力度,吸引外来人才来湖北创新创业,改善外界对湖北人形象的认识,为实现湖北"中部崛起"提供智力支持。

二、研究综述

20 世纪 60 年代,海外华人何炳棣先生出版了专著《明清社会史论》,这本书被誉为讨论科举与社会流动最全面的一部经典巨著,影响了中国社会史与明清史及东亚史的研究。他运用了鲜为人注意的科举史料,如近百种明清两代的 15000 名进士、20000 多名晚清举人和特种贡生的三代履历等,并量化分析这些资料,系统地展现了明清两代间初阶、中阶、高阶举业所造成的社会流动。他分析了约四万个进士和举贡案例,发现这些人祖上三代为布衣出身的比例很高,甚至高达 40% 以上,因此他认为明清时期中国具有高度的社会流动性,远远超过英国 18 世纪的情形。书中专辟有"明代特殊身份进士的统计"、"以省份区分的科举成功者之地理分布"①等节,阐述明代进士数量、各省进士数量及在全国的地位。

钱海峰 2008 年在《宗教科学》(*Regional Science*)发表《人才、创新与区域经济发展:以中国为例》(*Talent,Creativity and Regional Performance:the Case of China*)一文,系统探讨了当代中国人才地域分布与地区经济发展之间的互动关系。其研究发现,影响人才地域分布既有就业和工资水平等市场因素,也有便利设施、开放度和大学等非市场因素,但大学对当代中国人才地域分布的影响最为重要。②

---

① 何炳棣著,徐泓译注:《明清社会史论》,(中国台湾)联经出版事业股份有限公司 2013 年版。美籍华裔历史学家何炳棣教授的《明清社会史论》初版于 1962 年,原著问世后已有意大利文、日文和韩文译本问世,中文译本由东吴大学徐泓教授译注。

② Haifeng Qian,"Talent,Creativity and Regional Economic Performance:the Case of China",*Regional Science*,2008,pp.133-156.

（一）历史人才地理学研究述评

实际上在 20 世纪初叶,即有关于历史人才地理的研究,但中国历史人才地理的研究实际兴盛于 20 世纪 70 年代后期,笔者查阅了学术界相关研究成果后发现,历史人才地理的研究虽取得了丰硕的成果,但相比人才学、地理学等研究尚显薄弱,研究成果的广度、深度和系统性均显不够。关于历史人才地理学的研究可划分为以下三个阶段①。

1. 20 世纪 20—30 年代的初步研究

关于历史人才的研究肇始于 20 世纪初叶,研究对象集中在列传人物、进士及历代人物等。早在 1915 年,任鸿隽②即探讨了科学家人数与文化的关系。而在 20 世纪 20 年代,丁文江在《历史人物与地理的关系》③考察了二十四史 5778 位列传人物。他分析前汉、后汉、唐、北宋、南宋和明六个时期的历史人物地域分布后发现,后汉时期河南人物最多,占 37.2%,到了明代却不到 7%;而江西在前后汉历史人物不到 5%,到明代却上升到 11%。他认为历史人物分布变化的原因是历代王朝建都地点的变迁、文化中心的转移、皇室的籍贯、经济发展程度等多方面的因素造成的。翌年,梁启超先生发表了《近代学风之地理的分布》④研究了学者产地,以行政区域分节分析 20 省之学风的异同及特色,提出"何故一代学术,几为江、浙、皖三省所独占? 何故考证学盛于江南,理学盛于河北?"等 12 个问题。1926 年,朱君毅研究了清代人物 19 类 5986 人的地理分布,发表了《现代中国人物之地理教育与职业的分布》⑤;张耀翔发表了《清代进士之地理分布》⑥一文,他运用

---

① 本节内容主要参考了张晓纪的硕士学位论文《明清时期安徽人才地理分布研究》,福建师范大学 2009 年硕士学位论文,有增减。

② 任鸿隽:《科学家人数与一国文化之关系》,《科学》1915 年第 1 卷第 6 期。

③ 丁文江:《历史人物与地理的关系》,《科学》1923 年第 8 卷第 1 期。

④ 梁启超:《近代学风之地理的分布》,《清华学报》1924 年 1 卷 4 期。

⑤ 朱君毅:《现代中国人物之地理教育与职业的分布》,《心理》1926 年 4 卷 1 期。

⑥ 张耀翔:《清代进士之地理分布》,《心理》1926 年 4 卷 1 期。

历史统计学方法,研究了清代 24451 名进士地理分布特征;他还发表了《中国人才产生地》①一文阐述中国人才的产生地区差异;之后有黄炎培《清代各省人文统计之一斑》②、朱君毅《中国历代人物之地理的分布》③等著作的问世。

有关历史人才的研究必定要谈到优生学家潘光旦先生。早在 1917 年,潘光旦在清华大学开课,专讲"人才论"。1931 年,潘光旦应邀到浙江大学和民众教育实验学校演讲,以《杭州的人才》为演讲题目。翌年,又到苏州青年会作了以《苏州的人才》为题的演讲,这篇演讲文本发表在《社会科学》1935 年 1 卷 1 期上。潘光旦还用家谱祖系调查法等研究方法,考察人才与血统的关系。他对人才地理的研究涉及人才的地理产生、分布和移植等 3 个方面。曾发表过论文《中国画家的分布、移植与遗传》④、《武林游览与人文地理学》⑤,论著《中国伶人血缘之研究》⑥、《明清两代嘉兴的望族》⑦等。但是因抗日战争的爆发,国内学术研究遭到中断,在中国大陆自新中国成立以后近三十年,人文地理长期遭受冷落。⑧

2. 20 世纪 40—70 年代末的沉寂

就目前收集的资料来看,这一阶段有关历史文化地理的成果很少,同样也罕见关于历史人才地理的研究,这 30 年是历史人才地理的沉寂期。关于历史人才分布研究仅见于张家驹《两宋经济重心的南移》⑨一书中专辟"从

---

① 张耀翔:《中国人才产生地》,《晨报副刊》1926 年第 1480—1481 号。
② 黄炎培:《清代各省人文统计之一斑》,《人文月刊》1931 年 2 卷 6 期。
③ 朱君毅:《中国历代人物之地理的分布》,中华书局 1932 年版。
④ 潘光旦:《中国画家的分布、移植与遗传》,《人文月刊》第 1 卷 1 期。
⑤ 潘光旦:《优生概论》,北京大学出版社 2010 年版。
⑥ 潘光旦:《中国伶人血缘之研究》,《中山文化教育馆丛刊》,1934 年 9 月。
⑦ 潘光旦:《明清两代嘉兴的望族》,《中山文化教育馆丛刊》,1935 年 8 月。
⑧ 谭其骧:《历史人文地理研究发凡与举例》,《历史地理》第十辑,上海人民出版社 1992 年版,第 19 页。
⑨ 张家驹:《两宋经济重心的南移》,湖北人民出版社 1957 年版。

人才勃兴看两宋南方经济文化的发展"一章,选取了宰相、儒道、文人、词人及画家等作为研究对象,阐述了宋代人才地理分布与经济文化发展之间的互动关系。

3. 20 世纪 80 年代以来的勃兴

随着改革开放后人文地理在国内的恢复,历史文化地理研究迎来了春天。20 世纪 80 年代以来涌现出众多的研究成果,不胜枚举。下文分门别类予以分析。

(1)综合性历史人才地理的研究

通论性历史人才地理的研究有对科举人才如状元或进士的研究,也有对近现代杰出人才如专家学者或体育武术人才的研究。目前多数学者以人物籍贯作为人才地理分布研究的载体。葛剑雄认为,按人物的"出生地和生长地",或应将与人才有关的种种因素叠加统计,综合分析来反映区域人文升降或许更符合实际,但实际操作起来谈何容易。① 因此,对于人才地域分布的研究还是以人才籍贯为标准来进行的。

1983 年,严耕望发表了《战国学术地理与人才分布》②一文具有开创性,文中他阐述了先秦诸子百家的流行地域及各地文化的发展状况;同年,陈正祥在他著的《中国文化地理》③一书中,也分析论证了中国古代不同类型的人才地域分布和迁移特征。

20 世纪 90 年代涌现出不少经典著作,如赵世瑜等的《中国文化地理概说》④、卢云的《汉晋文化地理研究》⑤和王会昌的《中国文化地理》⑥都论述

---

① 葛剑雄:《历史人物分布研究中值得注意的三个问题》,转引自缪进鸿主编:《中国东南地区人才问题国际研讨会论文集》,浙江大学出版社 1993 年版,第 30—34 页。
② 收入《严耕望史学论文选集》,(中国台湾)联经出版事业公司 1991 年版。
③ 陈正祥:《中国文化地理》,香港生活·读书·新知三联书店 1983 年版。
④ 赵世瑜等:《中国文化地理概说》,山西教育出版社 1991 年版。
⑤ 卢云:《汉晋文化地理》,陕西人民教育出版社 1991 年版。
⑥ 王会昌:《中国文化地理》,华中师范大学出版社 1992 年版。

人才的地理问题;张步天的《中国历史文化地理》①专门探讨了学校与人才分布地理等相关内容。司徒尚纪的《广东文化地理》②专辟一章论述广东人才的产生、分布和流动,选取广东历代察举科举人才籍贯、学校、地方志、文献作者地籍等要素,分别从人才产生的历史过程和动因、人才的区域分布、人才在广东的流动和走向等方面进行阐述。

1995 年张伟然在他的博士论文基础上出版了《湖南历史文化地理研究》③一书,则是以籍贯作为研究人才的最好例证。他从正史列传中的湘籍人物、进士、学者等人才着手阐述了湖南历史时期的人才,尤为可贵的是该书绘制了《湖南历代进士表》、《历代著作分布表》、《宋元明清著作进士分布图》以及《学者分布图》,让人更直观地了解了湖南人才。蓝勇的《西南历史文化地理》④涉及列传人物、进士、鼎甲、杰出专家、学者、方言、宗教信仰、民俗等地域分布情况,分析区域人才籍贯的地域分布和文化发展的异同。

进入新世纪以来,人才地理的研究蒸蒸日上,成果众多。学术著作方面有胡兆量等编著的《中国文化地理概述》一书对中国文化地理的基本理论,中国自然、人种、历史、军事、经济方面的地理知识进行了比较系统的介绍;阐述了语言、文艺、人才、饮食和建筑五个领域的地理问题,并阐述了区域和城市文化地理⑤。王会昌等的《长江流域人才地理》⑥一书分为人才成长与地理环境、长江流域历代人才分布的时空变迁和长江流域人才类型的空间分布三编,以《辞海》为依据,选择历史上大一统王朝人才作为主要统计对象,按照历史时期的顺序共分析了 2965 位历史人物。此外,刘锡涛的《中国

---

① 张步天:《中国历史文化地理》,湖南教育出版社 1993 年版。
② 司徒尚纪:《广东文化地理》,广东人民出版社 1993 年版。
③ 张伟然:《湖南历史文化地理研究》,复旦大学出版社 1995 年版。
④ 蓝勇:《西南历史文化地理》,西南师范大学出版社 1997 年版。
⑤ 胡兆量等编著:《中国文化地理概述》,北京大学出版社 2001 年版。
⑥ 王会昌等:《长江流域人才地理》,湖北教育出版社 2005 年版。

历史地理概要》①中有三节内容是研究历史人才地理的,并对"状元"、"教授"等专门人才进行个案剖析。

学术论文有吴泽《历史上人才的地理分布与阶级层次的转移》②分析了历史时期人才的地理分布、升降率等的不平衡性及社会根源以及历史上人才资源的阶级、阶层成分与社会形态递变的关系。梅介人的《我国人才地理分布略述》③、《世界科技人才地理分布述略》④和《湖北人才地理分布》⑤等论著对科技人才等当代人才进行了论述。吴培玉的《我国历史人才地理分布与流向》⑥,胡兆量的《北京教授籍贯的文化地理特征》⑦、《我国将军来自何方》⑧则分析了区域教授籍贯分布特征,以及我国将军的地域分布。徐宝芳的《人才地域分布规律研究》⑨试图从影响人才地域分布因素和人才地域分布发展过程两方面入手,总结出两个规律:人才地域分布形成机制律是地理环境与人才系统相互作用的结果;人才分布发展在地域空间上通常是聚集成"点",联"点"成"线",交叉结"网",经辐射作用发展成"面"。周振鹤的《中国历史文化区域研究》⑩研究了人物地理分布。韩茂莉、胡兆量的《中国古代状元分布的文化背景》⑪指出中国古代状元时空变化自北向南推移的趋势,即以唐中期为分界点,并阐述经济重心南移、首都地点、考试制度

---

① 刘锡涛:《中国历史地理概要》,江西人民出版社 2006 年版。
② 吴泽:《历史上人才的地理分布与阶级层次的转移》,《历史教学问题》1985 年第 1 期。
③ 梅介人:《我国人才地理分布述略》,《人才天地》1985 年第 2 期。
④ 梅介人:《世界科技人才地理分布述略》,《人才研究》1987 年第 2 期。
⑤ 梅介人:《湖北人才地理分布》,收入梅介人、田景海:《人才·环境·选择》,中国地质大学出版社 1988 年版。
⑥ 吴培玉:《我国历史人才地理分布与流向》,《人才研究》1988 年第 2 期。
⑦ 胡兆量:《北京教授籍贯的文化地理特征》,《地理知识》1992 年第 1 期。
⑧ 胡兆量:《我国将军来自何方》,《地理知识》1993 年第 2 期。
⑨ 徐宝芳:《人才地域分布规律研究》,《内蒙古师范大学学报》1997 年第 6 期。
⑩ 周振鹤:《中国历史文化区域研究》,复旦大学出版社 1997 年版。
⑪ 韩茂莉、胡兆量:《中国古代状元分布的文化背景》,《地理学报》1998 年 53 卷第 6 期。

的沿革对状元分布产生的影响。胡兆量、王恩涌、韩茂莉《中国人才地理特征》①概括了中国人才地理特点是东多西少、南多北少、江浙一带最密集,分析这些特点是植根于气候、地貌、海岸线等自然环境以及历史文化背景。沈登苗的《明清全国进士与人才的时空分布及其相互关系》②则取样进士和明清时期一流的专家、学者,分析明清人才最多的城市与科举的紧密联系,指出科举中心影响人才中心的转移。朱翔《中国人才时期与人才地理研究》③则从中国古代、近代、现代三个历史时期分析人才,侧重研究重点人才时期的主要特征和人地籍贯的地域分布,并探讨我国人才地理的基本规律。梅介人《中国状元及其地理分布》④通过分析唐、五代、宋、辽、金、元、明清、大西国、太平天国各个时期状元地域分布后也指出此种趋势,并认为南宋是分界点,可喜的是把大西国和太平天国纳入研究范围。刘宏《新中国杰出人才的地理分布探析》⑤以《中华人民共和国大辞典》杰出人物为考察对象,把其分为政治、军事、科学、文化等6类,并作出南多北少、东多西少,江浙沪以文才为主,华中地区以武才为主的总结。

(2)特定历史时期或区域历史人才地理的研究

特定历史时期人才地理研究内容包括对全国或区域的研究,区域性大多以某省或某流域为研究的区域范畴。

特定历史时期全国各类人才地理分布研究成果有:孙谦《试论中国近代人才的地理分布》⑥对近代两百个人物作定量分析,描述其在地域上分布

---

① 胡兆量、王恩涌、韩茂莉:《中国人才地理特征》,《经济地理》1998 年 18 卷 1 期。

② 沈登苗:《明清全国进士与人才的时空分布及其相互关系》,《中国文化研究》1999 年冬之卷。

③ 朱翔:《中国人才时期与人才地理研究》,《人文地理》2001 年 16 卷 5 期。

④ 梅介人:《中国状元及其地理分布》,《中国人才》2002 年第 12 期。

⑤ 刘宏:《新中国杰出人才的地理分布探析》,《江苏经贸职业技术学院学报》2003 年第 3 期。

⑥ 孙谦:《试论中国近代人才的地理分布》,《晋阳学刊》1982 年第 6 期。

的不平衡及原因。史念海的《两唐书列传人物籍贯地理分布》①取样新旧唐书列传人物,对其籍贯进行细致分析。王恩涌、胡兆量、李向荣《当前我国文武人才的地理分布与南北差异》②和李鹏《论现代体育运动人才的地理分布》③,前者针对南北教授和将军籍贯分布,后者针对我国现代体育人才的地域分布,对人才中比较特殊的将军、体育运动健儿进行探讨,并剖析形成其分布特点的原因。李润强《清代进士的时空分布研究》④,认为清代进士总体呈不规则的 W 形,但读书人不断增长的数量和进士较低的中额之间的矛盾比较突出,清代进士的地域分布呈现持续不平衡状态。并得出清中期以后,江南沿海地区高、内地边远地区低的分布状况有所改观的结论,认为这是因为内地文化教育水平在逐步提高和实施兼顾全国的科考政策的结果。任泉香等《近现代中国女性人才的地理分布和区域分异》⑤专门将女性人才作为一个完整的整体进行研究,从《中国近现代人名大辞典》、《民国人物大辞典》和《华夏妇女名人辞典》析出中国近现代女性人才,将其分为三大类:社会政治军事类、经济类和科教文类,分析出社会政治、科学教育、医疗护理、新闻出版领域的女性人才较多,并且近现代女性人才集中分布于湖南、广东、浙江、江苏等省。梅介人《唐代诗人之若干结构分析》⑥对唐代诗人的性别结构、籍贯结构、科举结构、姓氏结构进行了考证研究。

关于区域人才地理分布的研究成果较多,且大多以人才籍贯作为人才研究的范畴,如缪进鸿《历代浙江人才的初步研究》⑦把视野放在浙江省,以

① 史念海:《两唐书列传人物籍贯地理分布》,《顾颉刚纪念学术论文集》,巴蜀社 1990 年版;后收入《河山集》五集,山西人民出版社 1991 年版。

② 王恩涌、胡兆量、李向荣:《当前我国文武人才的地理分布与南北差异》,《云南地理环境研究》1996 年第 8 期。

③ 李鹏:《论现代体育运动人才的地理分布》,《体育科学》1998 年第 1 期。

④ 李润强:《清代进士的时空分布研究》,《西北师范大学学报》2005 年第 1 期。

⑤ 任泉香等:《近现代中国女性人才的地理分布和区域分异》,《地理学报》2007 年第 2 期。

⑥ 梅介人:《唐代诗人之若干结构分析》,《武汉化工学院学报》2005 年第 3 期。

⑦ 缪进鸿:《历代浙江人才的初步研究》,《东南文化》1989 年第 6 期。

历代杰出专家学者为研究对象,以中国大百科全书为基础,按朝代、学科统计相结合分析浙江籍人才兴衰变迁脉络及其在全国的地位。肖华忠《宋代人才的地域分布及其规律》①从分析历史时期历史名人的时间分布入手,得出宋代人物在绝对值、密度、人口人才密度和平均数等方面都占绝对优势。得出结论:黄河下游、江南东部和成都府路三个地区是人才密集区;江南地区的人才多于长江以北地区;江南、四川地区的人才进士出身者占很大比重。并从政治、军事、社会、经济、科举、教育方面分析呈现此规律的原因。再如杨斌《贵州历代人才地理分布变迁》②是针对贵州历史时期的人才分布研究,分析了贵州在明代以前人才主要分布于今遵义和贵阳两地;明代人才集中于贵阳、安顺、思南、盘县、凯里五个地方形成五大人才分布中心,清代则形成四大人才中心:贵阳、遵义、毕节、都匀至平越、镇远。并从地理、教育、政治、移民、交通等因素分析成因。黎小龙《两汉时期西南人才地理特征探析》③阐述西南人才分布的地理特征,由北向南,依次递减。并分析西南人才的开发,两汉西南可考籍贯的 34 名郡太守中,来自中原 14 人,20 人为西南人,说明两汉王朝在西南推行的人才开发是北人南治,分区推广。朱翔《近现代湖南人才地理研究》④则是把时空界定在近现代的湖南省,根据湖南近现代军政人才辈出的史实,在分析大量人物资料的基础上,指出湖南是国内军政人才的高产地,并阐述省内人才籍贯的地理分布,讨论湖南人才产生发展与当地地理环境的内在联系。张伟然的《湖北历史文化地理研究》⑤另辟蹊径从湖北峡江女性的角度描述湖北女性的形象,但本书没有涉及湖北历史人才地理的研究。刘锡涛的《宋代江西文化地理研究》⑥从进

①　肖华忠:《宋代人才的地域分布及其规律》,《中国历史地理论丛》1993 年第 3 期。
②　杨斌:《贵州历代人才地理分布变迁》,《中国历史地理论丛》1994 年第 3 期。
③　黎小龙:《两汉时期西南人才地理特征探析》,《西南师范大学学报》1995 年第 2 期。
④　朱翔:《近现代湖南人才地理研究》,《地理学报》1998 年第 53 卷第 6 期。
⑤　张伟然:《湖北历史文化地理研究》,湖北教育出版社 2000 年版。
⑥　刘锡涛:《宋代江西文化地理研究》,陕西师范大学 2001 年博士学位论文。

士、列传人物阐述了宋代江西人才地理。汪毅夫《地域历史人群研究：台湾进士》①就台湾进士这一地域历史人群之成员总数、名录、佳话、义举、轶事等钩沉索隐、取证考据，并对清代科举制度和科举文化有所介绍和评估。认为，台湾进士是一个于今不在、于今不再的人群，宜以"地域历史人群"视之。

陶用舒《论湖南人才的地理环境》②，陶用舒等《论湖南人才的几个问题》③也是对湖南区域性人才地域分布的分析。李良品《乌江流域民族地区历代科举人才的地理分布》④分析乌江流域宋明清三代进士、举人、五贡数量，阐述科举人才的分布格局、分布特点及政治、教育、文化、交通、考试政策等分布成因。张卫东《略论唐五代河南人才的地理分布》⑤认为唐五代河南人才主要分布于豫西、中、北、东南、豫南等地，而豫西南地区各类人才都不十分突出。经济发达、政治中心的地位和悠久的学术文化传统及发达的士族文化是这一时期河南人才济济的主要原因。

缪进鸿、钱伟刚《科举制度衰亡与"东南"人才辈出》⑥则是把时间界定在明清到近现代，分析东南人才为何辈出，进而从近现代中国杰出专家学者的学科分布、明清出进士最多的城市和历代杰出专家学者最多的城市三个方面具体分析造就东南人才兴盛的原因，包括传统文化中的爱国、重教和自强不息精神，儒家文化中格物致知传统，东西方两种文化较早在东南沿海碰撞。

从正史列传人物的籍贯分布入手，又有陈国生《〈明史〉入传人物本贯

---

① 汪毅夫：《地域历史人群研究：台湾进士》，《东南学术》2003 年第 3 期。
② 陶用舒：《论湖南人才的地理环境》，《湖南城市学院学报》2003 年第 1 期。
③ 陶用舒等：《论湖南人才的几个问题》，《长沙大学学报》2004 年第 9 期。
④ 李良品：《乌江流域民族地区历代科举人才的地理分布》，《贵州民族研究》2004 年第 3 期。
⑤ 张卫东：《略论唐五代河南人才的地理分布》，《郑州大学学报》2004 年第 7 期。
⑥ 缪进鸿、钱伟刚：《科举制度衰亡与"东南"人才辈出》，《人才开发》2005 年第 11 期。

的地理分布及形成原因刍论》①一文,阐述明代入传人物地区分布不均衡,南北以秦淮一线为界悬殊大,南方分布相对集中而北方相对分散,就省区而言明代人才分布十分广泛,但呈现出沿海多于内地的特点,进而从社会、经济基础分析原因。陈国生《明代云南人才的地理分布及其形成原因》②则运用地理研究的方法研究当时云南人才的区域分布并探究其形成原因,具体分析明代云南进士、举人的籍贯及密度,得出人才分布体现不平衡性,主要集中于大理、蒙化、鹤庆、云南四点和建昌路、粤西路两线上。刘锡涛《宋代福建人才地理分布》③、蔡惠茹《福建明代人才地理分布研究》④和高林强、刘锡涛《福建清代人才地理分布研究》⑤从进士和正史列传角度出发,分别考察了福建宋明清三代人才地理分布特点,并具体分析其原因。刘锡涛《江西宋代人才地理研究》⑥,从宋史列传赣籍人物、赣科举进士及赣籍有著作留世者等方面考察,得出赣南赣北的江州、赣州、南安军,文化发展较慢,人才分布较稀疏;赣中的吉州、抚州、建昌军、饶州、临江军等地文化发展较快,人才分布较密集。高林强《区域历史人才地理分布研究——以福建为个案》⑦、姚娟《安徽历史人才地理分布研究——以列传人物、进士为考察对象》⑧从列传人物和进士等方面考察了福建、安徽两省的人才地理分布。

---

① 陈国生:《〈明史〉入传人物本贯的地理分布及形成原因刍论》,《中国历史地理论丛》1995年第2期。

② 陈国生:《明代云南人才的地理分布及其形成原因》,《云南教育学院学报》1996年第1期。

③ 刘锡涛:《宋代福建人才地理分布》,《福建师范大学学报》2005年第2期。

④ 蔡惠茹:《福建明代人才地理分布研究》,《福建地理》2005年第3期。

⑤ 高林强、刘锡涛:《福建清代人才地理分布研究》,《福建地理》2006年第2期。

⑥ 刘锡涛:《江西宋代人才地理研究》,《井冈山学院学报》2006年第1期。

⑦ 高林强:《区域历史人才地理分布研究——以福建为个案》,福建师范大学2007年硕士学位论文。

⑧ 姚娟:《安徽历史人才地理分布研究——以列传人物、进士为考察对象》,福建师范大学2007年硕士学位论文。

　　有关文学人才的研究有胡阿祥《清代桐城文派作家的地理分布与区域分析》①以清代桐城文派作家为考察对象分析其地理分布的特点。莫立民《唐代文学人才的地理分布及成因》②把人才视角缩小到文学人才来研究，概括出唐代文学人才呈现地域集中、北重南轻的不平衡状态，从而看出唐代文学是以黄河流域文化圈为基调，以豫鲁秦晋地区为核心的文学，并从文化、经济、政治、人口、交通以及文学人才的迁移、文学传统的传承等方面分析原因。师谦友等的《近现代西北地区人才地域分异研究》③则利用人才的数量、类型以及籍贯等指标，借助经济学理论对近现代西北地区人才的分布领域以及地理格局进行了研究，陕西人才数量最多，新疆、甘肃等少数民族省份则较少；各地域范围内人才的类型分布也差距很大，其中政治类人物最多，而医疗、工商实业类人物数量稀少。

　　吴宣德的《明代进士的地理分布》④一书为厘清史实，准确理解把握原始资料，对明代进士的数量、分布及地方教育建设、人口对进士的影响等问题进行了细致的研究。并进行了四个方面的讨论，即就权力的难以约束对科举公正性的破坏、依赖精英的社会控制策略对社会平等诉求的忽视、儒学的口号化对社会成员行为影响力的减弱、经济基础的强弱对社会流动水平的制约等。书中附录的明代各大政区的进士地理分布表，具有参考价值。作者的研究思路是通过实证性的计量分析，来发现、证实或证伪一些社会文化要素与进士地理分布之间的相关性，从而在事实层面上揭示进士地理分布的社会文化意义，更是为学界提供了一种值得关注的研究思路。郑星《明代西北地区人才地理分布初探》⑤分析了明代西北地区的进士和列传人

　　① 胡阿祥：《清代桐城文派作家的地理分布与区域分析》，载周振鹤：《中国历史文化区域研究》，复旦大学出版社 1997 年版。

　　② 莫立民：《唐代文学人才的地理分布及成因》，《中州学刊》2006 年第 5 期。

　　③ 师谦友等：《近现代西北地区人才地域分异研究》，《干旱区资源与环境》2009 年第 8 期。

　　④ 吴宣德：《明代进士的地理分布》，香港中文大学出版社 2009 年版。

　　⑤ 郑星：《明代西北地区人才地理分布初探》，《太原师范学院学报》2013 年第 4 期。

物的地域集聚性特征,认为分卷制、解额、自然环境、移民、学校数量是人才分布的影响要素。李剑《广东古今人才的地理分布研究》①取样《中国人名大词典·历史人物卷》和《中国人名大词典·当代人物卷》中记录的人物为研究对象,对广东省历史人才的分布及规律进行探讨。

目前关于比较类历史人才地理研究成果比较少。仅见缪进鸿《十八世纪以来中国太湖流域与英国苏格兰的人才比较研究》②以中国的太湖流域和英国的苏格兰两地作为比较研究的对象,时间界定在 18 世纪初期起,分别从《中国大百科全书》和《简明不列颠百科全书》中遴选出两地人物进行分类比较,再从经济基础、政治环境、国际交流、思想观念、教育、战乱等六方面分析原因。还如吴建华《明清苏州、徽州进士数量和分布的比较》③对明清苏州、徽州的进士数量重加考订,并在其数量比较中揭示其分布特征和互动关系。

(3)专门领域人才地理的研究

卫京伟等的《竞技运动人才地理分布之理论初探》④分析了经济、文化等因素对竞技运动人才的作用与约束,并进一步阐述了竞技运动发展规律对运动人才分布的影响。赵振宇《宋代美术人才地理分布研究》⑤从历史地理学角度分析了宋代书法家、画家的分布状况、特点、变迁以及相关原因等,并进一步研究了宋代美术人才整体分布、两类美术人才的差异及地域文化背景等。李慧丽《中医人才及中医著作的地理学分析》⑥统计我国历代中医人才及中医著作在各省的数量,并分析不同省域、不同朝代的中医人才及中

---

① 李剑:《广东古今人才的地理分布研究》,山西师范大学 2013 年硕士学位论文。

② 缪进鸿:《十八世纪以来中国太湖流域与英国苏格兰的人才比较研究》,《宁波大学学报》1996 年第 3 期。

③ 吴建华:《明清苏州、徽州进士数量和分布的比较》,《江海学刊》2004 年第 3 期。

④ 卫京伟等:《竞技运动人才地理分布之理论初探》,《首都体育学院学报》2005 年第 6 期。

⑤ 赵振宇:《宋代美术人才地理分布研究》,西南大学 2010 年硕士学位论文。

⑥ 李慧丽:《中医人才及中医著作的地理学分析》,山西师范大学 2010 年硕士学位论文。

医著作的地理分布与历时变化特点,阐释我国南北中医人才及中医著作的差异性。郭秀云《新中国开国将帅人才地理分布研究——以建国初期授衔将领为考察对象》①研究了1614位开国将领,得出这样的分布特征,即覆盖区域广泛,同时又呈现出不平衡性,如南方多、北方少,沿海地区少、内陆地区多,东南地区多、西北地区少。

(4)关于明清时期人才地理的研究

有关明清时期各类人才地理分布的研究成果有:范金民《明清江南文才甲天下及其原因》②分析了明清江南文才辈出,在全国居于首位的原因。范金民《明清江南进士数量、地域分布及其特色分析》③量化分析了明清时期江南地区的进士,并得出结论,江南进士在全国数量最多,约占15%,江南地区占据清代半数状元,但其在地域分布上极不平衡,尤其集中于苏、杭、常、松江等府的附郭各县的一些望族。但是范文只反映明清江南进士的籍贯分布,没有对该地同一时期的专家学者作比较。夏维中、范金民《明清江南进士研究之二——人数众多的原因分析》④具体分析了江南地区明清进士人数众多的原因,诸如经济实力雄厚,悠久的传统和良好的习惯,勤苦力学,目标明确,朝廷重儒的取士标准和方法,江南环境优美条件优越,教育发达书院林立,等等。谢宏维《论明清时期江西进士的数量变化与地区分布》⑤和李琳琦《明清徽州进士数量、分布特点及其原因分析》⑥均分析了明

---

① 郭秀云:《新中国开国将帅人才地理分布研究——以建国初期授衔将领为考察对象》,河北师范大学2014年硕士学位论文。

② 范金民:《明清江南文才甲天下及其原因》,《东南文化》1988年第2期。

③ 范金民:《明清江南进士数量、地域分布及其特色分析》,《南京大学学报》1992年第2期。

④ 夏维中、范金民:《明清江南进士研究之二——人数众多的原因分析》,《历史档案》1997年第4期。

⑤ 谢宏维:《论明清时期江西进士的数量变化与地区分布》,《江西师范大学学报》2000年第4期。

⑥ 李琳琦:《明清徽州进士数量、分布特点及其原因分析》,《安徽师范大学学报》2001年第1期。

清时期区域进士的分布特征并探究影响其地域分布的要素。侯峰、罗朝新《明清云南人才的地理分布》①以明清云南进士为考察对象,阐述明清云南人才集中在云南、临安、大理、永昌、鹤庆五府,分布逐步由核心区向边远地区过渡和扩展,沿交通驿站向各地延伸,并总结其分布特点。庞思纯《贵州七百进士地域考》②通过对贵州明清时期七百进士的地理分析,总结了造成进士地域分布差异的原因,并提出明清以来贵州形成了八个文化圈的概念。郑维宽《试论明清时期广西人才地理分布的演变及原因》③指出明清时期广西文化教育发达促进了人才的成长,但其人才在地理分布上很不平衡,从明到清,桂东人才不断崛起,桂北的人才优势则逐渐削弱,而人才稀少的桂西也涌现出了大量人才,人才分布呈现由点的聚集向面上铺开的趋势,并说明这种演变是广西政治、经济、教育格局演变的必然结果。关于明清时期的安徽人才,笔者也作了初步研究。④

(二)湖北人才地理分布研究评述

历史人才地理研究属于历史文化地理的研究范畴。关于湖北文化的研究,从空间上看,多侧重于文化史的研究,如章开沅《湖北通史》、周积明《湖北文化史》、刘玉堂《中国地域文化通览·湖北卷》等着重阐述文化现象的时序变迁,对于文化现象的空间关注显得不够。从时间上看,前人所研究问题多集中在春秋战国时期的楚国文化、三国湖北文化、近代处在古今变革中的湖北文化等。对于湖北文化、人才辈出的三大高峰之一的明代专门研究的少,明代湖北文化的地位虽不及春秋战国时的楚文化,却超过了东汉、三国时期湖北文化在全国的影响。

①　侯峰、罗朝新:《明清云南人才的地理分布》,《学术探索》2002 年第 1 期。
②　庞思纯:《贵州七百进士地域考》,《贵州文史丛刊》2002 年第 3 期。
③　郑维宽:《试论明清时期广西人才地理分布的演变及原因》,《河池学院学报》2006 年第 6 期。
④　见张晓纪:《明代安徽人才的地理分布及其成因》,《安庆师范学院学报》2008 年第 7 期;张晓纪:《清代安徽人才的地理分布及其成因》,《安庆师范学院学报》2012 年第 1 期。

从历史文化地理角度来看,有张伟然《湖北历史文化地理研究》一本著作。他深入分析了湖北省内历史时期文化现象的地域差异及其形成过程。张伟然认为,"从湖北文化发展的历程来看,受行政区划一波三折的影响,文化的发展历程也同样经历了一个由统一到分异再到整合的过程,即由一个文化中心,发展到三个文化中心——襄阳、荆州、鄂州,并且在不同时期文化中心的辐射下,湖北地区整合出不同的文化类型及分布区域。"①比较有特色的是他运用了文化生态学的理念,从民居和聚落地域分布及变迁的角度,阐述了湖北地区居住习俗与地理环境之间的关系。张伟然依历史时期湖北地区的文化特点,用文化景观范式对一些地方性极强的文化现象,如"太岳朝香的习俗及其分布",宋代以前的"江汉好游"以及唐宋时期峡江地区的女性生活进行研究。② 但是同时书中也存在一些短处,书中关注了湖北方言、佛教、民居景观、聚落景观等方面的内容,对湖北人才、民俗等方面没有涉及。正如张晓虹在评价该书时认为其"在研究内容的安排上,作者为了追求研究的深入,而不得不放弃了系统性。湖北文化中相当重要的内容如婚、丧、岁时等民俗事项,该书并没有进行分析。从历史文化地理的学科体系角度考虑,这不能不说是又一项欠缺"③。另一个缺憾是本书作为历史文化地理学著作,没有用图、表的形式来直观反映湖北各地文化差异与变迁。

关于湖北人才地理的研究成果并不多见,罗福惠在《湖北近三百年学术文化》④中统计了清代嘉庆、道光、咸丰三朝(1796—1861)湖北各府士人

---

① 张伟然:《湖北历史文化地理研究》,湖北教育出版社 2000 年版。

② 张晓虹:《探索与拓展——评张伟然的〈湖北历史文化地理研究〉》,《地理学报》2000 年第 7 期。

③ 张晓虹:《探索与拓展——评张伟然的〈湖北历史文化地理研究〉》,《地理学报》2000 年第 7 期。

④ 罗福惠:《湖北近三百年学术文化》,武汉出版社 1994 年版。

考中进士和举人者的数字。① 他以此来证明到明清时,湖北省内政治、经济、文化重心已移至武汉周围的黄州、武昌、汉阳。罗福惠还依据严懋公的《清代馆选分韵汇编》卷十二的数字探讨了清代湖北在全国各省中居中等偏上的地位,远远落后于江苏、浙江等科举发达省,同时也不比安徽、山东、江西等省的进士数,与湖南、广东、福建、直隶进士数大体相当。张建民在《湖北通史·明清卷》第八章"人文与科教"中分析了明代和清代湖北的进士人才数,并认为"明后期中进士的人数远远超过明前期。弘治至崇祯的160年间所中进士人数几乎占了明代进士总人数的80%,而明前期的120年间的进士人数仅占进士总人数的20%"②。清代湖北共产生 1262 名进士,"到道光朝的约 200 年间,全省共中进士 960 人,咸丰以后的 60 年间则有 302 人。地域分布上虽有变化,但未能改变明代以鄂东为重心的基本格局。"③书中还通过制表反映了明清两代进士分府州县表,直观地呈现了湖北进士的地域分布基本状况。

江西师范大学唐柳琴的《明代湖北进士地理分布特征及其原因分析》④以《明清进士题名碑录索引》为统计蓝本,得出湖北地区产生了 990 名进士,指出明代湖北进士地理分布状况呈现出广泛性和不均衡化的特点,这些进士分布的地理差别,是社会的稳定性、经济发展水平、传统文化的传承与传播、学校和书院教育、地理环境、人口发展的规模等综合因素共同作用的结果。

邹鹏《现当代黄冈人才地理分布研究》⑤据《黄冈市志》等资料,运用统

---

① 罗福惠:《湖北近三百年学术文化》,武汉出版社 1994 年版,第 13 页。

② 章开沅等主编、张建民著:《湖北通史·明清卷》,华中师范大学出版社 1999 年版,第 613 页。

③ 章开沅等主编、张建民著:《湖北通史·明清卷》,华中师范大学出版社 1999 年版,第 613 页。

④ 唐柳琴:《明代湖北进士地理分布特征及其原因分析》,《湖北职业技术学院学报》2014 年第 12 期。

⑤ 邹鹏:《现当代黄冈人才地理分布研究》,华中师范大学 2012 年硕士学位论文。

计学方法纵横对比分析了 1919 年至今的黄冈 1850 位人才。其研究发现,"黄冈人才中心具有由南向北移动的特征。西北部、中部偏西以及南部是三个人才集中分布区;北、南部水系的人才数量、人才占有率和人才密度都相对较高;中部的水系呈现塌陷的态势;全市中部县市人才分布相对较均匀,南北两头人才数量众多但是分布极不均匀;北部山区的人才占有率稍高,以军政人物为主,南部平原区人才的从业范围较广,以中高学历为主,学历水平高于北部山区的人才。"①

刘方《明代湖广作家研究》则借助《明史》、《明人传记资料索引》、《湖北通志》、《湖南通志》等资料,统计出明代湖广共有 1642 名从事过文学创作的作家,并为其中 1251 名作家撰写了生平小传,为近 70 部诗文别集写出了比较详细的叙录。同时,还进一步对有代表性的 60 余位作家,分别从"时代先后、地域分布、影响力等方面进行了综合考察和研究,从而大体进一步对明代湖广各个时期相对较有影响且有作品传世的 60 余位作家进行了分析评论,勾勒出有明一代湖广文坛的整体风貌,揭示出了湖广文学的地域特点。"②该论文不能算严格意义上的历史地理学论文,而是从文学角度分析了明代湖广作家的情况,再窥见明代湖广文坛的面貌。关于明清湖北人才地理研究还有很大的研究空间。

综上所述,尽管历史人才地理研究的成果不少,但也存在着诸如研究领域不够宽、方法较单一等不足之处。历史人才地理的研究仍然存在巨大空间。

一是综合性历史人才地理研究较多而专门领域人才相对较少。有关历史人才的综合性研究成果较多,无论是文化地理研究,还是专门的人才地理研究都会涉及这个内容。但有关文学艺术人才的研究较少,如书画家、戏剧

---

① 邹鹏:《现当代黄冈人才地理分布研究》,华中师范大学 2012 年硕士学位论文。
② 刘方:《明代湖广作家研究》,上海师范大学 2007 年硕士学位论文。

家、诗人、伶人以及医学人才等还有较大的研究空间。造成这一现象的原因在于文学艺术人才的资料比其他人才少,学者关注不够。

　　二是地区研究分布不均。对于省级范围的研究只是集中在几个省份或某些特定的地域范围,如山西、湖南、浙江、福建、贵州、河南等省,苏皖、三晋、陇右等区域。就拿两湖地区的湖南和湖北来说,对湖南人才地理研究关注较多,而对历史上的湖北人才地理则研究较少。对人才辈出的省份或地区的研究明显高于人才欠发达地区,这样势必会造成一种循环,那些并不是所谓的"人才发达"地区逐渐成为学术研究的"盲点"。比如针对江南地区人才地理的研究成果丰富,而对于中部、西部、北部的很多省份人才地理的专题研究还很缺乏。

　　三是研究方法单一,以历史学为主,在多学科的、交叉的、综合性的研究方面较少。像潘光旦的《中国画家的分布、移植与遗传》①这样跨专业的研究很少,对于历史人才地理来说,即使有较多比较史料的论文,也大多没有跳出如科举人才、列传人物、专家学者等人才数量进行比较的框框,缺少人才与其他社会因素之间互动关系的分析。研究成果中有很多基于比较人才的绝对数量,如葛剑雄也认为:"研究中存在人才籍贯统计的指示意义的局限、人才仅仅局限于科举人物和儒家文化圈内、人才绝对数量指示意义的不足的三个缺陷。"②学者也注意到这些问题,所以尝试进一步从人才分布密度和比率来全面分析人才,近年来研究成果较注重人才的多维度比较。

　　四是对女性人才投入的关注不够。仅见任泉香等《近现代中国女性人才的地理分布和区域分异》一文。另张伟然在《湖北历史文化地理研究》一书也关注了峡江女性等。

---

　　① 潘光旦:《中国画家的分布、移植与遗传》,《人文月刊》第 1 卷第 1 期。
　　② 葛剑雄:《历史人才分布研究中值得注意的三个问题》,《中国东南地区人才问题国际研讨会论文集》,浙江大学出版社 1993 年版。

三、研究设计

本研究旨在探究明清两代湖北人才的地域分布及变迁,探寻湖北人才的省域特征、内部的差异及变迁。选取最具代表性的正史列传人物、进士、著作三个维度来具体阐述。在此基础上,归纳总结出明清湖北人才的分区特征及其与文化区之间的联系。

(一)研究对象

1.时间界定

本研究将时间界定在明清时期,即公元 1368—1911 年,前后长达五个半世纪。选择明清时期作为本文考察的时间维度,是基于两个方面的因素考虑,一是明清时期是湖北行政区划创置和奠定时期,自明代以后,湖北的高层政区基本稳定,所辖的府州等变化较少,为研究湖北省内部的共性与特性提供了可能。二是明清时期特别是鸦片战争前是中国社会的大转型时期,商业市镇兴起与商品经济的空前活跃,刺激了手工业的发展。湖北处九省通衢之地,境内湖泊众多、水系发达,清人陶澍曾说:"湖北一省西北阻山,东南临水,居水陆之冲要,为南北之喉膂,险要所在,节节皆关形胜。"①处在如此重要位置的湖北,湖北文化是长江流域文化的代表,独特的文化特质所产出的人才,在社会转型中湖北人才的变迁,等等,此类问题很值得研究。湖北人才辈出的辉煌时期在先秦、三国和明代。清人顾祖禹曾说:"论湖北之人才,春秋楚为首,三国时次之,明又次之。"②对于先秦和三国两个时期,学术界研究成果颇多,不再赘述。明代湖北人才在全国的地位及清代人才的变迁,学界关注较少,研究较为薄弱。

2.空间界定

以《明史》和《清史稿》记载的明清湖北行政区划为准,即明清两代均不

---

① 陶澍:《蜀輶日记》,转引自王锡祺:《小方壶斋舆地丛钞》第七帙。
② 顾祖禹:《读史方舆纪要》,中华书局 2005 年版。

包括今天湖北的英山县,英山县原隶属安徽,至民国二十一年(1932)十一月才划属湖北,又据1936年第195期湖北省《政府公报》载:民国二十五年三月二十八日,经国民政府批准将安徽省所属英山县划归湖北省管辖。而建始县在明代洪武中隶属四川夔州府,清代乾隆元年①(1736)改隶湖北后纳入清代湖北的版图,因此明代部分不包括建始县。

　　3.人才概念

　　古代的人才亦作"人材",最早见于《诗·小雅·菁菁者莪序》云:"菁菁者莪,乐育材也。君子能长育人材,则天下喜乐之矣。"②谓:"菁菁"者,盛也;"莪",萝蒿也;言君子之长育人材,能使之菁菁然盛也,则是天下人之喜乐之事。东汉王充提出"人才"的概念:"人才高下,不能钧同。同时并进,高者得荣,下者惭恚,毁伤其行,二累也。"新编《辞海》对人才的解释是:"有才识学问的人,德才兼备的人;指才学,才能;指人的品貌。"③《辞源》中指明人才包含三层意思:"人的才能;人的品貌;有才学的人。"④《古今汉语词典》给出的定义是:"人的才能、才学;有才能的人;人的容貌。"⑤《现代汉语词典》的解释是:"德才兼备的人;有某种特长的人。"⑥从这些界定来看,人才涵盖的范围非常宽泛,但凡有才学、才能或品貌等之一者均可称为人才。

　　现在的一些专家学者们根据各自研究的需要,亦对人才给出了自己的界定。其中最有代表性的观点是"贡献说",如叶忠海等认为,"人才,是指那些在各种社会实践活动中,具有一定的专门知识、较高的技能和能力,能够以自己的创造性劳动,对认识、改造自然和社会,对人类进步作出了某种

　　①　同治《建始县志》,卷一《方舆志》"沿革",《中国地方志集成》,湖北府县志辑56,江苏古籍出版社2001年版,第20页。

　　②　《诗经全译》,当代世界出版社2006年版,第208页。

　　③　《辞海》,上海辞书出版社1999年彩图珍藏版,第823页。

　　④　《辞源(第一册)》,商务印书馆1979年版,第158页。

　　⑤　《古今汉语词典》,商务印书馆2000年版,第1207页。

　　⑥　《现代汉语词典》,商务印书馆2003年版,第1061页。

较大贡献的人。"①王通讯也认为,"人才就是为社会发展和人类进步进行了创造性劳动,在某一领域,某一行业,或某一工作上做出较大贡献的人。"②"贡献说"从某种意义上说,是人才必备的标准。但问题在于,如何评价一个人对社会、对工作贡献的大小,本身就是一个富有争议的问题。因此,这种定义对于研究历史人才并不具有操作性。

1935 年,历史人才研究的开创者潘光旦先生就如何界定人才说过这么一段话,"……假定人才是我们接受下来的一种现存的论料(datum)。凡属有事迹功业在文字上流传下来的人,大体说来,我们都当作人才。以前评论一人是不是人才,往往以'名见经传'或'不见经传'做一个标准。我们以为对于以往的人才,这标准是不错的,事实上也只有这标准可用。'不见经传'的人,无论他生前是怎样的聪明能干,怀才不遇,因为没有资料,甚至于连姓名都没有,我们自然无法研究。……以前见于记载的人,三不朽者不论外,总有一德可取,总有一技之长。这些我们都作人才看待。"③潘光旦先生以此为标准,对中国历史上的诸多人才进行了细致的研究,并为世人所称道。因此,本书承继潘光旦先生的基本思路,采用"名见经传"这个取样标准,以见诸史籍记载,有资料流传下来的人为本书的人才研究对象④。

4.取样标准

根据对人才的定义,本文具体选取明清两代正史列传湖北籍人物、湖北籍进士、明清湖北籍著作等三指标为分析对象。正史列传人物和科举进士作为反映人才地理分布规律的指标是毋庸置疑的,著作的多寡也是反映地

---

① 叶忠海等:《人才学概论》,湖南人民出版社 1983 年版,第 59 页。

② 王通讯:《人才学通论》,中国社会科学出版社 2001 年版,第 2 页。

③ 潘光旦:《近代苏州的人才》,《社会科学》1935 年第 1 卷第 1 期。

④ 这种人才界定的操作定义,亦是目前历史人才地理研究的通行做法,差别只在于对"名见经传"中"经传"的选取对象不同。如肖华忠将历史人才的范围界定为三个层次:一是名见经传的进士;二是有史可考的知州一级及其以上各级文武官吏;三是史书上有著作名称或发明创造可考者(见肖华忠:《宋代人才的地域分布及其规律》,《中国历史地理论丛》1993 年第 3 期,第 23 页)。

区间的人才差距和文化水平高低的一个重要指标。

列传人物取材于《明史》、《清史稿》;明清两代湖北进士和明清湖北籍人物著作均以《湖北通志》①(以下未注明的均出自此版)为蓝本进行统计,进士统计按照明清某年某科统计,以期能在时间维度上反映湖北人才的变迁。

虽然从正史和《湖北通志》中统计的数据不一定能比今天的社会调查所取得的数据更精确,但是无疑这是史学量化研究的最直接材料。正如何炳棣先生在《明清社会史论》序言中所说:"毋庸置疑,历史数据虽然质量优数量充足,但很少能够做到和同时代社会调查所需要的数据一样。历史学家不能像社会学家那样通过设计详尽的问题并开展田野调查来详细说明自己的数据。另外,数据的鉴别与大量社会现象的解释要求对制度史的特定方面有一个详尽的讨论,这对社会学家来说可能只意味着费力和乏味的阅读,而对于历史学家来说却相当重要。"②

(二)研究方法

近年来不管是国外的学者,还是我国港台、大陆的学者都已经注意到,社会学与历史学相互渗透、紧密结合的趋势不断加强。印度学者普拉卡什说:"历史学越是变得具有社会学的性质,这对两者就越有利。让我们使两者的边界广为开放,成为双向的交通线。"③台湾学者高承恕说:在欧美各国,"一种将历史研究与社会学研究重要结合的努力正在不断的扩展之中。"④在中国大陆,近几年呼吁将社会学研究引入史学领域的文章也每每

---

① (清)吕调元、刘承恩修,张仲炘、杨承禧纂:《湖北通志》,民国十年重刊本,台湾华文书局印行 1967 年版。

② 何炳棣著,徐泓译注:《明清社会史论》,台北联经出版事业股份有限公司 2013 年版。

③ 转引自薛刚译:《历史理论体系和历史展望问题》,载《现代外国哲学社会科学文摘》1986 年第 2 期。

④ 《布劳岱与韦伯:历史对社会学理论与方法的意义》,载黄俊杰编:《史学方法论丛》,台湾学习书局 1984 年版。

见于各种刊物中。本书亦是尝试将社会学理论方法运用到历史研究当中,以期从多视域的角度研究明清湖北人才。

1.资料收集的方法

中国人历来重视修史修志,明清方志资料尤为众多,"清人公私修志有五千六百八十五种,且有出自名家之手者;……法国、苏联有地方博物馆,而无地方志书,西方国家有地域地理志,而无以行政区划为主兼赅地理、历史、人物、文献中国特有形式的方志。这种优异文化传统是我国的骄傲,是值得自豪的。"①地方志蕴藏了各地丰富的自然、社会、人文资料,亦是记述翔实的地方史料。它们是地方经济文化建设中时常需查阅的重要历史档案,更是各类学术研究挖掘不尽的资料宝库。章学诚先生曾论地方修志:"有二便,有三长。地近迹真,有裨信史。偌大数量的方志,真不愧为巨大知识宝库,其中蕴藏着大量学术研究资料,如天文气象、地理、……文化教育……等自然和人文的科学资料。"②明清方志中有许多关于湖北人文、自然的科学资料,正如明人方鹏指"方志为'一邑之全书',清人章学诚誉为'一方之全史'。其史料或不见国史及其他载籍,即便见诸国史而多是语焉而不详者"③。正如《中国地方志集成》的编者们在序言中所表达的:"后汉荀悦撰《汉纪》,说立典有五志,……唐刘知几又广以三科、八目,皆以史志资鉴,致用为主。《管子》则说,'疑今者察之古,不知来者视之往';《韩诗外传》也说,'明镜所以照形,往古所以知今'。他们概括了史志的实用价值及社会价值,可谓允当。"④因此,使用方志资料是非常重要的,同时也要注意辨别

---

① 乾隆《汉阳府志》,《序》,《中国地方志集成》,湖北府县志辑 01,江苏古籍出版社 2001 年版,第 2 页。

② 乾隆《汉阳府志》,《序》,《中国地方志集成》,湖北府县志辑 01,江苏古籍出版社 2001 年版,第 2 页。

③ 乾隆《汉阳府志》,《序》,《中国地方志集成》,湖北府县志辑 01,江苏古籍出版社 2001 年版,第 2 页。

④ 乾隆《汉阳府志》,《序》,《中国地方志集成》,湖北府县志辑 01,江苏古籍出版社 2001 年版,第 3 页。

问题。

本课题资料来源有以下几个方面：(1)以原始文献正史、类书、地方志等为主，如《明史》、《明通鉴》、《清史稿》、《大清一统志》等。(2)辨别使用明清方志、通志等地域性资料。如《湖北通志》、各县县志等。(3)游记、笔记、日记、文集等文学作品，如《袁小修日记》、《图书编》、《蜀辅日记》、《蜀道驿程记》、《广志绎》、《五杂俎》、《汉口丛谈》、《汉口竹枝词》等。

2.资料分析的方法

在采用各种传统史学研究方法的同时，充分运用社会学、地理学等学科广泛使用的统计软件 STATA、地理信息系统软件 QGIS，以图形和表格等形象化的方法直观呈现各类人才指标的时空分布，并以附录的形式列出各类人才指标的地域分布。在科学统计的基础上，以各类人才数量为切入点，深入分析明清两代进士、列传人物、著作等地域分布特点及密度分布。

3.交叉学科的视角

历史学是以实证为基础的综合性学科，为人们认识纷繁复杂的社会现象提供了大量知识。但社会发展到今天，如果历史学还只是提供一种简单的历史性知识是远远不够的，而是要探究历史现象的内在源流和演变机制。这就需要采用跨学科、跨领域的交叉视角。人才更是涉及了地理环境、社会环境、经济发展、文化传承等诸多方面。有鉴于此，本书力求采取跨学科的研究视角，借鉴和吸收诸如地理学、人类学、社会学等学科的理论和方法。

（三）研究内容

运用历史学的分析法和叙述法对明清两代湖北两类人才的县域分布、面积人才密度、人口人才密度情况进行细致透彻的剖析，将两类人才和著作缩小地域范围按照县级行政单位来分析，有利于研究结果的精确性。进而对两类人才进行比较研究，归纳总结出明清两代湖北人才地域分布的规律及其演变轨迹。在研究明清时期湖北人才的地域分布与变迁的基础上，进一步探讨明清湖北文化区的划分及对人才的影响，并从经济、政治、社会、文化等各个方面分析影响人才分布的因素及影响明清之际演变的因素。

1.研究维度

根据人才地理学上表示人才空间区域内人才分布方法之量化指标,有区域内人才分布的绝对数量即区域人才数、人才比重、人口人才密度、面积人才密度、人才集中度等。具体分析指标包括湖北籍人物著作数、湖北籍人物著作分布密度、进士数量、进士分布密度、著作数量、著作分布密度等。

本书不敢奢望在各个方面都有创新,但笔者将尝试在研究各类人才资料的基础上,从多维度来阐述,以各类人才的比较为切入点,分别分析明清两代进士、列传人物、著作等地域分布及变迁,再进行纵向和横向的比较研究,完整地论述明清时期湖北人才地理分布,以期综合反映明清时期湖北人才的全貌。

2.篇章结构

本书含绪论、正文、结语三大部分。

绪论部分提出为什么要研究湖北人才地理,进行了本课题的学术史回顾,厘清了研究的几个概念,阐述了本书的基本思路以及研究方法等。

正文包括六章。第一章交代了明清时期湖北人才分布的空间与环境,从行政区划、自然环境等方面进行论述,明清湖北政区基本稳定在八府一卫的基础上,相对稳定的政区为研究提供了可能。过渡性的地理位置决定了湖北省独特的地理环境。第二章分析明清两代正史列传人物的地理分布及变迁。第三章分析明清两代进士及地理分布。第四章复原了明清两代湖北籍人物著作及地理分布。第五章与第六章分别分析自然地理环境和人文地理环境对明清湖北人才地域分布的影响。

结语部分概括研究得出的基本结论,并对研究的不足和下一步打算作出说明。

第一章　明清时期湖北人才分布的空间与环境

一切事物的生成与发展都是在一定空间范围内展开的。"没有地理基础,创造历史的人,就像有些山水画中的人物,好像在半空中走路。地方不能只视为演戏的舞台,地理在各方面影响历史,例如气候、粮食等。人们与国土,就像鸟与鸟巢的关系。"①西方杰出的历史地理学家阿兰·R.H.贝克曾说,"如果脱离其地理(区位)背景来研究,则文化景观要素就会毫无意义。"②

政区沿革虽非本论题人才地理的研究范畴,但在研究一定区域历史时期的人才及其时空分异之前,必须对其政区沿革有比较全面的了解。而且政区的演变及废弃、升级等都与社会经济、文化发展密切相关。因此,政区沿革研究是区域文化地理必要的基础与背景研究,也是区域人才地理的必要前提,故在行文之初有必要交代本课题湖北人才的空间背景与环境。

第一节　空间情况

区域历史人才的研究必须建立在人才赖以生存的空间基础上。阿兰·

① [法]儒勒·米什莱:《法国史》,1869年版序言,转引自[英]H.C.达比著,姜道章译:《论地理与历史的关系》,中国地理学会历史地理专业委员会《历史地理》编辑委员会:《历史地理》第十三辑,上海人民出版社1996年版,第244页。

② [英]阿兰·R.H.贝克著,阙维民译:《地理学与历史学——跨越楚河汉界》,商务印书馆2008年版,第114页。

R.H.贝克曾在《地理学与历史学——跨越楚河汉界》中说:"许多历史地理学者将文化或政治单元作为他们研究的地区背景。"①行政区划特别是高层政区的稳定时间长,给研究提供了可操作性。本书的空间概念指明清时期湖北实际的行政区划,空间范围大致相同,而内部行政区划与今天的湖北省差异很大,建始县在清代才隶属湖北,所以明代没有涉及建始县,明清不包含原属安徽的英山县。今天的湖北位于中国中部偏南、长江中游,洞庭湖以北,故名湖北,简称"鄂",省会武汉。湖北省介于北纬29°05′至33°20′,东经108°21′至116°07′,总面积18.59万平方公里,截止到2014年,常住人口5816万②。

一、湖北省政区沿革

"湖北"形成一个区域的历史并不长,大约是在北宋以后逐步完成的。③作为一个区域得名来源是与"湖南"相对而来的。唐广德二年(764),以湘、资流域置湖南观察使④,"湖南"由此得名。北宋至道三年(997)分天下为十五路,在荆湘间设置荆湖南路,而在沅、澧流域及今湖北的中部地区设置荆湖北路,时人简称前者为"湖南",后者为"湖北"⑤。《宋史》记载"东界鄂渚,西接溪洞,南抵五岭,北连襄汉",始有湖北之称谓。⑥

在湖北省域形成过程中,唐后期置山南东、荆南、鄂岳三镇是历史上第一次将今省域完全置于以湖北为重心的高层政区之内。⑦《明史》载:"元置

---

① [英]阿兰·R.H.贝克著,阚维民译:《地理学与历史学——跨越楚河汉界》,商务印书馆2008年版,第185页。
② 《2014年湖北省国民经济和社会发展统计公报》,湖北省人民政府网,2015年2月17日。
③ 有关湖北省历代建置沿革详情可参见潘新藻的《湖北建置沿革》(湖北人民出版社1987年版)一书。
④ 《湖南省志》第二卷,上册第1页,湖南人民出版社1982年版。
⑤ (宋)周去非:《岭外代答》,卷五《财计门》"广西盐法",钦定四库全书。
⑥ 《宋史》,卷八十八《志第四十一》"地理四",中华书局1977年版,第2201页。
⑦ 张伟然:《湖北历史文化地理研究》,湖北教育出版社2000年版,第17页。

湖广等处行中书省,(治武昌路)又分置湖南道宣慰司(治天临路)属焉。又以襄阳等三路属河南江北等处行中书省,又分置荆湖北道宣慰司(治中兴路)并属焉。"①元代,湖北的大部分地区属于硕大无比的河南江北行省的管辖,东南部及西部的一块飞地属湖广行省,西南一隅又属于四川行省。湖北作为一个区域的完整性被破坏殆尽。

明清时期是今之湖北湖南两省行政建制由合到分,湖北行政区划最终确立的时期。1364年朱元璋部击败陈友谅部,占领了武昌,建立湖广行中书省,辖区与后来的两湖大致相同,从此奠定了湖南湖北两省合治的基础。② 至此,湖北全境除英山、建始二县,首次被纳入同一高层政区。湖北全境基本属于湖广省也是从明代的湖广布政司开始的。这一变化对于湖北具有划时代的意义。

《明史》记载:

> 湖广《禹贡》荆、扬、梁、豫四州之域。元置湖广等处行中书省,……太祖甲辰年二月平陈理,置湖广等处行中书省。洪武三年十二月置武昌都卫。八年改都卫为湖广都指挥使司。九年六月改行中书省为承宣布政使司。领府十五、直隶州二、属州十七、县一百有八、宣慰司二、宣抚司四、安抚司五、长官司二十一、蛮夷长官司五。③

其中属于今天湖北省域的有八府,一指挥使司,属州八,五十三县。到清代,"旋设湖广巡抚及总督。清康熙三年,分置湖北布政司,并设湖北巡抚。"④

---

① (清)张廷玉:《明史》,卷四十四《志第二十》"地理五",中华书局1974年版,第1072页。

② 章开沅等主编,张建民著:《湖北通史·明清卷》前言,华中师范大学出版社1999年版,第1页。

③ (清)张廷玉:《明史》,卷四十四《志第二十》"地理五",中华书局1974年版,第1072页。

④ (清)赵尔巽、柯劭忞等:《清史稿》,卷六十七《志四十二》"地理十四",中华书局1976年版。

终清世,湖北省内部的行政区划不断变化,雍正六年,升归州为直隶州。十三年,升夷陵州为宜昌府,降归州直隶州为州属焉。以恩施县治置施南府。乾隆五十六年,升荆门州为直隶州。光绪三十年,升鹤峰州为直隶厅。最终形成十府,一直隶州,一直隶厅,属州五,属厅一,六十县的湖北省格局。明清时期为今日湖北的行政区划奠定了基础。具体见表1.1、表1.2。

表1.1　明代湖北行政区划表①

府州	县
武昌府	江夏(倚)、武昌、嘉鱼、蒲圻、咸宁、崇阳、通城、(兴国州)大冶、通山;
汉阳府	汉阳(倚)、汉川;
黄州府	黄冈(倚)、麻城、黄陂、黄安、蕲水、罗田、(蕲州)广济、黄梅;
承天府	钟祥(倚)、京山、潜江、(荆门州)当阳、(沔阳州)景陵;
德安府	安陆(倚)、云梦、应城、孝感、(随州)应山;
荆州府	江陵(倚)、公安、石首、监利、松滋、枝江、(夷陵州)长阳、宜都、远安、(归州)兴山、巴东;
襄阳府	襄阳(倚)、宜城、南漳、枣阳、谷城、光化、(均州);
郧阳府	郧(倚)、房、竹山、竹溪、上津、郧西、保康;
施州卫军民指挥使司	大田军民千户所、施南宣抚司、散毛宣抚司、忠建宣抚司、容美宣抚司、木册长官司、镇南长官司、唐崖长官司。

表1.2　清代湖北行政区划表②

府州	县
武昌府	江夏(倚)、武昌、嘉鱼、蒲圻、咸宁、崇阳、通城、(兴国州)大冶、通山;
汉阳府	汉阳(倚)、汉川、孝感、黄陂、沔阳州、夏口厅;
黄州府	黄冈(倚)、黄安、蕲水、罗田、麻城、(蕲州)广济、黄梅;

① (清)张廷玉:《明史》,卷四十四《志第二十》"地理五",中华书局1974年版,第1072—1099页。

② (清)赵尔巽、柯劭忞等:《清史稿》,卷六十七《志四十二》"地理十四",中华书局1976年版,第2169—2184页。

36

续表

府州	县
安陆府	钟祥(倚)、京山、潜江、天门;
德安府	安陆(倚)、云梦、应城、(随州)应山;
荆州府	江陵(倚)、公安、石首、监利、松滋、枝江、宜都;
襄阳府	襄阳(倚)、宜城、南漳、枣阳、谷城、光化、均州;
郧阳府	郧(倚)、房、竹山、竹溪、保康、郧西;
宜昌府	东湖(倚)、归州、长阳、兴山、巴东、长乐;
施南府	恩施(倚)、宣恩、来凤、咸丰、利川、建始;
荆门直隶州	当阳、远安;
鹤峰直隶厅	

二、政区沿革的特点及影响

明清时期湖北省高层政区基本保持在八府的规模,各府统县变化基本不大。清承明制,延续武昌府、黄州府、襄阳府、郧阳府的基本格局,调整的是扩大汉阳府辖区面积,将原属德安府的孝感,黄州府的黄陂,承天府的沔阳州纳入麾下;改承天府为安陆府,由原来的五县二州调整为辖四县的格局;"改土归流"之后,西南的容美土司被废除,并在其地设置宣恩、咸丰、来凤、利川、鹤峰、长乐等县,并设置施南府,升夷陵州为宜昌府统之。将原属四川夔州府的建始纳入施南府管辖。宜昌府除统长乐县之外,并领原荆州府的归州、长阳、兴山、巴东等县。至此,今天的湖北省全境除英山县外,全部纳入统一的高层政区内。

从明清湖北统县政区的沿革过程可得出四个特点[①],一是政区设置的稳定性与地貌密切相关。湖北省境内地貌大体为一盆地,丘陵山区的统县政区比平原地区的稳定性更强。如东部地区的黄州府、西部宜昌府、北部的

---

① 参见张伟然:《湖北历史文化地理研究》,湖北教育出版社 2000 年版,第 22 页。

襄阳府、西北部的郧阳府等。统县政区设置变化频繁的是江汉平原的几个府,如清代汉阳、德安、安陆、荆州、荆门五个统县政区毗邻之地,彼此间的界线变化频繁。这是由于该地缺乏山川形便导致的,因而对于统县的界线的走向在不停地探索之中。腹地的府治所在地基本保持不变,新设的县级治所基本都在经济比较发达、水路交通便利的江河码头,表明行政区的增设主要是经济发展的必然结果。①

二是省境统县政区的设置基本有区域分异的。大体可分为东、南、北三个区域,以清代为例,武昌、黄州、汉阳三府以及德安府除随州以外的各县为东区;荆州府、荆门州、宜昌府、施南府为南区;襄阳、郧阳、安陆三府及随州为北区。

三是东、南、北三区各有一个不同历史时期作为高层政区或准高层政区府治所在地,即武昌、江陵(即荆州)、襄阳。江陵与襄阳在湖北早期历史上地位显要,而武昌则在晚近历史中不断崛起。正如清人顾祖禹描述的一样,"湖广之形胜,在武昌乎? 在襄阳乎? 抑在荆州乎? 曰:以天下言之,则重在襄阳;以东南言之,则重在武昌;以湖广言之,则重在荆州。何言乎重在荆州也? 夫荆州者,全楚之中也,北有襄阳之蔽,西有夷陵之防,东有武昌之援,楚人都郢而强,及鄢、郢亡而国无以立也。……何言乎重在武昌也? 夫武昌者,东南得之而存,失之而亡者也。……何言乎重在襄阳也? 夫襄阳者,天下之腰膂也。中原有之可以并东南,东南得之亦可以图西北者也。"②武昌、江陵、襄阳在湖北版图上形成一个三角形的格局,分别代表了东、南、北区,同时也形成了独特的"文化三角"。这些都表明省境的政治地理结构及演变对于文化的空间结构和变迁具有深远的影响。

---

① 龚胜生:《清代两湖农业地理》,华中师范大学出版社 1996 年版,第 5 页。
② (清)顾祖禹:《读史方舆纪要》卷七五《湖广方舆纪要·序》。

四是独特的"感觉文化区"①迫使湖北始终保持着成为一个完整区域的要求。张伟然认为今天的湖北省境作为一个地域存在正是因为生活在这方地域上的人们有一个独特的感觉文化区,在长期割裂状态下也始终要求保持一个完整区域,从而捍卫着这块区域的完整性。②

另外,清代湖北新置政区多在鄂西山区,表明这些地方至清代才得到全面发展。明清时期湖北政区基本稳定有助于湖北文化的内聚,形成独特的文化特征。

三、民族分布与移民

在文化、语言、历史或宗教与其他人群在客观上有所区分的一群人即是民族。民族单指文化区分,以一定文化特征为识别标志的民族,无疑是文化最重要的载体和影响因素之一。湖北境域的民族分布与变迁,前人已做很多具体而细致的分析,兹不赘述。

简言之,湖北在远古并不是华夏民族的活动范围,自荆楚在此立国,境内蛮族分布广泛。汉族文化在湖北境内传播经历了两个阶段,先秦时期确立了华夏文化的主导地位,但它在地域上分布并不连续。此后,汉文化逐步压缩蛮族文化,同化蛮族文化。纵观湖北的开发是与中国历史上的移民有直接关系的,五代以前,外来移民来自北方,对湖北的影响也是自北向南。宋代以后特别是元末明初,移民来自江西的居多,最先开发的是移民先入之地——鄂东南,呈现自动向西的开发方向。

湖北省境内各地域文化至明清时期完成整合。如鄂北,宋代以前被认

---

① 感觉文化区又称乡土文化区,它是人们对于文化区域的一种体认,既存在于区域内居民的心目当中,也得到区域外人们的广泛承认。

② 张伟然:《湖北历史文化地理研究》,湖北教育出版社 2000 年版,第 221 页。

为"有中原气象"。如谷城县"民多秦音,其俗朴陋"①。均州"民多秦音,俗好楚歌"②。而从明代开始,资料中出现将鄂北与中原相判别的记载,如公安人袁中道写道:

> 林水驿沿路枳殼编籬,已有襄中风景。……从新野发,过白河,饭新店,此后多崇岗巨峦,便与中州异矣。③

标志着鄂北与省域的文化整合已趋于成功。鄂西北长期与汉中的联系割舍不断,文化上俗兼秦楚,但到明代已是"东连蕲黄"。至于鄂东南、鄂东北、鄂西、鄂西南等地域,情况也大致如是。④

中国移民史上有"江西填湖广,湖广填四川"一说,由于政治和经济原因,为了巩固新政权和发展经济,从洪武初年至永乐十五年,五十余年间组织了八次大规模的移民活动,造成大量江西人口迁居到今湖南、湖北两省,影响十分深远。至今湖北各地还有"洪武开坎"的说法。如民国二年《胡氏族谱》卷一"五分合修族谱总序"中描述:

> 泊乎元明革命,赣省兵燹迭见,人民不遑宁处。其由江右而播迁荆

---

① (清)吕调元、刘承恩修,张仲炘、杨承禧纂:民国《湖北通志》,卷二十一《舆地志》"风俗",民国十年重刊本,台湾华文书局印行1967年版,第577页。这句话来源于县志引图经。

② (清)吕调元、刘承恩修,张仲炘、杨承禧纂:民国《湖北通志》,卷二十一《舆地志》"风俗",民国十年重刊本,台湾华文书局印行1967年版,第577页。这句话来源于《舆地纪胜》引晏公类要及图经,《舆地纪胜》为南宋时期的一部地理总志。

③ 施蛰存主编:《中国文学珍本丛书第一辑第一种》,《袁小修日记》,《游居柿录》卷之四,上海杂志公司1935年版,第96页。

④ 同治《郧县志》(舆地卷二"风俗",见《中国地方志集成》,湖北府县志辑59,江苏古籍出版社2001年版,第77页)有记载:"郧县,地方刚柔,异性燥湿,属土音,合荆楚者十之九。而西北间或近秦音,东北间或近豫音,然风俗习尚,仍皆与荆楚相同,秦豫风气均不相属。"明清湖北省内区域文化的整合形成。

楚者,几如江出西陵,其奔流放肆大,南合湘沅,北会汉沔,其势益涨。①

明清时期湖北家族中有60%来自江西,民国三十四年《湛氏宗谱》卷二"纂修族谱序"言:"居楚之家,多豫章籍"。②

鄂东北的麻城县是著名的移民发源地,亦是"湖广填四川"移民运动的起始地和集散地。在四川、重庆等地居住有许多麻城移民后裔,更有"湖广填四川,麻城过一半"之说。时至今天,麻城"孝感乡现象"也备受海内外学者的关注。移民的直接影响便是移民文化和本土文化的差异,本土文化对注入的外来移民文化加以涵化和吸收,或产生新的文化,或丰富本土文化的内涵。

第二节　自然环境

一、地形地貌

湖北省位于长江中游,地处华中之中,毗邻陕西、河南、安徽、江西、湖南、重庆六省市,号称"九省通衢",是承东启西、连南接北的交通枢纽。

（一）地形地貌特征

湖北省处于我国地势第二级阶梯向第三级阶梯过渡地带,地貌以山地地貌为主,地势西高东低,最高点在西部号称"华中屋脊"的神农架最高峰神农顶,海拔3105米;最低点在东部平原的监利县谭家渊附近,地面高程为零;地势呈三面高起、中间低平、向南敞开、北有缺口的不完整盆地。东西长约740公里,南北宽约470公里。③ 省东、东南、西、北部均有大山环绕,如大

---

① 转引自石泉、张国雄:《明清时期两湖移民研究》,《文献》1994年第1期。
② 转引自石泉、张国雄:《明清时期两湖移民研究》,《文献》1994年第1期。
③ http://www.hubei.gov.cn/2015change/2015sq/,湖北省人民政府网,湖北省情概况。

别山、幕阜山、巫山、武陵山、大巴山、武当山、桐柏山等,山前丘陵岗地广布,中南部为江汉平原,与洞庭湖平原连成一片,地势平坦,土壤肥沃,大致形成由西北向东南倾斜的广袤平原。

按地形地貌的特点湖北可大致分为两个区,即以丹江口—荆门—宜昌—松滋一线为界,线西为鄂西山地,线东为鄂中鄂东地区。"若细分又可以分为七区:鄂西山地可分为鄂西北山地、三峡谷地、鄂西南山地;鄂中鄂东地区可分为鄂北平原岗丘、鄂东北低山丘陵、鄂东南低山丘陵、江汉平原。"①"长江从宜昌脱离三峡之后,水面落差减小,水流缓慢,江面宽阔(650—2000米不等),河道分叉曲折,摆荡不定,构成典型的陆上三角洲地貌景观。"②

可以说,湖北的地形地貌十分丰富。湖北省独特的地理环境是由其过渡性的地理位置决定的,七种地貌差异性明显的是山地和平原。而独特的地理环境和差异明显的地貌特征会对人才培养、文化发展起何种作用,笔者将在后面的章节进行详细论述。

(二)自然资源

《管子》中有云:"夫民之所生,衣与食也;食之所生,水与土也。"③水土等自然资源是人类赖以生存的物质基础。湖北境内江河湖泊众多,素有"千湖之省"的美称,渔业资源丰富,自明代朱元璋时代始,这里即成为明王朝重要的财赋来源地之一,据《名卿绩纪》载:

> 善长为左相国。请赐祠彭蠡死事者;定楚地渔税,核隐匿,岁得谷数百万硕。④

---

① 刘玉堂:《中国地域文化通览·湖北卷》,中华书局2013年版,第4页。
② 李孝聪:《中国区域历史地理》,北京大学出版社2004年版,第231页。
③ 《管子》,《禁藏》,中华书局2009年版,第303页。
④ (明)王世贞、沈士谦:《名卿绩纪》,卷三,中华书局1991年版。

"江汉沮漳,楚之望也。"足以表述汉水在历史上的重要地位,汉江历史悠久,是长江最长的支流,石器时代考古就已表明,汉水流域自古即有人类生活的印记。傍水而居是远古人们自然选择的结果,湖北境内众多的水系为人类提供有力的水资源。

湖北中南部的江汉平原,土质肥沃,灌溉条件良好,耕地集中,农业发达,为人口增生、文化发展提供了有利条件。江汉平原与南面的洞庭湖平原唐宋以来即成为重要的稻米产区,明清时期更有"湖广熟,天下足"的说法。

除平原外,湖北还有众多的山地、山原和丘陵地带,植物资源丰富,如鄂西南、西北山区的木材、药材、桐油等,这些为山区居民提供了重要的经济来源。而同时在明清人口快速增长时期,山地为种植玉米和番薯提供了更多的开发土地。

二、气候及自然灾害

(一)气候

湖北全省属于亚热带季风区,省内除高山地区外,绝大部分地区是亚热带季风性湿润气候,全省年平均气温 15—17℃,大部分地区冬冷、夏热,春季温度多变,秋季温度下降迅速。各地平均降水量在 800—1600 毫米之间;降水地域分布呈由南向北递减趋势,鄂西南最多达 1400—1600 毫米,鄂西北最少为 800—1000 毫米;降水量分布有明显的季节变化,一般是夏季最多,冬季最少,全省夏季雨量在 300—700 毫米之间,冬季雨量在 30—190 毫米之间;湖北的梅雨期在 6 月中旬至 7 月中旬时间,降水量最多,降雨强度最大。[1]

(二)自然灾害

湖北素称"千湖之省",境内又有长江、汉水等众多水系交织。因此水

---

[1]　http://www.hubei.gov.cn/2015change/2015sq/,湖北省人民政府网,湖北概况。

灾时有发生,如黄州府"郡属滨江,州邑常苦水患,广济、黄梅尤甚"①。据顾利真的研究,在明代276年的时间里,武昌府和承天府发生水灾的频率最高;从总体地理分布特征来看,主要分布在鄂中江汉平原和鄂东南沿江地带,荆江和汉江沿岸分布频次尤为高,而鄂西和鄂西北水旱灾害发生的频次则较少。② 明代宣德元年,"襄阳府之襄阳、谷城二县及均州郧县六七月以来霖雨不止,江水泛滥,沿江民居田稼多被漂没。"③

长江自湖北枝江至湖南城陵矶一段,河道蜿蜒曲折,有"九曲回肠"之称。对于这一段江水走势,清代齐召南在《水道提纲》中描述:"江自夔府始东南流至此,凡一千二百里也,湖口西三度五分极二十九度五分,自监利至巴陵凡八曲折,始会洞庭而东北"④。因为这一段江水流速较缓,导致泥沙淤积较多,因此,每年汛期时,很容易造成水灾,自古有"万里长江险在荆江"⑤的说法。据研究,明代湖北水旱灾害主要发生在夏秋季节,尤以夏季最为频繁。有明一代276年,共计发生水旱灾227次,占明代总年数的82.25%,可以说是"无年不灾"⑥。

湖北地貌特征西高东低,水流由西向东汇入长江后,泥沙逐渐沉积,导致河床逐步抬升,不利于洪水的宣泄,易发生洪水灾害。正如邓拓先生所言:

　　自西陵峡以下,地势平坦,水势稍缓。总体地势西高东下,上游之

---

　　① 光绪《黄州府志(一)》,《例言》,《中国地方志集成》,湖北府县志辑14,江苏古籍出版社2001年版,第10页。

　　② 顾利真:《明代湖北地区水旱灾害的时空分布特征及影响研究》,华中师范大学2012年硕士学位论文。

　　③ 《明神宗显皇帝实录》卷之四百一,宣德元年。

　　④ (清)齐召南:《水道提纲》,卷九《江中》,钦定四库全书《史部》。

　　⑤ 李孝聪:《中国区域历史地理》,北京大学出版社2004年版,第231页。

　　⑥ 顾利真:《明代湖北地区水旱灾害的时空分布特征及影响研究》,华中师范大学2012年硕士学位论文。

水总是挟带多量的河泥奔腾而下，凡遇江宽流缓之处，便沉淀而成洲屿。旱则妨碍交通，潦则壅塞水路，洪水受阻，水面就一定增高。倘若降雨过多，两岸支流和湖泊中的水，又势必同时奔注入江。宣泄不及，自难免横决漫溢，酿成水灾。①

再者，湖北的亚热带季风气候决定了降水主要集中在每年的5—9月，降水量达全省的60%—70%，而6—7月的梅雨季节，降雨时间长、降雨地区广，容易形成局部洪涝灾害。

水旱灾害过后极易导致瘟疫的流行，而瘟疫对于一地人口、人文影响颇甚，具体可见龚胜生的研究②，这里不再赘述。

三、交通条件

湖北居长江中游，位于华中地区，有"天下之中"、"九省通衢"、"南北混融"、"东西互摄"的美誉。省会武汉位于省域东部，区位优势明显。民国《湖北通志》吕调元序中有一段话更能表现湖北区位的特点：

> 私念武汉据天下腰膂，有事在所必争，昔者川楚之役、洪杨之役，攻守大势皆集中于此，山川险阨，户口蕃耗，物产盈虚，兵事始末，動关天下之重，又况江汉炳灵，人物辈出，飚兴云起，难可偻计，不有记载将何观？……③

纵观历史，湖北有两条重要的交通要道，一是水上航道长江，二是水陆

---

① 邓拓：《中国救荒史》，北京出版社1998年版，第82页。
② 龚胜生：《湖北瘟疫灾害的时空分布规律：770BC—AD1911》，《华中师范大学学报（自然科学版）》2003年第3期。
③ （清）吕调元、刘承恩修，张仲炘、杨承禧纂：民国《湖北通志》，《序》，民国十年重刊本，台湾华文书局印行1967年版，第1页。

并行贯通南北的主干道荆襄古道。

长江在湖北过境流长 1061 公里①,是连接上游巴蜀与下游吴越的交通大动脉。长江水道曾成为转运漕粮的重要通道,同时也促进了沿江城市的经济、文化发展,如宜昌、沙市、武汉等。明代章潢称武昌"其形胜江汉为池,吴楚襟带"②。

荆襄古道是我国古代重要的官道之一,亦是连接南北方交流的重要陆路通道。它北起西安、洛阳等地,向南经过襄阳、荆门,到达南方重镇荆州,曾被称为夏路、周道、秦楚道、驰道、南北大道、南方驿道(驿路)等。荆襄古道沿途文化资源丰富,有荆楚文化的发源地,三国文化、关公文化、汉水文明、长江文明等。荆襄古道将长江、汉江两大河流,长江中游平原、汉江中游平原两大平原串联起来,形成十分通畅的水陆交通网络。依托荆襄古道的繁荣,鄂西北的襄阳、鄂中的荆门、鄂中南的荆州等城市率先发展起来。

襄阳是汉江上的重要津渡口,明代有资料称襄阳"其形胜跨荆蜀、控南北、接宛许、扼关洛"。可见襄阳独特的地理位置,跨荆、蜀两地,居南北之中,上接河南下启两湖,具有重要的战略地位。南宋与元对峙,以襄樊为牵线,襄阳一丢,则江汉诸州相继陷落,半壁江山终不能自保;直至解放战争时期,襄樊战役也是国共双方互相争夺最惨烈的战场之一,襄阳失手,蒋家王朝在长江中游的统治很快就土崩瓦解了。③

荆州亦是长江上重要的津渡口,明人评价荆州:

其形胜距三峡,介重湖,江汉之间四集之地。④

---

① 湖北省水利厅、中共湖北省委党史研究室:《湖北省水利工程建设》,中共党史出版社1999 年版,第 3 页。
② (明)章潢:《图书编》,卷三十九《湖广各府州县烦简》,钦定四库全书。
③ 李孝聪:《中国区域历史地理》,北京大学出版社 2004 年版,第 248 页。
④ (明)章潢:《图书编》,卷三十九《湖广各府州县烦简》,钦定四库全书。

荆州地处江汉平原,自古为"鱼米之乡"和"兵家必争之地","四集之地"更明确地表现了它的重要地理区位。

湖北省水系以长江为主干,武汉以上各支流从两侧汇注,构成向心状的长江水系。而汉水从陕西南部流入湖北,自宜城进入江汉平原水势也减缓形成曲流,故有"曲莫如汉"之称。① 长江与汉水等水系所构成优越的水上交通条件,与广阔腹地的水网相通;荆襄古道串联起的路上交通要道,促进农业和商业贸易的发达,对湖北地区教育的发展、人才的培养和文化的演进大有裨益。

第三节　文化环境

区域是地理学的范畴,区域可以按照自然地理条件或者行政区划来划分,比如湖南、湖北、四川;也可以按照文化区来划分,比如历史上有"齐鲁文化区"、"三晋文化区"、"中原文化区";等等。文化区域是文化史和历史地理学的概念。"人是文化的主要载体。人的可迁移性决定文化现象的地理分布犬牙交错,决定文化区域分异的渐变性,文化区界线的模糊性。"②

"文化的发展既有时代的变迁,又有区域的差异。"③"区域文化有漫长的发生和发展过程,有历史的稳定性。"④文化地理区又称文化区,指具有相似的文化现象、特征与生活方式的地区,或指具有某种共同文化属性的人群所占据的地区,在政治、社会或经济方面具有独特的统一体功能的空间单位。英文名称为 culture area。"中华文化自其发生起,即因地理环境的多样性和经济方式的多样性而呈现出丰富的多样状态。"⑤中华文化区具有巨大

---

① 李孝聪:《中国区域历史地理》,北京大学出版社 2004 年版,第 233 页。
② 胡兆量等:《中国文化地理纲要》,人民教育出版社 2005 年版,第 19 页。
③ 周振鹤:《中国历史文化区域研究》,序论,复旦大学出版社 1997 年版,第 2 页。
④ 胡兆量等:《中国文化地理纲要》,人民教育出版社 2005 年版,第 14 页。
⑤ 周积明:《文化分区与湖北文化》,《江汉论坛》2004 年第 9 期。

的区域差异性,南北文化差异明显。

"行政区一旦形成,它的边界对社会和经济生活有重大影响,是文化区划的重要依据。"①湖北作为一个"文化区域"是历史时期逐渐形成的。

一、湖北历史文化地理的特点

历史上湖北文化长期被认为属于中原文化,后来又被视为南方文化。这是与其历史发展有密切的关系,"湖北文化先以沮漳流域为核心开其端,寖假浸润而至江汉流域,继而扩展至整个湖北。因此从外部看来,湖北与其他省区的文化差异至为明显,而其内部的分区却相对困难。"②湖北文化先同后异,具有认同性、难以分区的基本特征。从历史和现实的角度来看,湖北境内区域文化地理的特征是"一主(长江)二从(汉江、清江)",这是由长江、汉江、清江三江交汇的自然地理形态所决定的。

区域形象包括区域的视觉形象和区域的理念形象两大部分。③ "区域形象是区内外公众对区域的认识和评价。"④一般是通过比较取得的。湖北文化在地域形象上表现为"亦南亦北",区位优势上表现为"天下喉襟"和"文化枢纽"⑤的特征,具有交融性,这是由湖北的地理区位和移民社会所决定的。湖北境内曾有春秋战国时期的楚文化,代表了南方文化的巅峰,是足以与黄河文化媲美的。楚文化是楚人对中华文化和世界文化作出的文化贡献,楚文化的"五种精神"⑥和"六大支柱"⑦是流淌在湖北文化血液里的文化基因。

---

① 胡兆量等:《中国文化地理纲要》,人民教育出版社2005年版,第20页。
② 张伟然:《湖北历史文化地理研究》,序,湖北教育出版社2000年版,第4页。
③ 胡兆量等:《中国文化地理纲要》,人民教育出版社2005年版,第16页。
④ 胡兆量等:《中国文化地理纲要》,人民教育出版社2005年版,第15页。
⑤ 郭莹:《试论湖北文化的交融性》,《光明日报》2005年12月6日。
⑥ 王生铁:《楚文化概要》,湖北人民出版社2013年版,第194—303页。
⑦ 王生铁:《楚文化概要》,湖北人民出版社2013年版,第20—191页。

宗白华曾说:"楚国的图案、楚辞、汉赋、六朝骈文、颜延之诗、明的瓷器,一直存在到今天的刺绣和京剧的舞台服装,这是一种美,'错彩镂金,雕缋满眼'的美。"①湖北文化具有文化交融性,这与楚文化兼容并蓄的理念是一脉相承的。

湖北大地上自古名人辈出,先秦有屈原;东汉有刘秀;三国有马谡、马良;唐有陆羽、皮日休、孟浩然;宋有米芾;明代诞生了张居正、李时珍、公安三袁、黄安三耿、嘉鱼二李等著名人才;清有陈銮、熊赐履。近代湖北人"敢为天下先"的英勇气魄,打响了武昌起义的第一枪,一举终结了两千多年的帝制。现代湖北红安县更有"两百个将军,同一个故乡"的美誉。这些都是历史时期产生的湖北人才,代表了湖北文化的地域形象。

关于湖北在中国文化地理上的地位,梁启超曾说:"中国文化的发展,不是一元的,是二元的,一黄河,二长江。""北方刚健笃实,南方优美活泼。代表两方文化的,在北方有河南、山东,在南方有湖北、江苏。但江苏是后起的,湖北居长江中心,完全是自己产生的,江苏不过受湖北的影响罢了。""湖北不独能代表长江文化,并能沟通黄河文化。如山东、河南,只能代表北方文化,不能传播南方文化于北方。湖北则容纳黄河文化,而传播于长江一带。一面自己产生文化,一面又为文化的媒介者,因其沟通南北,能令二元文化调和。在历史上看来,不能不说湖北所贡献及遗留的功劳是最大的。"②湖北独特的地理区位更能沟通融合南北文化,是联系黄河、长江文化的中坚力量。

二、湖北历史文化的地域差异

湖北地域文化是以楚国的历史文化为表征的。在楚人兴起之前,湖北

---

① 宗白华:《艺境》,北京大学出版社 1987 年版。
② 周积明:《一九二二年梁启超的武汉之行及其关于湖北文化的演讲》,《光明日报》2004 年7 月 20 日。

区域内已有多种类型的文化,如城背溪文化、大溪文化、石家河文化、屈家岭文化等,与楚国同时代的也有一些诸侯国,如曾国、邓国、罗国、权国等,但是这些文化并没有和湖北文化形成渊源关系,与湖北文化渊源颇深的是楚国历史文化。从最初的"雎章"到"江汉"再到"荆州"再到"楚"的区域概念,与今天湖北的区域概念有延续性。

"文化地理主要是研究差异,因为差异就一般的意义上来说是研究的动力,一切无差别,则无研究之必要。于历史如此,于地理亦如此。"① 湖北文化区域内部的分异也是十分明显的,首先鄂北文化在东汉之前已呈现初兴,到汉末刘表为镇南将军,领荆州牧,治襄阳。

兵集众附,南据江陵,北守襄阳,荆州八郡可传檄而定。②

到刘琮说:"今与诸君据全楚之地,守先君之业,以观天下,何为不可?"③

清代王士祯评价宜城:

> 山川顽劣而多产才士,宋玉、王逸、段成式皆生其地。④

才士多为汉魏间人。宋代以后,襄阳就降落为文化落后之邦了,到明代鄂北成为大批流民的聚集之区。

而鄂南地区的变迁轨迹较为缓和。⑤ 江陵是春秋时期楚国的都城,秦

---

① 张伟然:《湖北历史文化地理研究》,湖北教育出版社 2000 年版,序,第 3 页。

② (南朝宋)范晔:《后汉书》,卷七十四下《列传第六十四下》"袁绍刘表列传",中华书局 1999 年版,第 1637 页。

③ (南朝宋)范晔:《后汉书》,卷七十四下《列传第六十四下》"袁绍刘表列传",中华书局 1999 年版,第 1639 页。

④ (清)王士祯:《蜀道驿程记》卷下"十月二十八日",清康熙刻本,第 79 页。又见(清)吕调元、刘承恩修,张仲炘、杨承禧纂:民国《湖北通志》,卷二十一《舆地志》"风俗",民国十年重刊本,台湾华文书局印行 1967 年版,第 577 页。

⑤ 张伟然:《湖北历史文化地理研究》,湖北教育出版社 2000 年版,第 265 页。

汉时期又作为南郡的政治中心,到西晋统一后,这里又成为荆州治地,文化地位得到了提高。唐代中期,鄂南地区遭受重创,自此以后接受了大量移民,经过一段时间的开发和发展,文化才有进一步的发展。北宋时期,荆州成为西南一都会。南宋以后,荆州文化地位逐渐下降。与此同时,鄂东文化则发展较为迅速,在省内地位得到提升。南宋以后,鄂东的夏口地位获得巩固,不仅军事地位显耀,经济和文化方面的发展也很快。鄂州自元代起即作为湖广行省的政治中心,发展势头很强劲,时有诗作描述其景云:

> 东南形胜会武昌,蜀江滔滔经汉阳。北来冠盖集如雨,甲第壮似诸侯王。①

湖北文化的重心是伴随着经济的重心东移的过程发生改变的,即文化重心向东南迁移。这也是与全国的经济文化中心向东南方向的转移息息相关。

湖北文化资源有长江文化、汉江文化和清江文化三大类型。鄂东地区、鄂中南地区的荆州、鄂西南地区的宜昌等地都属于长江文化的类型;鄂北地区和鄂中南地区的安陆属于汉江文化;鄂西南的施南府属于清江文化。

---

① (元)周霆震:《石初集》卷三《送武昌冯子中乱后还乡》,《钦定四库全书》集部。

第二章　明清两代正史列传湖北籍人物及其地理分布

正史列传人物则是学界使用较多的人才评价指标,要考究明清两代湖北人才的地域分布,《明史》、《清史稿》无疑是最佳的统计蓝本。明代湖北地区文化兴盛人才迭出,是继楚文化、三国文化之后的第三个文化的高峰期,亦是人才产生的高峰期。正史列传中记载的湖北籍人物是湖北人才的代表,明代湖北产生了许多著名的人物,如李维桢、谭元春、陈友谅、杨涟、周嘉谟、"三耿"、刘天和、梅国桢等,《明史》有传的 106 名人物中有 56 人为进士出身,占 52%。清代湖北也产生了诸多著名人物,如叶名琛、陆建瀛、熊赐履、万希槐、帅承瀛、杨守敬等,《清史稿》入传人物 60 名,其中 26 人为进士出身,占 43%。本章将从《明史》、《清史稿》的入传人物着手,探寻明清时期湖北人才的差异。

第一节　《明史》列传湖北籍人物的分布

中国自古以来都有官方修史的惯例,《明史》即是以清人张廷玉任总裁,隆科多、王顼龄为监修,历经六十载完成的一部巨著。赵翼曾评价说:"近代诸史,自欧阳公《五代史》外,《辽史》简略,《宋史》繁芜,《元史》草率,惟《金史》行文雅洁,叙事简括,稍为可观,然未有如《明史》之完善者。"①赵

---

① 赵翼:《廿二史札记》,卷三十一,中华书局 2008 年版。

翼认为《明史》是"古来修史未有如此之日久而功深者也"。《明史》记载的湖北籍列传人物共 106 名,对比湖广行省的南部湖南省,《明史》列传人物仅 41 人①,湖北人才占优势。而与安徽的 244 人②相比较又处在劣势,当然明代安徽的情形特殊,这些有待于进一步研究。

一、地域分析

《明史》湖北籍 106 位列传人物来自全省的各个地方,但其地域分布又呈现出一定的特征。据《明史》记载的湖北籍列传人物籍贯制表表示明代湖北全境区域人才数。(见附表 1③)

(一)县域分布

《明史》106 名湖北籍列传人物分布在全省 40 地,覆盖三分之二的县域面积。县域分布上,麻城 8 人居 40 县之首;黄冈 7 人,江夏 7 人居其次;嘉鱼 6 人,公安 6 人,江陵 5 人,咸宁、钟祥、景陵、孝感均有 4 人入传;京山、随州、黄安、黄梅分别有 3 人入传;武昌、蒲圻、石首、夷陵、黄陂、蕲水、潜江、安陆、应城、襄阳、宜城、谷城等均有 2 人;松滋、汉川、罗田、蕲州、沔阳、云梦、应山、郧西分别有 1 人,余下汉阳等 22 县无一人入传。

排在前十位的县具体情况如下,黄州府有麻城、黄冈二县;武昌府有江夏、嘉鱼、咸宁三县;荆州府有江陵、公安二县;承天府有钟祥、景陵二县;德安府有孝感一县。前十县共计 55 人,占全省半数之多,平均每县有 5.5 人;其余51 人分布在 51 地(即所有的属州、县共计 61 地,不包含施州卫下辖区域),平均每地仅得 1 人,明代列传湖北籍人物分布集中在前十县,人才集中优势明显。进入前十位的县地处鄂东的有麻城、黄冈、江夏、嘉鱼、咸宁、孝感六县;鄂中南

---

① 张伟然:《湖南历史文化地理研究》,复旦大学出版社 1995 年版,第 228 页。

② 张晓纪:《明清时期安徽人才地理分布研究——以政治、科举人才为例》,福建师范大学2009 年硕士学位论文。以下有关安徽的数据均来自本文,不再一一注明。

③ 为了行文方便和整洁,该表格集中以附录形式放置于文末,下同。

有江陵、公安、钟祥和景陵四县。鄂北和鄂西南均没有县域进入前十位。

府治所在地列传人物在府内排第一,仅有武昌府的江夏、襄阳府的襄阳和承天府的钟祥三地;而荆州府的公安、黄州府的麻城、德安府的孝感等都不是府治所在地。

《明史》列传人物呈现阶梯状特征,即从 1 人到 8 人的八个阶梯状分布。其中大冶、归州、汉川、黄州、荆州、罗田、沔阳、蕲州、清江、松滋、应山、云梦、郧西等 13 地有 1 人;安陆、崇阳、谷城、黄陂、蒲圻、蕲水、潜江、石首、武昌、襄阳、夷陵、宜城、应城等 13 地有 2 人;黄安、黄梅、京山、随州 4 地为 3 人;景陵、咸宁、孝感、钟祥 4 地为 4 人;江陵有 5 人;公安、嘉鱼有 6 人;江夏、黄冈有 7 人;麻城有 8 人。

麻城入传的 8 人中,李氏有李文祥、李长庚;梅氏有梅国桢、梅之焕;周氏有周弘祖;刘氏有刘天和;另两人为喻希礼、彭遵古。李、梅、周、刘为麻城四大家族当之无愧。8 人均是进士出身,麻城不愧为文化渊薮,人才昌盛。麻城县地理区位"介楚豫之交,幅员周六百里,东北多山陵。……麻城民业仍本于农,方志称其土厚而肥,俗醇而朴,人质而好义,又称民习勤苦通技艺轻远游。士风厚美,出重名节,处尚廉耻"①。"古所谓山谷盘阻四固之区也,五关形胜,屏蔽江淮。"②

再如武昌府咸宁县人祝万龄,曾在黄州知府任上,重视发展书院,教授学生以儒家正统文化。

> 师乡人冯从吾,举万历四十四年进士。……崇祯初,用荐起黄州知府,集诸生定惠书院,迪以正学。③

---

① 民国《麻城县志前编》,序二,《中国地方志集成》,湖北府县志辑20,江苏古籍出版社2001年版,第 2 页。

② 民国《麻城县志前编》,序一,《中国地方志集成》,湖北府县志辑20,江苏古籍出版社2001年版,第 1 页。

③ (清)张廷玉:《明史》,卷二百九十四《列传第一百八十二》"祝万龄",中华书局1974年版。

明代嘉鱼县人才辈出,有李承勋、吴廷举、方逢时、李沂、熊开元、李承箕6人入传,6人都是科举考试的佼佼者,均有著作流传于后世。李承勋为弘治六年进士。历工部郎中,迁南昌知府。《明史》评价:"承勋沉毅有大略。……才力均有过人者。"①

吴廷举:

> 好薛瑄、胡居仁学,尊事陈献章。居湫隘,亡郭外田,有书万卷。②

著名政治家还有武昌府江夏人郭正域,著有《明典礼志》、《批点考工记》等流传于世。

> 博通载籍,勇于任事,有经济大略,自守介然,故人望归之。③

荆州府石首县入传的两人为杨溥和王之诰,杨溥是明代著名辅政大臣,正统年间与杨士奇、杨荣共同辅政,有"天下清平,朝无失政,中外臣民翕然称'三杨'"④之美誉。

> 建文二年进士。溥入阁虽后,德望相亚,是以明称贤相,必首三杨。均能原本儒术,通达事几,协力相资,靖共匪懈。史称房、杜持众美效之君,辅赞弥缝而藏诸用。又称姚崇善应变,以成天下之务。宋璟善守文,以持天下之正。三杨其庶几乎。⑤

---

① (清)张廷玉:《明史》,卷一百九十九《列传第八十七》"李承勋",中华书局 1974 年版。
② (清)张廷玉:《明史》,卷二百一《列传第八十九》"吴廷举",中华书局 1974 年版。
③ (清)张廷玉:《明史》,卷二百二十六《列传第一百十四》"郭正域",中华书局 1974 年版。
④ (清)张廷玉:《明史》,卷一百四十八《列传第三十六》"杨溥",中华书局 1974 年版。
⑤ (清)张廷玉:《明史》,卷一百四十八《列传第三十六》"杨溥",中华书局 1974 年版。

　　杨溥取得的成就与他勤奋刻苦有关,甚至身在狱中亦"益奋,读书不辍。系十年,读经史诸子数周"①。他不但在仕途上有成就,在诗文上亦为著名学臣胡俨所推崇,《明史》记载了胡俨为湖广考官时,得杨溥文,大异之,并题其上曰:

　　　　必能为董子之正言,而不为公孙之阿曲。②

　　荆州府公安县人庞瑜刻苦读书而成才的故事也被记入《明史》:

　　　　家贫,躬耕自给。夏转水灌田,执书从牛后,朗诵不辍。由岁贡生授京山训导。崇祯七年擢陕西崇信知县。③

　　可见,成才有机遇和外部环境的影响,归根结底内在的原因是人才自身的努力和勤奋。

　　县域分布具体见图 2.1。

　　(二)府域分布

　　《明史》列传人物在府域地理分布(详见图 2.2)上呈现以下特点,一是除鄂西南的施州卫无一人入选外,其他八府均有列传人物入选《明史》,分布呈现不均衡性。二是黄州府有 28 人入传,数量在全省排第一位;武昌府有 24 人居次;荆州府 19 人,承天府 14 人,德安府 13 人次之;襄阳府 6 人,汉阳府和郧阳府均只有 1 人为最少。三是鄂东的黄州和武昌两府共有 52 人,占全省 49%强。黄州、武昌、荆州、承天、德安五府有 98 人,占 92%强,优势明显。四是黄州、武昌、德安三府属于鄂东地区;荆州和承天两府属于鄂

---

　　① (清)张廷玉:《明史》,卷一百四十八《列传第三十六》"杨溥",中华书局 1974 年版。
　　② (清)张廷玉:《明史》,卷一百四十七《列传第三十五》"胡俨",中华书局 1974 年版。
　　③ (清)张廷玉:《明史》,卷二百九十二《列传第一百八十》"忠义四",中华书局 1974 年版。

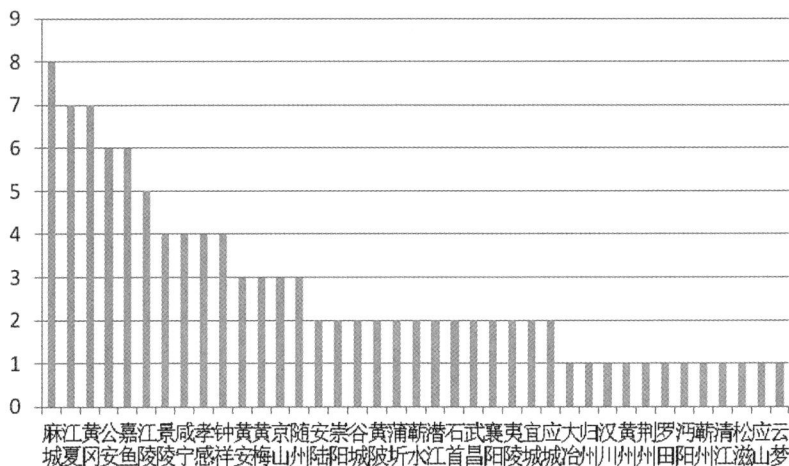

图 2.1　《明史》列传湖北籍人物县域分布图

中南地区;襄阳府和郧阳府属于鄂北地区。五是从各府内平均每县拥有列传人物数比较来看,黄州府 3.1,武昌府 2.4,德安府 2.2,承天府 2.0,荆州府 1.5,襄阳府 0.9,汉阳府 0.5,郧阳府仅 0.1。

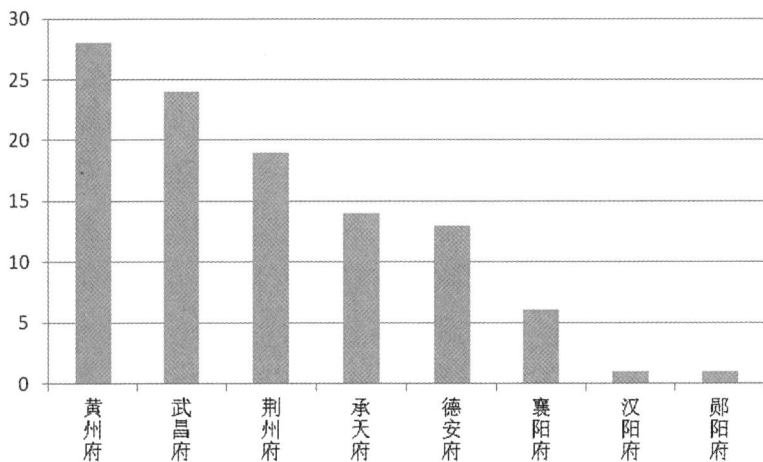

图 2.2　《明史》列传湖北籍人物府域分布图

(三)地区分布

关于明清时期湖北省内大区的分布,有以下几种分类方式。一是根据清代湖北省地理区位特征,大致可将其分为鄂东、鄂南和鄂北三个大区,即武昌府、汉阳府、黄州府和德安府除随州以外的县为鄂东地区;荆州府、荆门府、宜昌府、施南府为鄂南地区;襄阳府、郧阳府、安陆府和随州为鄂北地区。① 由此可见,清代安陆府内属江汉平原上的天门和潜江两地划为鄂北区似乎不妥;而荆门州的当阳和远安两地划归鄂南地区也欠佳。又据《湖北省地理》一书"区域差异与区域中心"一章,湖北又可划分为四个大区:鄂西北区、鄂西南区、鄂中南区、鄂东区。②

笔者在二者的基础上,依据湖北省区位特征,在清代湖北的行政区划的基础上,暂将湖北分为四大区域,一是鄂东地区,包括武昌府、汉阳府、黄州府和德安府除随州以外县;二是鄂中南区,包括荆州府、荆门州和安陆府;三是鄂西南区,即宜昌府和施南府;四是鄂北区,即襄阳府、郧阳府和随州。为叙述方便,这只是对湖北全貌的一个大致分区,基本符合湖北省情。

具体到明代,一是鄂东地区包括武昌府的全部,汉阳府的全部,黄州府的全部,沔阳州,德安府除随州以外的安陆、云梦、应城、孝感和应山;二是鄂中南区,包括荆州府的江陵、公安、石首、监利、松滋、枝江、宜都、远安等地和承天府除沔阳州以外县域等地;三是鄂西南区,即荆州府的夷陵州、长阳、宜都、归州、兴山、巴东等地和施州卫;四是鄂北区,即襄阳府、郧阳府和随州。

若以大区来分,鄂东、鄂中南比鄂西南、鄂北入传人数具有绝对优势。其中鄂东地区有 64 人,占 60%;鄂中南有 28 人,占 26.4%;鄂北有 10 人,占 9.4%;鄂西南仅 4 人,占 3.8%。详见图 2.3。

鄂东地区人杰地灵,名不虚传。黄安"三耿"耿定向、耿定理、耿定力兄弟,《明史》皆有传。耿定向,嘉靖三十五年进士,初授行人,继而任御史,万历年间,升为右副都御史。后任户部尚书。辞官后居天台山,与弟耿定理、

---

① 张伟然:《湖北历史文化地理研究》,湖北教育出版社 2000 年版,第 22 页。
② 叶学齐、刘盛佳等:《湖北省地理》,湖北教育出版社 1998 年版。

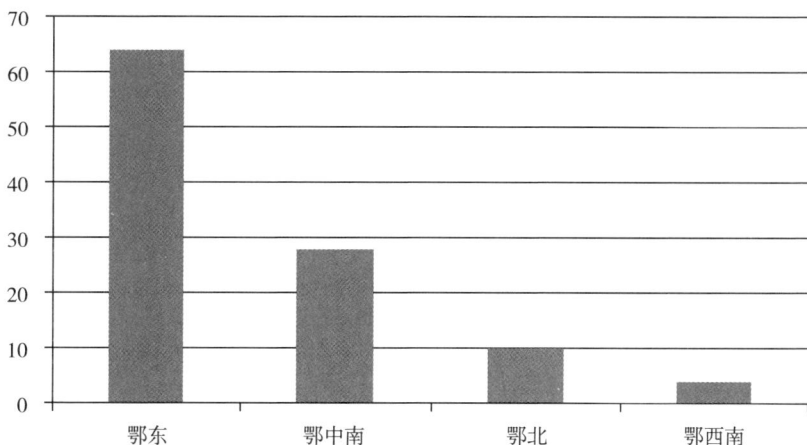

图 2.3　《明史》列传湖北籍人物地区分布图

耿定力设书院,研究学问,讲学授徒,学者称之为天台先生。著作有《冰玉堂语录》、《天台文集》、《硕辅宝鉴要览》、《黄安初乘》等流传于世。

　　定理终诸生。与定向俱讲学,专主禅机。定力,隆庆中进士,除工部主事。万历中,累官右佥都御史,督操江,疏陈矿使之患。再迁南京兵部右侍郎。卒,赠尚书。①

黄冈人易道暹,

　　诸生。好学尚气节,居深山中,积书满家。②

黄冈人冯云路,

---

① （清）张廷玉:《明史》,卷二百二十一《列传第一百九》"耿定向",中华书局 1974 年版。

② （清）张廷玉:《明史》,卷二百九十四《列传第一百八十二》"忠义六",中华书局 1974 年版。

好学励行,年三十,即弃诸生,从贺逢圣讲学,遂寓居武昌,著书数百卷。①

江夏人贺逢圣,

为人廉静,束修砥行。②

鄂中南地区列传人物以江陵张居正和公安"三袁"为代表。明代是"以诗书作为立政的根本,其程度之深超过了以往的朝代"③。张居正出任万历年间首辅时,开国的理想和所提倡的社会风气与实际情况相差甚远。张居正的精明干练把这一问题看得很清楚,由此推行了一系列改革措施。

《明史》评价张居正:

通识时变,勇于任事。神宗初政,起衰振隳,不可谓非干济才。而威柄之操,几于震主,卒致祸发身后。《书》曰"臣罔以宠利居成功",可弗戒哉。④

王世贞为张居正作传评价其聪颖绝伦并出仕的经过:

张居正,字时大,湖广之江陵人也。少颖敏绝伦,十五为诸生。登进士高第改翰林院庶吉士,是时为嘉靖之丁未、戊申间,诸进士多谈诗

---

① （清）张廷玉:《明史》,卷二百九十四《列传第一百八十二》"忠义六",中华书局 1974年版。
② （清）张廷玉:《明史》,卷二百六十四《列传第一百五十二》"贺逢圣",中华书局 1974年版。
③ ［美］黄仁宇:《万历十五年》,中华书局 2006 年版,第 84 页。
④ （清）张廷玉:《明史》,卷二百十三《列传第一百一》"张居正",中华书局 1974 年版。

为古文,以西京开元相砥砺。而居正独夷然不屑也,与人多默默潜求国家典故,与政务之要切者衷之而时时称老,易以为能得其用,诸老先生如徐阶辈,皆器重其人,相推许,遂得授编修。①

张居正在明代后期边防上实施的措施非常得力,反映了他过人的才能。

　　谭纶、王崇古诸人,受任岩疆,练达兵备,可与余子俊、秦纮先后比迹。考其时,盖张居正当国,究心于军谋边琐。书疏往复,洞瞩机要,委任责成,使得展布,是以各尽其材,事克有济。观于此,而居正之功不可泯也。②

　　居正喜建竖,能以智数驭下,人多乐为之尽。俺答款塞,久不为害。独小王子部众十余万,东北直辽左,以不获通互市,数入寇。居正用李成梁镇辽,戚继光镇蓟门。成梁力战却敌,功多至封伯,而继光守备甚设。居正皆右之,边境晏然。③

湖北籍人物在边防上做出贡献的还有江夏人熊廷弼和嘉鱼人方逢时。熊廷弼,万历二十六年进士,先后巡抚、经略辽东,有效地遏制了后金势力。方逢时,嘉靖二十年进士。

　　逢时才略明练。处置边事,皆协机宜。其功名与崇古相亚,称"方、王"云。④

张居正曾孙张同敞亦治军有方:

---

①　(明)焦竑:《国朝献征录》卷十七《张公居正传》,续修四库全书531,上海古籍出版社1996年版,第644—668页。
②　(清)张廷玉:《明史》,卷二百二十二《列传第一百十》"方逢时",中华书局1974年版。
③　(清)张廷玉:《明史》,卷二百十三《列传第一百一》"张居正",中华书局1974年版。
④　(清)张廷玉:《明史》,卷二百二十二《列传第一百十》"方逢时",中华书局1974年版。

有文武材,意气慷慨。每出师,辄跃马为诸将先。或败奔,同敞危坐不去,诸将复还战,或取胜。军中以是服同敞。①

公安派"三袁"之袁宏道、袁中道《明史》均有传。袁宗道"同他的两位弟弟一样,伯修的思想深受李卓吾(贽)的影响,二人交谊甚厚。不妨说,三袁是兄弟亦即是公安派的精神上的导师。卓吾的对传统的批判、出儒入佛等一系列新颖议论,对伯修兄弟有着巨大的吸引力,启迪了他们的思路,开拓了他们的心胸。卓吾对袁氏兄弟也极相推许,称伯修'稳实',中郎'英特','皆天下名士'"②。《明史》评价"竟陵派"之钟惺、谭元春:

> 钟、谭之名满天下,谓之竟陵体。③

公安派和竟陵派都是明代著名的文学流派,产生于明中叶的大时代背景下,都主张抒写"性灵",个性解放,反对拟古。

除江汉平原的公安、竟陵派外,在鄂东地区的武昌府嘉鱼县还涌现出继承传扬白沙学派学说的李承芳、李承箕兄弟。李成箕"初师莆田周瑛,继闻陈献章之学而慕之"④。《明史》列传有李承箕:

> 成化二十二年举乡试。往师献章,献章日与登涉山水,投壶赋诗,纵论古今事,独无一语及道。久之,承箕有所悟,辞归,隐居黄公山,不

---

① (清)张廷玉:《明史》,卷二百十三《列传第一百一》"张居正",中华书局1974年版。

② (明)袁宗道著,钱伯城标点:《白苏斋类集》,《前言》,上海古籍出版社1989年版,第4页。

③ (清)张廷玉:《明史》,卷二百八十八《列传第一七六》"文苑四",中华书局1974年版。

④ (清)吕调元、刘承恩修,张仲炘、杨承禧纂:民国《湖北通志》,卷一百五十一《人物志》"文学传",民国十年重刊本,台湾华文书局印行1967年版,第3566页。

复仕。与兄进士承芳,皆好学,称嘉鱼二李。①

李承箕"闻白沙之学而慕之,弘治戊申,入南海而师焉"②。

  白沙与之登临吊古,赋诗染翰,投壶饮酒,凡天地间耳目所闻见,古今上下载籍所存,无所不语。所未语者,此心通塞往来之机,生生化化之妙,欲先生深思而自得之,不可以见闻承当也。久之而先生有所悟入,归筑钓台黄公山,读书静坐其中,不复仕进。③

李承箕得陈献章之真传,学问大进。《明儒学案》更称赞李成箕"其文出入经史,跌宕纵横。……盖先生胸怀洒落,白沙之门更无过之"④。

李承箕有出色的学问,又颇具才学,体现了武昌府人才的杰出。

二、密度分析

若要揭示人才空间分布的规律,必须先考察人才空间分布的基本现象,从而揭示其内在本质。考察人才空间分布规律有以下几个规模性指标⑤可以操作。一是区域人才数,即区域内人才分布的绝对数量,对于《明史》列传人物的绝对数量以上已经分析过。二是人才占有率,即本地区人才占全区人才总数的比例。三是人口人才密度,即一定区域内人才数在人口总量

---

① （清）张廷玉:《明史》,卷二百八十三《列传第一百七十一》"儒林二",中华书局1974年版。

② （清）黄宗羲著,沈芝盈点校:《明儒学案》卷五《白沙学案上》"举人李大厓先生承箕",中华书局1985年版,第92页。

③ （清）黄宗羲著,沈芝盈点校:《明儒学案》卷五《白沙学案上》"举人李大厓先生承箕",中华书局1985年版,第92—93页。

④ （清）黄宗羲著,沈芝盈点校:《明儒学案》卷五《白沙学案上》"举人李大厓先生承箕",中华书局1985年版,第93页。

⑤ 叶忠海:《人才地理学概论》,上海科技教育出版社2000年版,第73页。

中所占的比重。四是面积人才密度,一定区域内,全平方公里内人才拥有数。人才密度分布是研究各类人才的重要指标,因此,在《明史》列传湖北籍人物区域人才数的基础上,制作密度分布表进一步分析。详见表2.1。

(一)人口人才密度

再以这一指标的密度分布来分析。(见表2.1、图2.4)

据研究,府志及县志所记载的明代湖北的人口数据真实性有待商榷,正如何炳棣通过他的研究也认为:"虽然明清时期有一长系列的全国人口数字和不少组的分省数字可资利用,但其中大部分涉及的是赋税人口,而不是总人口。正如我在另一研究中曾经系统地讨论过,比较有用的数字是明初和1776年到1850年间清代中叶的数字。"[1]

因此,本书涉及的明代各府人口数以曹树基在《中国人口史》中修正后的洪武二十四年人口数为准,施州卫及承天府内除京山、景陵、沔阳外其他县人口资料缺乏,无法得知。

在曹树基研究的明代湖北人口数的基础上,笔者对明代正史列传湖北籍人物作人口人才密度分析如下。

一是人口人才密度指标方面,每百万人中的人才密度,德安府185.7、襄阳府85.6、武昌府75.0位居前三甲。

二是除承天府人口数不得而知外,黄州(37.8)、汉阳(20.0)、荆州(53.7)、郧阳(59.4)四府人口人才密度都在平均线66.3以下。

三是黄州府因人口基数大,人口人才密度排在第6位。而襄阳府在列传人物数并不靠前的情况下,因人口基数小,人口人才密度竟排到第2位。同样,郧阳府人口人才密度也排到第4位。

① 何炳棣著,王振忠译,陈绛校:《科举与社会流动的地域差异》,《历史地理》第十一辑,上海人民出版社1993年版,第299页。

表 2.1　《明史》列传湖北籍人物密度分布

密度单位:人/百万人、人/万平方公里

府州	列传人物	百分比①	名次	人口	人口人才密度②	名次	人才集中度③	面积（平方公里）	面积人才密度④	名次
武昌府	24	22.6	2	320,000	75.0	3	27.0	27,795.68	8.6	2
汉阳府	1	0.9	7	50,000	20.0	7	72.2	2,768.77	3.6	6
黄州府	28	26.4	1	740,000	37.8	6	23.6	16,004	17.5	1
承天府	14	13.2	4					24,282	5.8	5
德安府	13	12.3	5	70,000	185.7	1	85.7	21,673.3	6.0	4
荆州府	19	17.9	3	354,000	53.7	5	17.5	30,611.8	6.2	3
襄阳府	6	5.7	6	70,054	85.6	2	43.7	19,596	3.1	7
郧阳府	1	0.9	7	16,824	59.4	4	30.7	19,384.8	0.5	8
施州卫军民指挥使司	0							24,111		
总计	106			1,600,000	66.3		3.5	186,227.35	5.7	

说明:人口以洪武二十四年修正后人口数为准,施州卫及承天府内除京山、景陵、沔阳外其他县人口资料
缺乏,无法得知。参看葛剑雄主编,曹树基著:《中国人口史》第四卷明时期,复旦大学出版社 2000
年版,第 124—129 页。面积以各府州所辖范围的当今面积计算所得。

---

　　①　表示人才占有率,也即人才比重。是指本地区人才占全区人才总数的比例。计算公式
为:人才占有率=(本地区人才数/全地区人才数)×100%(见叶忠海:《人才地理学概论》,上海科
技教育出版社 2000 年版,第 73 页),本书即指各府人才数占全省人才总数的比例。
　　②　表示人口人才密度,指在一定区域内人才数在人口总量中所占的比重。其单位一般为人
才数/万人口,计算公式为:人口人才密度=人才数/人口总数(见叶书第 73 页),本书即各府州人
才数占各府州人口总数的比重。
　　③　人才集中度,本书指考虑人口和面积两个指标下的人才集中度,即人才集中度=本地区
人才数/本地区人口数/本地区面积。另叶忠海阐述过人才集中系数,也称人才密度系数,是指本
地区人口人才密度占全区人口人才密度的比重。计算公式为:人才集中系数=本地区人口人才密
度/全区人口人才密度(见叶书第 73—74 页)。但没有考虑地区面积要素,似乎仅仅从人口指标描
述人才集中系数,不足以表示人才区域分布的全貌。
　　④　表示面积人才密度,是指在一定区域内,全平方公里内人才拥有数。其单位一般为人才
数/平方公里,计算公式为:面积人才密度=人才数/面积数(见叶书第 74 页),本书即各府辖区面
积内每万平方公里拥有多少人才,单位为人才数/万平方公里。

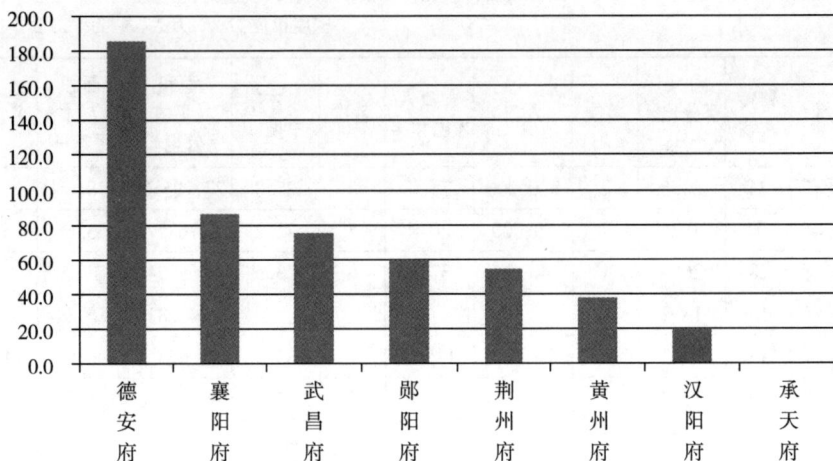

图 2.4 《明史》列传湖北籍人物人口人才密度分布图

（二）面积人才密度

面积人才密度方面，每万平方公里中拥有的列传人物，黄州府 17.5，武昌府 8.6，荆州府 6.2，德安府 6.0，承天府 5.8，五府均在平均线 5.7 以上。汉阳府面积人才密度 3.6，襄阳府 3.1，郧阳府仅 0.5，为面积人才密度小的地方。黄州府的面积人才密度是第二名的武昌府的 2 倍之多，黄州府人才集中优势明显。前五位的府域分布上，可以知道，黄州、武昌和德安三府属鄂东地区；荆州府和承天府属鄂中南地区。

再由表 2.1 知，人才数、人口人才密度、面积人才密度三个指标来看，黄州府分列第 1、6、1 位；武昌府分列第 2、3、2 位；荆州府分列第 3、5、3 位；承天府分列第 4、不详、5 位；德安府分列第 5、1、4 位；襄阳府分列第 6、2、7 位；郧阳府分列第 7、4、8 位；汉阳府分列第 7、7、6 位；施州卫为 0。

由此可见，武昌府在三个指标上均排在前列，为人才密度最大的府，黄州府在人才绝对数量和面积人才密度方面遥遥领先，人口人才密度则排名靠后，但它仍不失为明代湖北人才产出重镇。荆州府的情形与黄州府一致。

总之，《明史》列传人物主要出自鄂东、鄂中南两地的黄州府、武昌府、荆州府三府;人口人才密度靠前的分布在鄂东的德安府、武昌府和鄂北的襄阳府;面积人才密度排在前列的是鄂东的黄州府、武昌府、德安府,鄂中南的荆州府和承天府等。

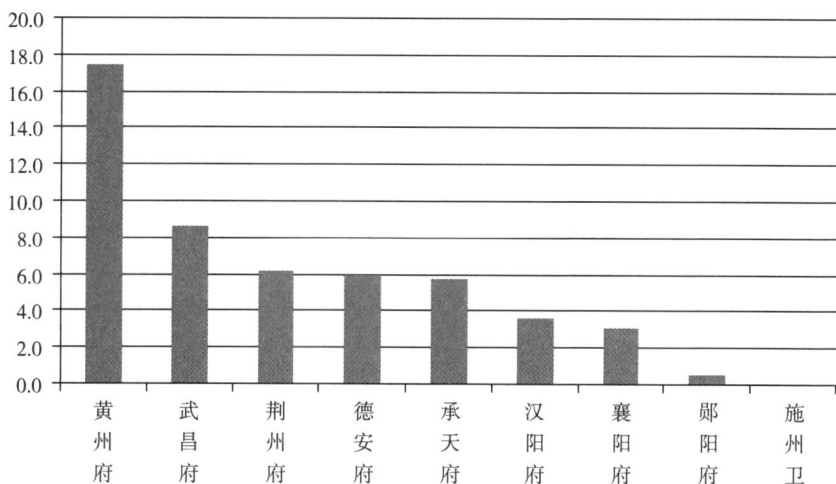

图2.5 《明史》列传湖北籍人物面积人才密度分布图

(三)人才集中度

叶忠海先生曾阐述过人才集中系数,也称人才密度系数,是指本地区人口人才密度占全区人口人才密度的比重。本书的人才集中度与叶氏不同,指考虑人口和面积两个指标下的人才集中度,即人才集中度=本地区人才数/本地区人口数/本地区面积。综合考虑了区域内人口和面积两个层面的人才集中度,以期能更为全面地反映区域内人才集中程度。

明代德安府列传人物集中度最高,其次为汉阳府;襄阳府、郧阳府、武昌府、黄州府和荆州府再次之。详见图2.6。

鄂东地区除列传人物居多外,医学人才也辈出,如明代蕲州人李时珍、罗田人万全、清代广济人杨际泰、北宋时期蕲水人庞安时,并称为鄂东四大名医。如《明史》列传中评价李时珍:

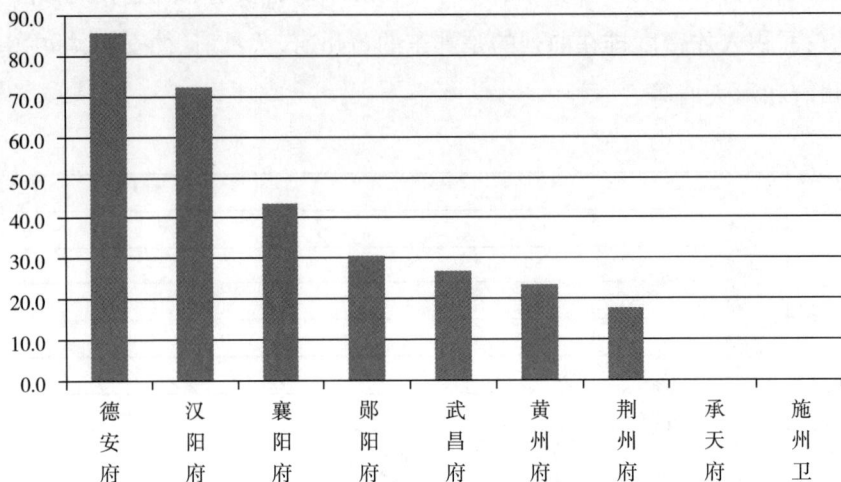

图 2.6 《明史》列传湖北籍人物人才集中度分布图

好读医书,医家《本草》,自神农所传止三百六十五种,梁陶弘景所增亦如之,唐苏恭增一百一十四种,宋刘翰又增一百二十种,至掌禹锡、唐慎微辈,先后增补合一千五百五十八种,时称大备。然品类既烦,名称多杂,或一物而析为二三,或二物而混为一品,时珍病之。乃穷搜博采,芟烦补阙,历三十年,阅书八百余家,稿三易而成书,曰《本草纲目》。增药三百七十四种,厘为一十六部,合成五十二卷。首标正名为纲,余各附释为目,次以集解详其出产、形色,又次以气味、主治附方。书成,将上之朝,时珍遽卒。未几,神宗诏修国史,购四方书籍。其子建元以父遗表及是书来献,天子嘉之,命刊行天下,自是士大夫家有其书。时珍官楚王府奉祠正,子建中,四川蓬谿知县。①

李时珍科举不第,遂潜心于医药学,足迹遍布大江南北,访医采药,著就一百多万字的"东方医药巨典"——《本草纲目》。

---

① (清)张廷玉:《明史》,卷二百九十九《列传第一百八十七》"方伎",中华书局 1974 年版。

第二节　《清史稿》列传湖北籍人物的分布

　　赵尔巽等人编纂的《清史稿》是民国初年设立的清史馆编写的记述清代历史的未定稿。虽然有一些缺陷在所难免,但正如出版说明中所说的,对于有些志书和清末人物的列传,并非取材于常见的史料,当另有所本。因此,这部书仍有它的参考价值。无疑,考察清代湖北人物这是一本很好的参考资料。《清史稿》记载的湖北籍列传人物共60名,相较《明史》的106名,少了46名,而邻省的安徽在《清史稿》入传人物有209名,徽州府和安庆府各有51人,与湖北形成鲜明对比,其中原因值得探究。这60位入传人物来自全省的各个地方,但其地域分布又呈现出一定的特征。

一、地域分析

（一）县域分布

　　据《清史稿》记载的湖北籍列传人物籍贯制成附表2以直观呈现清代湖北全境区域人才数。（见图2.7和附表2）

　　在《清史稿》列传人物中,江夏有8人、汉阳有6人、襄阳有5人,占全省近32%,三地排在前列;黄冈4人、黄梅3人紧随其后;咸宁、大冶、孝感、钟祥、黄安、蕲水、天门、恩施、荆门分别得2人;武昌、兴国、通山、黄陂、沔阳、安陆、应城、罗田、麻城、江陵、松滋、宜都、谷城、鹤峰、黄州、施南各得1人;余下嘉鱼等41县或厅无人入传。

　　从排在前十位的县来看,黄州府有黄冈、黄梅、黄安、蕲水四县;武昌府有江夏、咸宁和大冶三县;汉阳府有汉阳和孝感两县;安陆府有钟祥和天门两县;襄阳府有襄阳一地;施南府有恩施一地,荆门府。前十位共十四地,共计44人,占全省73%,平均一地得3人。从前十位的县域分布上看,鄂东地区有黄冈等九县;鄂中南地区有钟祥、天门两县;鄂西南有恩施一地;鄂北有

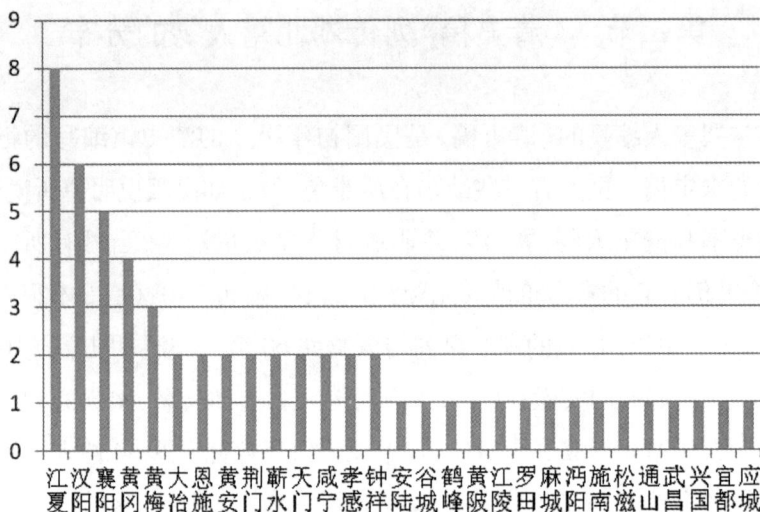

图 2.7 《清史稿》列传湖北籍人物县域分布图

襄阳一地。鄂东地区拥有绝对优势。

府内排名第一的均为府治所在地,如武昌府的江夏,汉阳府的汉阳,黄州府的黄冈,安陆府的钟祥,荆州府的江陵,德安府的安陆,施南府的恩施,襄阳府的襄阳。

清代列传人物共60人,1人籍贯不详,59人分7个阶梯状分布。其中安陆、谷城、鹤峰、黄陂、江陵、罗田、麻城、沔阳、施南、松滋、通山、武昌、兴国、宜都、应城等15地分别有1人;大冶、恩施、黄安、荆门、蕲水、天门、咸宁、孝感、钟祥等9地分别有2人;黄梅有3人;黄冈有4人;襄阳有5人;汉阳有6人;江夏有8人。

与明代列传人物相比,江夏、黄冈仍为人才发达县,汉阳和襄阳的地位上升,而麻城的地位下降了。

江夏的8人为吴正治、崔应阶、陈銮、温绍原、张凯嵩、何金寿、夏士友、刘湘煋,前6人皆是清代从政方面显赫的人物。吴正治,先后修撰"太祖实录、圣训、会典、方略、一统志等,俱充总裁官"①。

> 顺治六年进士,选庶吉士,授国史院编修。……以清廉执法著
> 称。……守成法,识大体。②

崔应阶,历任顺天府通判、山西汾州知府、安徽按察使、湖南布政使、山东布政使、闽浙总督等。

陈銮,历任江苏松江知府、上海道台等,为官勤谨,主要政绩表现在兴修水利、禁绝鸦片和爱护商民上。③

温绍原,"少负奇略。……咸丰二年,署六合,减赋役,蠲苛法,民戴之。"④太平天国运动期间,守江宁有功,《清史稿》记载:

> 诏嘉绍原"六载守城,久为江北重镇。援师未集,力竭捐躯,深为
> 悯惜"⑤。

张凯嵩,为民国《湖北通志》纂者张仲炘之父,道光二十五年进士,历任广西即用知县、庆元知府等,抗匪有功。

何金寿,"同治元年一甲二名进士,授编修。出督河南学政,还充日讲

---

①　(清)赵尔巽、柯劭忞等:《清史稿》,卷二百五十《列传三十七》"吴正治",中华书局1976年版。

②　(清)赵尔巽、柯劭忞等:《清史稿》,卷二百五十《列传三十七》"吴正治",中华书局1976年版。

③　章开沅等主编,张建民著:《湖北通史·明清卷》,华中师范大学出版社1999年版,第627页。

④　(清)赵尔巽、柯劭忞等:《清史稿》,卷四百《列传一百八十七》"温绍原",中华书局1976年版。

⑤　(清)赵尔巽、柯劭忞等:《清史稿》,卷四百《列传一百八十七》"温绍原",中华书局1976年版。

起居注官。"①《清史稿》评价："总督左宗棠等上其事於朝,谓有古循吏风云。"②

夏士友以孝行入传,而刘湘煃在历学方面颇有成就,拜历算大家梅文鼎为师,梅曾称赞他:

> 刘生好学精进,启予不逮。③
>
> 其与人书曰"金、水二星,历指所说未彻,得刘生说,而后二星之有岁轮,其理确不可易",因以所著历学疑问嘱之讨论,湘煃为著订补三卷。④

清代汉阳列传人物有郭一裕、叶名琛、袁希祖、洪汝奎、刘传莹、罗鸣序6人,其中郭一裕、叶名琛、袁希祖、洪汝奎、罗鸣序皆为从政中佼佼者。最为有名的是晚清重臣叶名琛。叶名琛历任广东巡抚、两广总督,勤勉政事、知人善任,对内征剿有功。后被俘虏表现出民族气节绝食而死:

> 名琛既被虏,英人挟至印度孟加拉,居之镇海楼上。犹时作书画,自署曰"海上苏武",赋诗见志,日诵吕祖经不辍。⑤

---

① (清)赵尔巽、柯劭忞等:《清史稿》,卷四百四十五《列传二百三十二》"何金寿",中华书局1976年版。

② (清)赵尔巽、柯劭忞等:《清史稿》,卷四百四十五《列传二百三十二》"何金寿",中华书局1976年版。

③ (清)赵尔巽、柯劭忞等:《清史稿》,卷五百六《列传二百九十三》"刘湘煃",中华书局1976年版。

④ (清)赵尔巽、柯劭忞等:《清史稿》,卷五百六《列传二百九十三》"刘湘煃",中华书局1976年版。

⑤ (清)赵尔巽、柯劭忞等:《清史稿》,卷三百九十四《列传一百八十一》"叶名琛",中华书局1976年版。

洪汝奎深得两江总督沈葆桢的器重,

> 光绪中,沈葆桢为两江总督,尤倚任之。葆桢治尚威猛,因疾在告,辄疏请汝奎代治事,声望益起。会诏求人才,大臣交章论荐。①

刘传莹,官国子监学正,治舆地学尤精。

> 始学考据,杂载於书册之眉,旁求秘本钩校,朱墨并下,达旦不休。②

(二)府域分布

《清史稿》列传湖北籍人物地域分布极不平衡。府域方面,八府一直隶厅一直隶州均有人入传,郧阳和宜昌两府无人入传,1 人籍贯不详。清代列传人物集中在武昌(15 人)、黄州(13 人)和汉阳(10 人)三府,共计 38 人,占全省63%。襄阳府 6 人,安陆府 4 人,荆州府和施南府分别有 3 人,德安府和荆门直隶州分别有 2 人,鹤峰直隶厅有 1 人。可见,鄂东地区的武昌府、黄州府和汉阳府为清代列传人物发达区;鄂北的襄阳府和鄂中南地区的安陆府为次发达区。襄阳府在明代列传人物并不突出,而清代的襄阳府有余际昌、刘宗洙、刘恩广、刘青藜、李复新、单懋谦 6 人入传,排在全省第 4位,属次发达区。

余际昌,"剿匪积功至守备,署抚标右营游击,为巡抚胡林翼所识拔。"③

---

① (清)赵尔巽、柯劭忞等:《清史稿》,卷四百五十二《列传二百三十九》"洪汝奎",中华书局 1976 年版。

② (清)赵尔巽、柯劭忞等:《清史稿》,卷三百九十四《列传一百八十一》"叶名琛",中华书局 1976 年版。

③ (清)赵尔巽、柯劭忞等:《清史稿》,卷四百二十九《列传二百一十六》"余际昌",中华书局 1976 年版。

单懋谦,道光十二年进士,选庶吉士,授编修。十七年,入直南书房。十九年,大考二等,以赞善升用。寻授司业,迁洗马。二十年,督广东学政,历侍读、庶子。①

有"学问优长,持躬端谨"之褒。惟单懋谦独由正卿入阁,时以为荣遇焉。

刘宗洙、刘恩广兄弟及恩广子刘青藜、李复新四人以孝义入传。

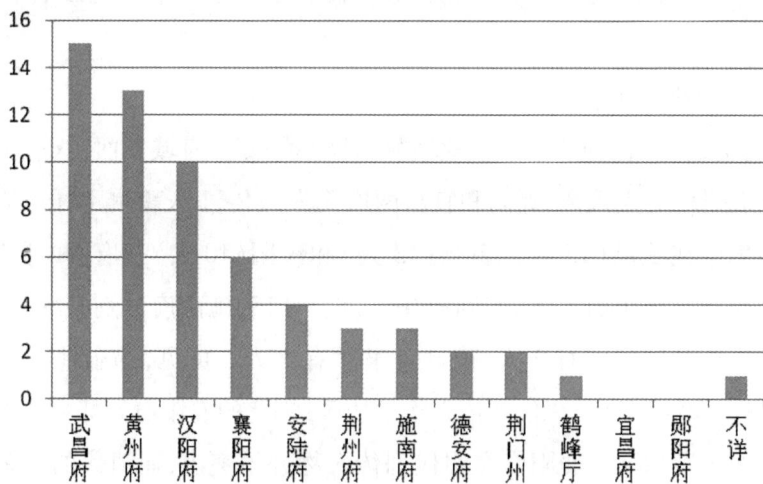

图 2.8 《清史稿》列传湖北籍人物府域分布图

(三)地区分布

鄂东地区有 40 人入传,集中了清代全省三分之二的列传人物,为人才高产区;其次是江汉平原的鄂中南地区有 9 人;鄂北地区仅有 6 人;鄂西南仅 4 人。详见图 2.9。

---

① (清)赵尔巽、柯劭忞等:《清史稿》,卷三百九十《列传一百七十七》"单懋谦",中华书局1976 年版。

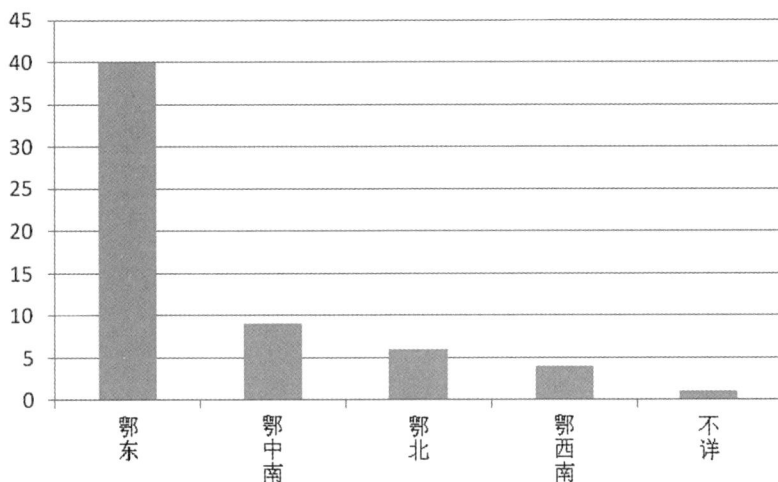

图 2.9　《清史稿》列传湖北籍人物地区分布图

二、密度分析

人才密度分布是研究各类人才的重要指标,因此,在《清史稿》列传湖北籍人物的区域人才数的基础上,制作密度分布表进一步分析。详见表 2.2。

表 2.2　《清史稿》列传湖北籍人物密度分布

密度单位:人/百万人、人/万平方公里

府州	列传人物	名次	百分比	人口数	人口人才密度	名次	人才集中度	面积（平方公里）	面积人才密度	名次
武昌府	15	1	25.0	3,044,000	4.9	1	1.8	27,795.68	5.4	2
汉阳府	10	3	16.7	3,683,000	2.7	7	1.4	19,540.84	5.1	3
黄州府	13	2	21.7	3,621,000	3.6	4	2.2	16,004	8.1	1
安陆府	4	5	6.7	1,089,000	3.7	3	3.4	10,653	3.8	4
德安府	2	7	3.3	1,340,000	1.5	9	1.2	12,763.3	1.6	10
荆州府	3	6	5.0	1,914,000	1.6	8	1.2	13,127.4	2.3	7
襄阳府	6	4	10.0	1,672,000	3.6	4	1.8	19,596	3.1	6
郧阳府	0	10	0	911,000	0.0	10	0.0	22,609.8	0.0	11

续表

府州	列传人物	名次	百分比	人口数	人口人才密度	名次	人才集中度	面积(平方公里)	面积人才密度	名次
宜昌府	0	10	0	830,000	0.0	10	0.0	14,421.6	0.0	11
施南府	3	6	5	920,000	3.3	6	1.8	17,865	1.7	9
荆门直隶州	2	7	3.3	458,000	4.4	2	4.2	10,284	1.9	8
鹤峰直隶厅	1	9	1.7					2,892	3.5	5
总计	60①			19,482,000	3.1		0.2	187,552.62	3.2	

资料来源:人口数以清嘉庆二十五年(1820 年)修正之后的人口数为准,鹤峰直隶州资料缺失。参见葛剑雄主编,曹树基著:《中国人口史》第五卷清时期,复旦大学出版社 2001 年版;面积以当时辖区的当今面积计算。

(一)人口人才密度

因文献记载的湖北各府人口数据经研究让人无法相信,表中人口数据是采用曹树基先生根据人口比例修正之后的数字,他比较研究了乾隆四十一年、嘉庆二十五年、1953 年湖北省人口数,修正后的数据符合湖北省人口发展规律。

图 2.10 大致反映了清代湖北列传人物的人口人才密度。从人口人才密度指标方面来分析,武昌府、荆门州、安陆府、黄州府、襄阳府、施南府排前列,以上六府州在平均线 3.1 以上;汉阳、荆州、德安三府次之,处于平均线以下;郧阳和宜昌两府为 0;鹤峰直隶厅因人口数资料无法获得,不详。

人口人才密度较大的地区,鄂东地区有武昌府、黄州府;鄂中南地区有荆门州、安陆府;鄂北地区有襄阳府;鄂西南地区有施南府。鄂东和鄂中南地区人口人才密度属于较大的区域。

(二)面积人才密度

从面积人才密度来看,黄州每万平方公里得 8.1 人、武昌得 5.4 人、汉

---

① 含籍贯不详 1 人。

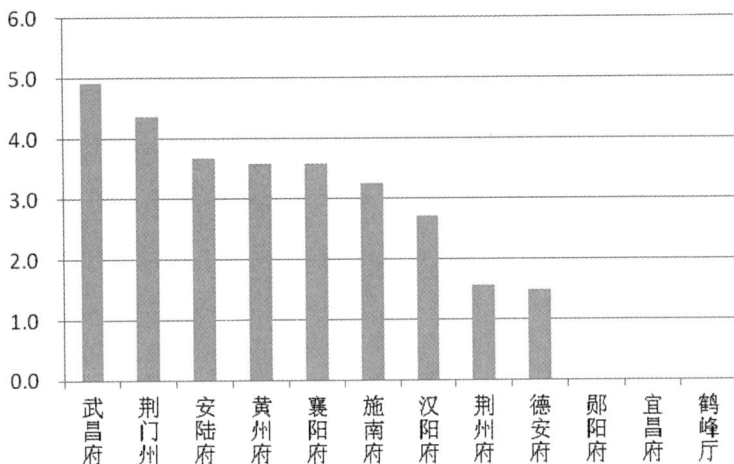

图 2.10 《清史稿》列传湖北籍人物人口人才密度分布图

阳得 5.1 人排在前三位;安陆府得 3.8 人次之;鹤峰直隶厅 3.5 人,襄阳府 3.1 人再次之,以上六府厅在平均线以上。荆州、荆门州、德安、施南府每万平方公里得人才 1.6—2.3 人,居平均线以下。

从人才数、人口人才密度、面积人才密度三个指标来看,武昌府分列第 1、1、2 位;黄州府分列第 2、4、1 位;汉阳府分列第 3、7、3 位;襄阳府分列第 4、4、6 位;安陆府分列第 5、3、4 位;荆州府分列第 6、8、7 位;德安府分列第 7、9、10 位;荆门州分列第 7、2、8 位。

由此可见,武昌府和黄州府是《清史稿》列传人物集中度最高的府,无论从人才数、人口人才密度还是面积人才密度,人才集中系数都是排在全省前列的。与明代相比,清代的汉阳府人才地位上升,而荆州府人才地位下降。人才绝对数集中在鄂东三府;人口人才密度大的府集中在鄂东的武昌府和黄州府、鄂北的襄阳府、鄂中南地区的安陆府和荆门州;面积人才密度大的府又集中在鄂东黄州、武昌、汉阳三府。很明显,清代列传人物比明代更为集中,有向鄂东地区集中的趋势。

(三)人才集中度

从人口和面积两个指标来分析,荆门州排在第一位,安陆府居其次,黄

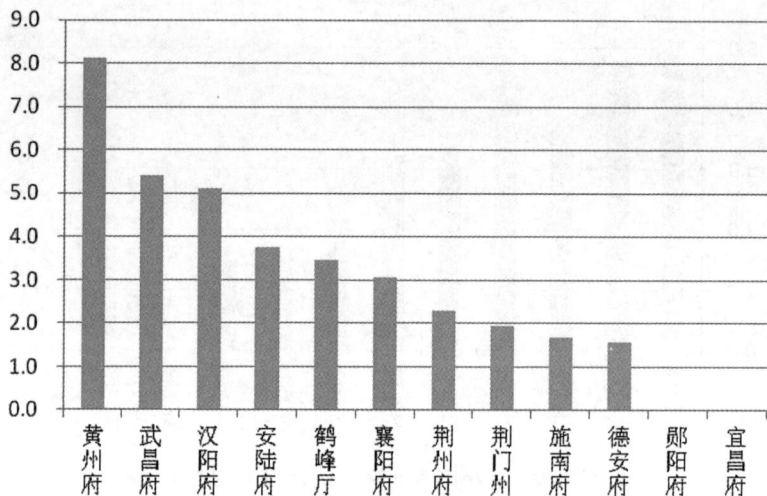

图 2. 11　《清史稿》列传湖北籍人物面积人才密度分布图

州府、襄阳府、施南府、武昌府、汉阳府、荆州府和德安府等居第三方阵。荆门州和安陆府由于辖区面积较小和人口少两方面的原因,人才集中度排在前列;反之,黄州府和武昌府因人口稠密和地理面积广袤,在人才集中度上并不靠前。详见图 2. 12。

本章小结

人才分布的时空变迁意味着明清时期湖北人才在时间维度上的变迁和籍贯分布上的空间变化。从全省来看,某一地区、某一时代人才分布的多寡与疏密,则反映了其在那个时代该地区人才成长的状况,从而凸显出当时湖北的人才中心所在地。通过研究明清正史列传人物的地域分布和密度分布,可以总结出以下几点结论。

以黄州府和武昌府为代表的鄂东地区是列传人物分布密集区,鄂中南地区的荆州府为次密集区,广袤的鄂西南和鄂西北地区为列传人物稀疏区。

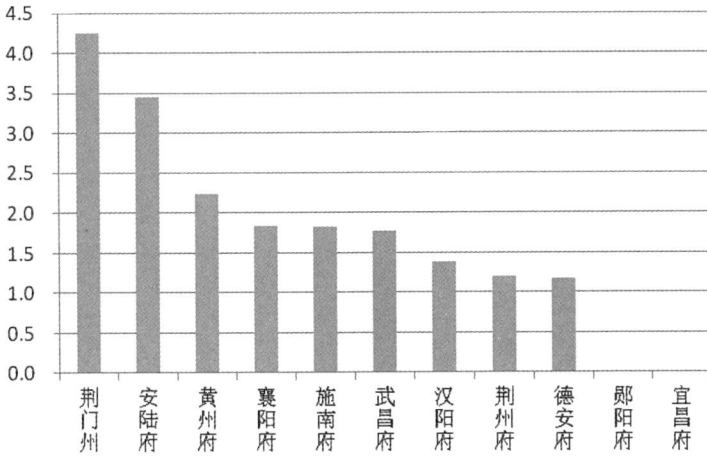

图 2.12 《清史稿》列传湖北籍人物人才集中度分布图

地域分布示意图详见图 2.13、图 2.14。

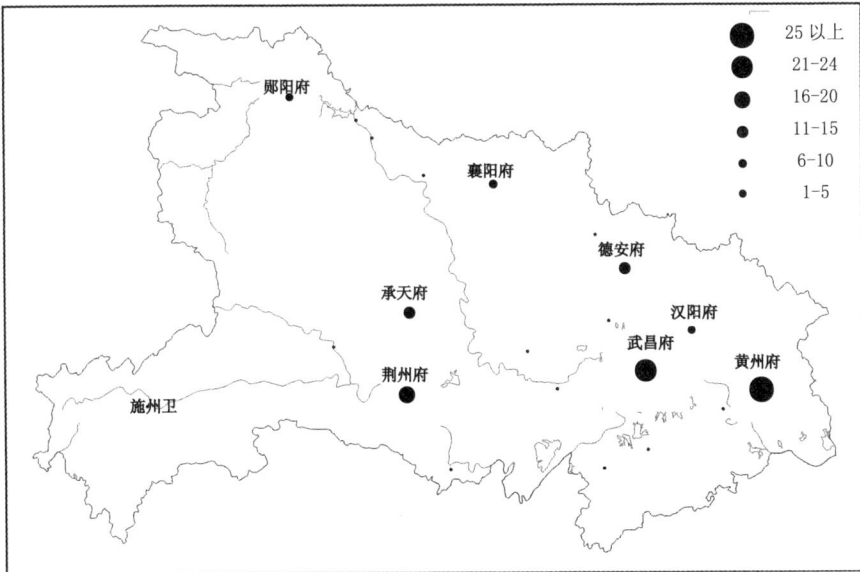

图 2.13 《明史》列传湖北籍人物分布示意图

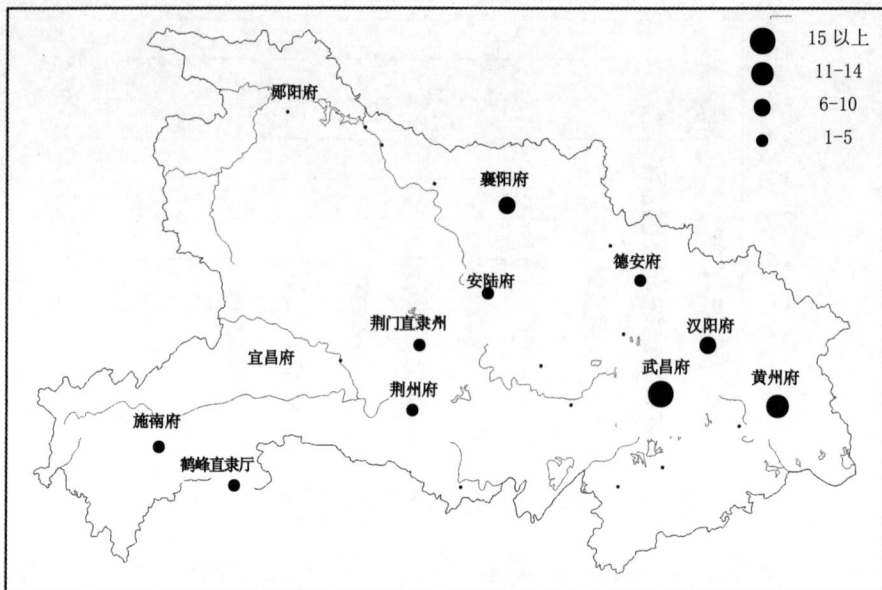

图 2.14　《清史稿》列传湖北籍人物分布示意图

因明代荆州府辖区到清代已经拆分为荆州府、宜昌府和荆门直隶州所辖。而汉阳府辖域面积扩大了,增加了原属黄州府的黄陂和原属德安府的孝感。府与府之间的对比有一些出入,若要对明清两代湖北籍列传人物作一比较,就有必要从湖北省的几个大区来分析,这样能更直观地看出各区之间的变化。

表 2.3　明清时期湖北列传人物地理分布演变

地区	鄂东(104 人)			鄂中南(37 人)			鄂西南(16 人)			鄂北(38 人)		
项目	明	清	增减率	明	清	增减率	明	清	增减率	明	清	增减率
列传人物	64	40	−37.5%	28	9	−67.9%	10	6	−40%	4	4	0%
比例(%)	60.3	66.7	+6.4	26.4	15.0	−11.4	9.4	10	+0.6	3.8	6.7	+2.9

说明:表中比例指某一地区占全省的比例,如鄂东的比例即明代鄂东人物占明代整个人物数量的比例。
　　　清代有 1 人籍贯不详。

清代正史列传人物与明代相比,总数从 106 人降到 60 人,减幅高达 43.4%,其中鄂东降幅达 37.5%,鄂中南达 67.9%,鄂西南达 40%,鄂北持平。在全省三个地区均有分布,分别为 40 人、9 人、6 人、4 人(1 人不详)。但在地域分布上呈现不平衡性。鄂西南和鄂北明显处于弱势,鄂东地区属人才富集区。清代鄂东地区列传人物优势明显,并有逐步集中的趋势,从明代的 60.3%上升到清代的 66.7%,增幅达 6.4 个百分点。与此同时,鄂中南下降了 11.4 个百分点,鄂北增加 2.9 个百分点,鄂西南增加 0.6 个百分点。从两代各地区列传人物在全省的比例可以明显看出,鄂中南地区人才下降快,在全省人才的比例上,由明代的 26.4%下降到清代的 15%。清代鄂北地区列传人物在数量上与明代持平,在全省占比上还有所上升,增加了 2.9 个百分点。

综上所述,相较明代,清代入传人物大幅减少,减幅达 43%,邻省安徽有 209 人入传,是湖北的 3.4 倍。《清史稿》列传人物表现出以下几个特征。

一是《清史稿》列传人物更趋向集中,不平衡性加剧。明代仅施州卫无人入传,清代郧阳和宜昌两府都无人入选。明代列传人物分布在 40 地,清代仅 30 地拥有列传人物,超一半的县域面积无人入传。

二是从明到清,鄂东地区的列传人物地位逐步巩固。虽然,清代鄂东地区仅有 40 人入传,而明代这一地区有 63 人,但从全省的比例上看,则上升了 8.4 个百分点,人才更向鄂东集中。

三是清代汉阳府人才地位显著上升,而荆州府地位则下降了。

四是列传人物有向政治中心集中的趋势。清代各府内排名第一的均是府治所在地,说明汉阳、黄冈、安陆、江陵等府治所在地人才地位上升,而非府治所在地如麻城、公安、孝感等地人才地位相对来说有所下降。

总之,明清两代正史列传人物集中在黄州、武昌、荆州、承天、德安、汉阳六府,其中黄州、武昌、德安、汉阳四府属鄂东地区;荆州、承天府属鄂中南地区。鄂东低山丘陵及沿江平原为明清时期湖北人才较多的地方;其次是江汉平原次发达区;鄂北和鄂西南为明清列传人物较不发达区。

第三章　明清两代湖北进士及其地理分布

科举制度从隋文帝开皇七年(587年)开始,到清光绪三十一年(1905年)止,共盛行1318年,曾被誉为"中国的第五大发明"①。科举制通过考试的方式,文章作为录取的唯一标准,使人才选拔有了一个可供衡量的依据。"诚欲使庠序之士,咸务实学,必先使选举之士,皆属真才。"②科举制度是封建王朝选拔人才的制度,保证了社会阶层间的正常流动,是中国古代人才选拔制度的重大飞跃。原因在于科举考试确定的录取原则,除娼、优、隶、卒等"贱民"外,皆可参加科举考试。扩大了应试者的范围,突破了血缘关系对政治权利的垄断,使得广大下层民众有了入仕的机会,体现了一种开放、平等的精神。③ 正如唐代诗人孟郊在46岁中进士后所作的一首诗《登科后》,表达了自己的兴奋心情。

> 昔日龌龊不足夸,今朝放荡思无涯。
>
> 春风得意马蹄疾,一日看尽长安花。

在学而优则仕的传统社会,通过科举之路走上成才之路无疑是最好的

---

① 刘海峰:《科举制——中国的第五大发明》,《探索与争鸣》1995年第8期。

② 陈元晖、璩鑫圭编:《中国近代教育史资料汇编:鸦片战争时期的教育》"王茂荫:敬筹振兴人才以济实用疏(节录)",上海教育出版社1990年版,第73页。

③ 王继平等:《晚清人才地理分布研究(1840—1912)》,中国社会科学出版社2012年版,第2页。

选择。"缙绅虽位极人臣,不由进士者终不为美。"①科举制度对我国封建社会的政治和文化影响极大,激发了下层知识分子充分运用科举考试来实现自己治国平天下的政治抱负。"朝为田舍郎,暮登天子堂。将相本无种,男儿当自强。"正是基于这一点,科举制度得以存在一千多年。至明清时代,科举制度已基本完备定型,几乎成为国家选才任士的唯一途径。明代选拔人才的途径有科举、荐举、铨选等途径,但"明制,科目为盛,卿相皆由此出,学校则储才以应科目者也"②。

清承明制,"我朝定鼎之后,开科取士,仍循明制,得人称盛。"③"三年一度中试的进士成为国家人才的精英,也是统治集团的中坚力量,关系着清王朝的治乱兴衰。"④清代还开设恩科和博学鸿词科等另设科目,均为增大选才力度,适应社会实际之举。清末政治家黄爵滋曾主张:"至其求之之法,或特开一科,如从前诏举博学鸿词故事,第不试以诗赋,而试以策论,取其通经史而适于时务者,量才用之,或兼设数科,如汉之经任博士,文任御史,才任剧县等目,分别试之。"⑤再如他接下来的论述,"然乡、会两科之外,如康熙、雍正、乾隆年间,屡次诏举博学鸿词科,所得真才,如汤斌、刘纶等,皆为熙朝硕甫,一代伟人。"⑥说明博学鸿词科也选拔了真才实学之人,是乡试和会试之外选拔人才的重要途径。

---

① 王栻:《严复集(一)》,《论教育与国家之关系》,中华书局 1986 年版,第 166 页。

② (清)张廷玉:《明史》,卷六十九《志四十五》"选举一",中华书局 1974 年版,第 1675 页。

③ 陈元晖、璩鑫圭编:《中国近代教育史资料汇编:鸦片战争时期的教育》"黄爵滋:敬陈六事疏(节录)",上海教育出版社 1990 年版,第 70 页。

④ 王继平等:《晚清人才地理分布研究(1840—1912)》,中国社会科学出版社 2012 年版,第 1 页。

⑤ 陈元晖、璩鑫圭编:《中国近代教育史资料汇编:鸦片战争时期的教育》"黄爵滋:敬陈六事疏(节录)",上海教育出版社 1990 年版,第 71 页。

⑥ 陈元晖、璩鑫圭编:《中国近代教育史资料汇编:鸦片战争时期的教育》"黄爵滋:敬陈六事疏(节录)",上海教育出版社 1990 年版,第 70 页。

第一节　明代湖北进士的分布与变迁

明朝科举分为童生试、乡试、会试和殿试四级。"贡举之法，太学及直省府州县学诸生三年宾兴，试于顺天府各布政司，曰乡试，其中试者贡于部，合天下贡士大比之，曰会试，其中试者策试于太和殿，曰殿试，一甲三名，赐进士及第，二甲三甲无定数，赐进士出身同进士出身有差。"①"洪武三年五月始设科取士……六年二月诏暂罢科举，十五年八月复设科举以三年一试著为定制。"②洪武三年开科取士后，朱元璋认为，"所取多后生少年，能以所学措诸行事者寡。"③洪武六年二月暂时罢科举，实行荐举制。但是荐举没有统一的标准，弊端越来越显现出来，并未达到选拔人才的初衷，所以在洪武十五年重新设科取士，并延续五百多年。乡试是正式科考的第一关，洪武十五年规定每三年一科为定制，中式者方成为举人。从举人到进士还需通过会试成为贡士，而殿试只用来定出名次，能参加的贡士通常都能成为进士，不会再有落第的情况。

科举时代的进士是考察人才的绝佳样本。考较各地进士数量的多寡及其变化，有助于分析各地人才的兴衰，也能推知该地文风的高下及演变。潘光旦曾对人才取样对象有过精彩的论述："他们之所以成为人才，多少是有相当的智能做基础的，他们所以为人才的证据，在今日只能见诸人的记录，和他们自己遗留下来的功业与作品，但假若我们有方法来推测他们的智能，他们的分数，例如'智商'之类，和今日所称人才所得的测验分数，怕不会有

---

①　（清）沈葆桢、吴坤修等：《重修安徽通志》卷一百五十《选举志一考》，光绪四年刻本，续修四库全书，653 册，上海古籍出版社 1995 年版，第 14 页。

②　（清）吕调元、刘承恩修，张仲炘、杨承禧纂：民国《湖北通志》，卷一百二十四《人物志》"选举表二"，民国十年重刊本，台湾华文书局印行 1967 年版，第 2813 页。

③　（清）张廷玉：《明史》，卷七十《志四十六》"选举二"，中华书局 1974 年版，第 196 页。

多大的分别。"①以上两点均体现历史上的人才之所以成为人才是因为见诸别人的记录,或是他们自己遗留下来功业和作品而为后人知晓。这才为研究者提供可研究的资料和条件。

取样蓝本以民国十年(1921 年)出版的《湖北通志》为准。湖北省方志办在整理出版这本通志时说:"民国十年《湖北通志》是新中国成立前出版的,最后,也是字数最多的一本通志,全书一百七十二卷,约 1500 余万字,……其纪事无上限,下限以宣统三年(一九一一年)。"②

吕调元对这一版的《湖北通志》评价道:"己未春余归长皖,适次珊以鄂志成书见告,索序弁首,余喜其为各省志之先导也,亟撮述其大凡,归之次珊,并以告地方事业者。"③可见这是一部珍贵的地方历史资料,具有很高的价值。

一、地域分析

《湖北通志》收录明代湖北进士 1132 名,在地域分布上呈现出不均衡的特点。他们分布在全省除施州卫外的八府,除长阳、兴山、郧西、保康四县外 49 县均有进士产生,平均每县得 23 名。体现出各地区人文水平的高低、演变及其经济发展的损益。

(一)县域分布

明代湖北进士人才数量最多的是麻城县 104 人,最少的当阳、竹山、上津三县均仅有 1 人,相差 100 倍之多;而仅就第二名的黄冈 86 来看,麻城也比它多 18 名,麻城县人才发达可见一斑。超过平均线 23 名的县有麻城、黄冈、江陵、江夏、蕲州、石首、襄阳、京山、蕲水、兴国、汉阳、蒲圻、孝感、公安、

①　潘光旦:《近代苏州的人才》,《社会科学》1935 年第 1 卷第 1 期。
②　(清)吕调元、刘承恩修,张仲炘、杨承禧纂:民国《湖北通志》(民国十年版影印本)(套装共 16 册)出版说明,湖北人民出版社 2010 年版。
③　(清)吕调元、刘承恩修,张仲炘、杨承禧纂:民国《湖北通志》,《序》,民国十年重刊本,台湾华文书局印行 1967 年版。

沔阳、崇阳、潜江、安陆、应城等 19 县,共计 815 名,占全省 72%。

在以上 19 县中,黄州府有麻城(104)、黄冈(86)、蕲州(40)、蕲水(36)四州县;江夏(64)、兴国(36)、蒲圻(35)、崇阳(28)四州县属武昌府;荆州府有江陵(67)、石首(40)和公安(31)三县;承天府有京山(37)、潜江(26)、沔阳(30)三州县;德安府有孝感(33)、安陆(24)、应城(24)三县;汉阳府仅府治汉阳县(35)一县;襄阳府仅府治襄阳县(39)一县。详见附表 3 和图 3.1。

明代湖北的进士人才发达,他们以中进士为起点,又有很多人才成长为优秀的政治人物、学术人才等,留名青史者数不胜数。如洪武十八年乙丑科荆州府进士夷陵人赵勉曾任户部尚书,同科进士江陵人刘儁任兵部尚书。洪武二十一年戊辰榜襄阳人任亨泰状元,官至礼部尚书[1]。洪武二十七年甲戌科进士,武昌府江夏人张天祐曾出任吏部尚书,是朱元璋的重臣。再如建文二年庚辰科进士、荆州府石首人杨溥,号称"南杨",武英殿大学士[2]。

再如京山人郝敬,万历十七午己丑科进士,著名的经学家与思想家。《明儒学案》评价他:

> 不为要人所喜,考下下再降,遂挂冠而归,筑园著书,不通宾客。"五经"之外,《仪礼》、《周礼》、《论》、《孟》各著为解,疏通证明,一洗训诂之气。明代穷经之士,先生实为巨擘。[3]

郝敬敢于创新,不拘泥于前人之说。

---

① (清)吕调元、刘承恩修,张仲炘、杨承禧纂:民国《湖北通志》,卷一百二十四《人物二》"选举表",民国十年重刊本,台湾华文书局印行 1967 年版,第 2814 页。

② (清)吕调元、刘承恩修,张仲炘、杨承禧纂:民国《湖北通志》,卷一百二十四《人物二》"选举表",民国十年重刊本,台湾华文书局印行 1967 年版,第 2818 页。

③ (清)黄宗羲著,沈芝盈点校:《明儒学案》卷五十五《诸儒学案下三》"给事中郝楚望先生敬",中华书局 1985 年版,第 1314 页。

先生以淳于髡先名实者为人,是墨氏兼爱之言,后名实者自为,是杨氏为我之言。战国仪、秦、鬼谷,凡言功利者,皆不出此二途。杨、墨是其发源处,故孟子言:"天下之言,不归杨,则归墨。"所以遂成战国之乱,不得不拒之。若二子,徒有空言,无关世道,孟子亦不如此之深切也。此论实发先儒所未发。①

楚学之盛,惟耿天台一派。②

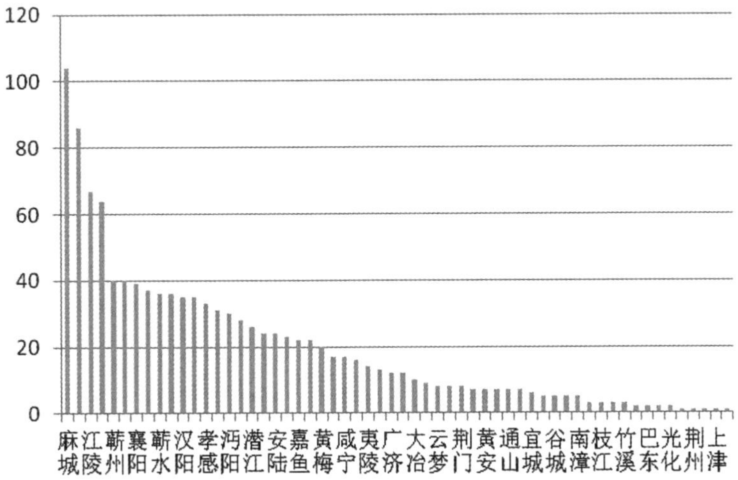

图 3.1　明代湖北进士县域分布示意图

因明代湖北进士县间存在明显差异,我们将人才发达县列出,制成表 3.1。

黄州在明代已一跃为文化名人辈出的文化大邦;麻城在历史舞台上也达到了一个高峰,在全省范围内奠定了黄州、武昌两大文化大邦的基本格局。明代湖北约 25% 的县集中了 63% 的进士,其中特别发达的是麻城和黄

---

①　(清)黄宗羲著,沈芝盈点校:《明儒学案》卷五十五《诸儒学案下三》"给事中郝楚望先生敬",中华书局 1985 年版,第 1314 页。

②　(清)黄宗羲著,沈芝盈点校:《明儒学案》卷二十八《楚中王门学案》,中华书局 1985 年版,第 627 页。

冈,占据 16.8%,其次发达的江陵、江夏两县也不过 11.6%,一般发达的县亦占据 34.6%,说明明代湖北进士人才基本上呈中间小两端大(上端比下端小)的近"哑铃形"形状分布状态。

表 3.1　明代湖北进士发达县情况

	县名	进士人数	占总数比率(%)
人才特别发达县	麻城 黄冈	104 86	16.8
人才其次发达县	江陵 江夏	67 64	11.6
人才一般发达县	蕲州 石首 襄阳 京山 蕲水 兴国 汉阳 蒲圻 孝感 公安 沔阳	40 40 39 37 36 36 35 35 33 31 30	34.6

(二)府域分布

府域分布上黄州、武昌、荆州、承天四府拥有全省近 80% 的进士,加上德安府竟高达 89.3%;第一位的黄州府进士比第二名武昌府多 96 人之多。

黄州府堪称明代湖北第一进士府,在其一州八县的领域内,共产生 330 名进士,平均每州县得进士近 37 名;武昌府以 234 名进士位居第二,府内平均每州县得进士 23.4 名,高出省平均数,两地均为进士高产地区。

汉阳府以两县得进士 42 名;承天府以 5 县 2 州得进士 147 名;两地平均每州县得进士 21 名,为进士次高产地区。

德安府以 5 县 1 州得进士 110 名,平均每州县 18.3 名;荆州府以 11 县 2 州得进士 190 名,平均 14.6 名;襄阳府 6 县 1 州得进士 69 名,平均 9.8

名。为明代进士低产区。

进士数前五名府中,鄂东地区有黄州府、武昌府和德安府;鄂南地区有荆州府;鄂北有承天府。鄂东地区占据绝对优势。

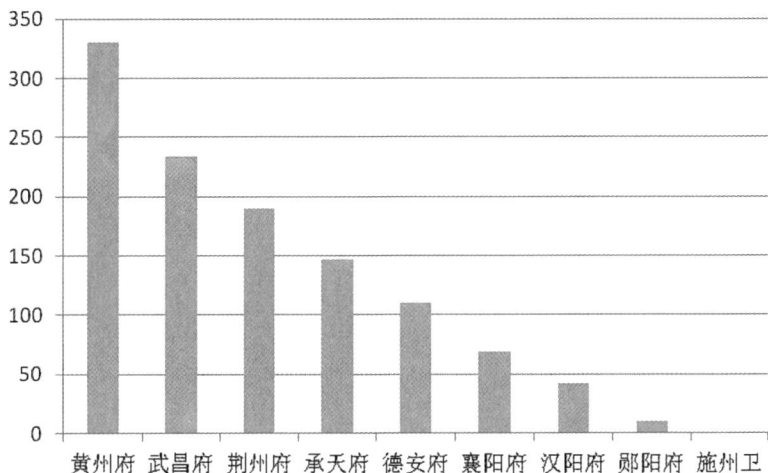

图 3.2　明代湖北进士府域分布图

（三）地区分布

再看地区分布有以下特征,一是鄂东地区以 734 名进士高居第一位,是鄂中南 286 名的 2.5 倍,是鄂北 91 名的 8 倍,是鄂西南 21 名的 35 倍。二是鄂东地区培养出明代湖北高达 64.8%的进士,若加上江汉平原上的中南地区,则拥有明代湖北 90%以上的进士。这也印证了张笃勤的观点,即"明清时期,鄂东地区文化勃兴,人才蔚起,黄州府科甲兴旺更名列各府第一。这种文化地理的变动,彻底改变了湖北文化重心长期徘徊于江汉地区的格局"①。三是鄂北和鄂西南地区进士人才数量少,产出不高。

明代湖北产生一批科举精英。其中有 2 位状元,分别是明洪武二十一年戊辰科襄阳人任亨泰、明万历八年庚辰科江陵人张懋修。一甲二名有 3

---

① 张笃勤:《明清黄州文化科举兴盛及其社会根源》,《学习与实践》2009 年第 3 期。

人,分别是万历五年丁丑科榜眼江陵人张嗣修,万历八年庚辰科会元、榜眼汉阳人蔡良友,万历四十四年丙辰科榜眼江夏人贺逢圣。一甲三名有2人,是永乐十九年辛丑科探花监利人裴纶和万历二十九年辛丑科探花石首人曾可前。由此可见,明代湖北科举精英的7人中,江汉平原占4席,有2人来自鄂东地区,鄂北地区襄阳府有1人。

对于明代中期的湖北不得不提及的是汉口的兴起,"往来楚蜀者达三十年"①之久的范锴在《汉口丛谈》中曾详细描述了汉口的崛起经过。

> 今汉口以大别为朝山,南岸为近案,后湖空旷,正合坐空朝满之局,从前卫盛者以水未绕也。明成化初,水通前道,故河遂淤,于是汉口有兴机矣。盖汉口初一芦洲耳,洪武间未有民居。至天顺间,始有民人张添爵等祖父在此筑基盖屋,嘉靖四年丈量,上岸有张添爵房屋六百三十间,下岸有徐文高等屋六百五十一间。汉口渐盛,因有小河水通,商贾可以泊船,故今为天下名区。②

汉口的兴起是在湖北省政治中心东移的大背景下形成的,明成化年间汉水改道,故河道淤积,形成低洼地带,又因周边水陆交通发达,慢慢兴起了汉口镇。

从明代进士的地区分布来看,武昌周边的黄州府、汉阳府、德安府均是人才发达区,这是与湖北政治中心确立在鄂东地区不无关系。

二、密度分析

人才密度分布是研究各类人才的重要指标,因此,在明代进士的区域人

---

① (清)范锴著,江涌、朱忱等校:《汉口丛谈校释》,前言,湖北人民出版社1990年版,第1页。

② (清)范锴:《汉口丛谈》,卷一,道光壬午刊本。

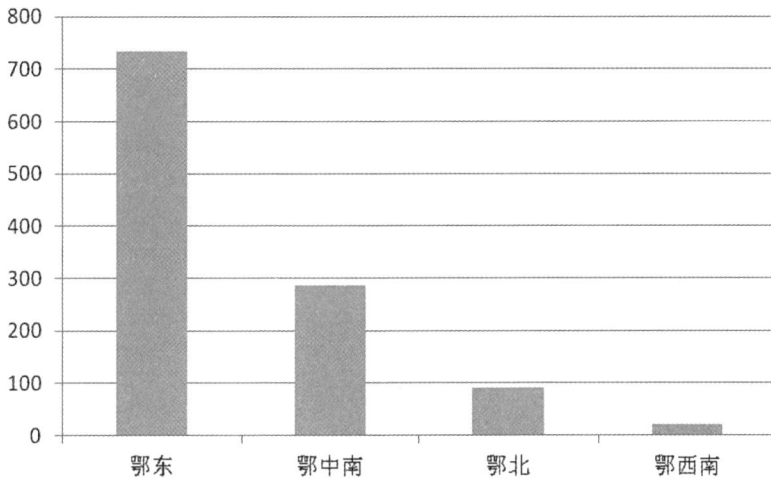

图 3.3 明代湖北进士地区分布图

才数的基础上,制作密度分布表进一步分析。详见表 3.2。

表 3.2 明代湖北进士密度分布

密度单位:人/百万、人/万平方公里

府州	进士数	百分比	名次	人口	人口人才密度	名次	人才集中度	面积	面积人才密度	名次
武昌府	234	20.7	2	320,000	731	4	263.1	27,795.68	84	3
汉阳府	42	3.7	7	50,000	840	3	3033.8	2,768.77	152	2
黄州府	330	29.2	1	740,000	446	7	278.6	16,004	206	1
承天府	147	13.0	4					24,282	61	5
德安府	110	9.7	5	70,000	1571	1	725.1	21,673.3	51	6
荆州府	190	16.8	3	354,000	537	6	175.3	30,611.8	62	4
襄阳府	69	6.1	6	70,054	985	2	502.6	19,596	35	7
郧阳府	10	0.9	8	16,824	594	5	306.6	19,384.8	5	8

府州	进士数	百分比	名次	人口	人口人才密度	名次	人才集中度	面积	面积人才密度	名次
施州卫军民指挥使司	0	0	9					24,111	0	9
总计	1132			1,620,878	698		37.5	186,227.35	61	

说明：人口以洪武二十四年人口数为准，承天府除京山、景陵、沔阳外人口资料缺乏，无法得知。参看曹树基：《中国人口史》第四卷明时期，复旦大学出版社2000年版，第124—129页。面积以各府州所辖范围的当今面积计算所得。

（一）人口人才密度

从进士人才人口密度来看，明代德安和襄阳两府均由于人口基数小而占据优势。德安府进士人才密度排在第1位。襄阳府进士数和面积人才密度在全省也并不靠前，而人口人才密度则排在第2位。黄州府因人口基数大，人口人才密度排在第7位。每百万人口中产出进士数在平均线698名以上的有德安、襄阳、汉阳和武昌四府。具体见图3.4。

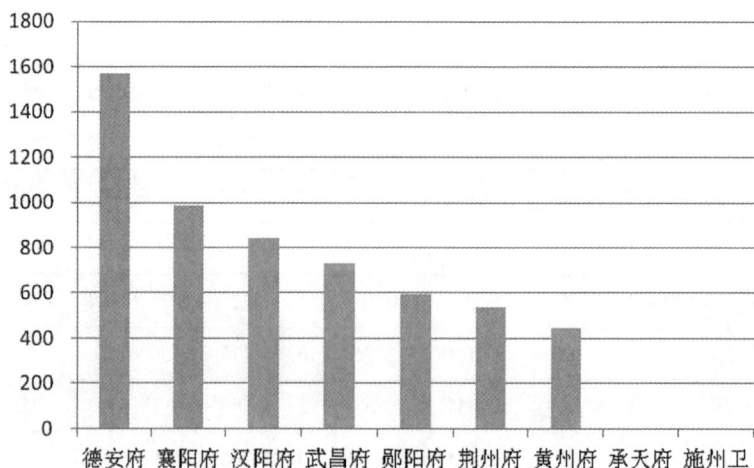

图3.4 明代湖北进士人口人才密度分布图

（二）面积人才密度

从面积人才密度来看,黄州府在进士数量和面积人才密度稳居第 1 位。汉阳府以仅辖 2 县的面积位居第 2 位。武昌府在三个指标上分列第 2、4、3 位,属于进士人才产出较多的府。面积人才密度有五府高出平均数 61 名,超全省半数的区域,分别是黄州府、汉阳府、武昌府、荆州府和承天府。前三府属于鄂东地区,后两府属鄂中南地区。德安府进士人才数和面积人才密度分列第 5、6 位,排名并不靠前。荆州、承天、德安、襄阳四府为第二梯队,属面积人才密度次发达区域。郧阳府和施州卫为不发达区域。前三位均为鄂东地区的府。随后的是荆州和承天两府为江汉平原的中南地区。具体见图 3.5。

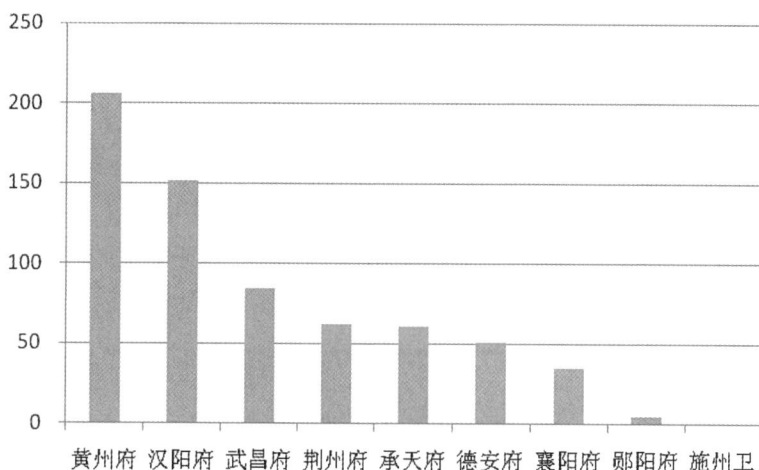

图 3.5　明代湖北进士面积人才密度分布图

（三）人才集中度

从人口和面积两个指标来分析,汉阳府为明代湖北进士最为突出地区;其次为德安府;襄阳、郧阳、黄州、武昌、荆州等府在一个层级上。承天府因数据不全无法计算,施州卫进士人才为 0。具体见图 3.6。

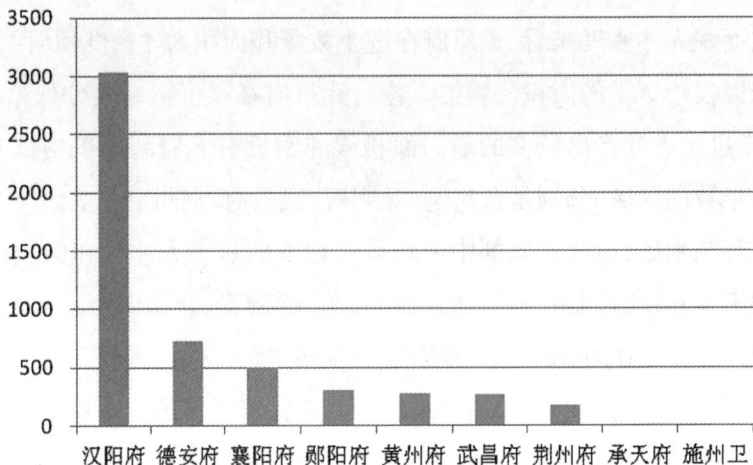

图 3.6 明代湖北进士集中度分布图

三、变迁分析

有明一代,共开科 89 榜①,明代湖北 1132 名进士(计入宣德十年乙卯童子科松滋的田琼和嘉靖四年丁酉童子科黄冈的王追美二人)。平均到每榜得进士约 12.7 名。其中洪武四年辛亥科(1371)、洪武二十四年辛未科(1391)、洪武三十年丁丑科(1397)和正统元年丙辰科(1436)湖北无人中进士。除去这四榜和童子科 2 人,则湖北平均每科得进士 13.3 名。

(一)明代各朝开科次数及湖北进士

明代延续 276 年,除明初洪武年间(时长 31 年,开科 6 次)外,基本延续三年一开科的定制,平均每朝开科约 6 次,其中以神宗万历年间共续 47 年开科 16 次为最,其次是嘉靖朝 45 年开科 15 次。具体见图 3.7。

(二)分朝分榜统计

万历朝湖北共得进士 291 名,为历朝之最;其次是嘉靖朝 241 名;再次

①　朱保炯、谢沛霖编著:《明清进士题名碑录索引》,总目,上海古籍出版社 1980 年版,第1—5 页。

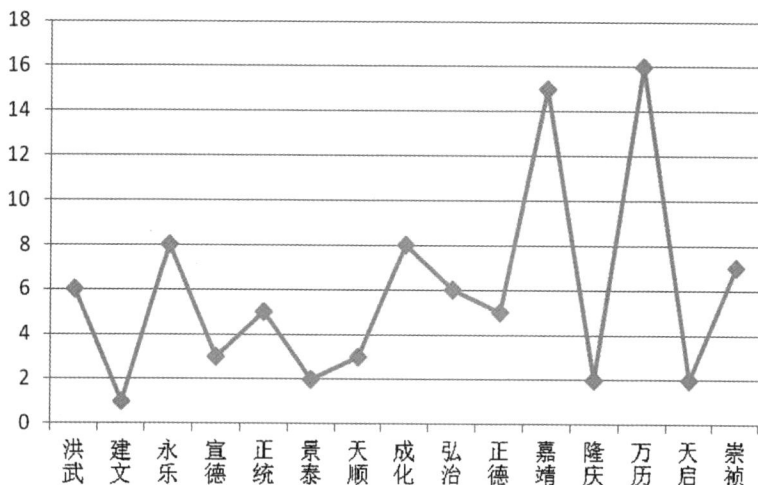

图 3.7　明代各朝开科次数图

为崇祯朝 117 名;依进士数依次为正德朝 89 名、成化朝 82 名、永乐朝 75 名、弘治朝 68 名、隆庆朝 53 名、天启朝 43 名、天顺朝 23 名、洪武朝 14 名、正统朝 12 名、景泰朝 11 名、宣德朝 9 名、建文朝 4 名。其中仅万历、嘉靖、崇祯、正德、成化和永乐六朝在平均数以上,五朝为明代中后期。

每朝平均得进士数在平均线以上的也是明后期六朝,即正德、嘉靖、隆庆、万历、天启、崇祯朝。这说明明代后期湖北进士人才成才率远超过前期。前期从洪武年间的 2.3[①] 名到建文朝的 4.0 名再到永乐朝的 9.4 名,永乐朝出现了湖北进士成才一个小高峰,到宣德(3.0 名)、正统(2.4 名)年间出现下降,景泰朝(5.5 名)以后,湖北进士成才率一直呈逐渐递增模式增长,正德朝达 17.8 名,嘉靖朝达 16.1 名,至隆庆朝达到顶峰,平均每榜得进士 26.5 名,万历朝有所下降平均每榜得 18.2 名,至天启朝又升至 21.5 名。到明末崇祯年间降至 16.7 名,比成化以前的历朝平均数都要高,可见明代后期湖北进士人才已经上升到一个较高的高度。

---

① 指各朝平均每榜湖北得进士数。

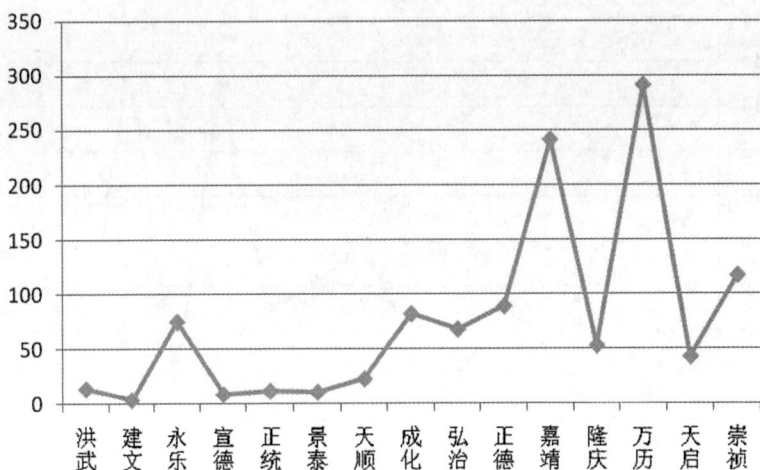

图 3.8　明代各朝湖北得进士图

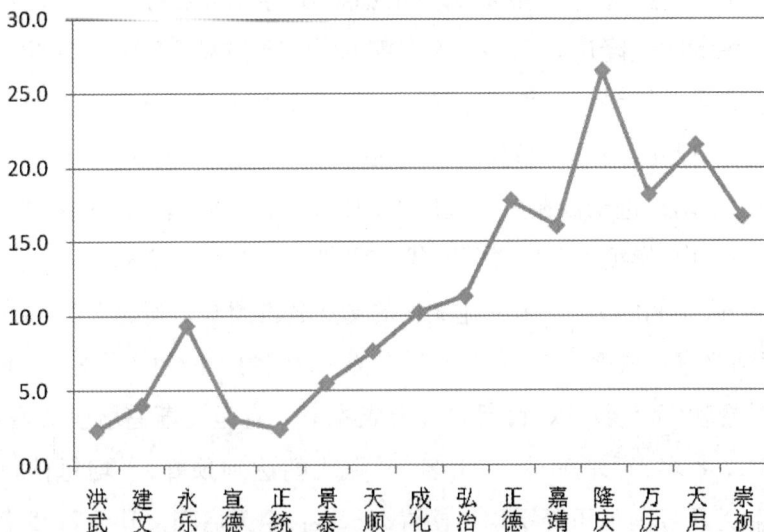

图 3.9　明代各朝平均每榜湖北得进士图

再看分榜统计图,由图 3.10 可知,高峰出现在隆庆五年辛未科张元汴榜(29 名)、嘉靖三十二年癸丑科陈谨榜(28 名)、永乐二年甲申科曾启榜

（26 名）、隆庆二年戊辰科罗万化榜（24 名）、天启二年壬戌科文震孟榜（24 名）、万历二十六年戊戌科赵秉忠榜（23 名）。另有九榜即正德十六年辛巳科杨维聪榜、万历十一年癸未科朱国祚榜、万历十四年丙戌科唐文献榜、万历二十三年乙未科朱之蕃榜、万历四十四年丙辰科钱士升榜、万历四十七年己未科庄际昌榜、崇祯元年戊辰科刘若宰榜、崇祯四年辛未科陈于泰榜、崇祯十年丁丑科刘同升榜均得进士 22 名。

以上 15 榜均为明代湖北进士高产时期。可以看出，13 榜均出现在明代后期，其中万历朝有 6 榜，崇祯朝有 3 榜，隆庆朝有 2 榜，永乐、正德、嘉靖、天启朝分别有 1 榜。

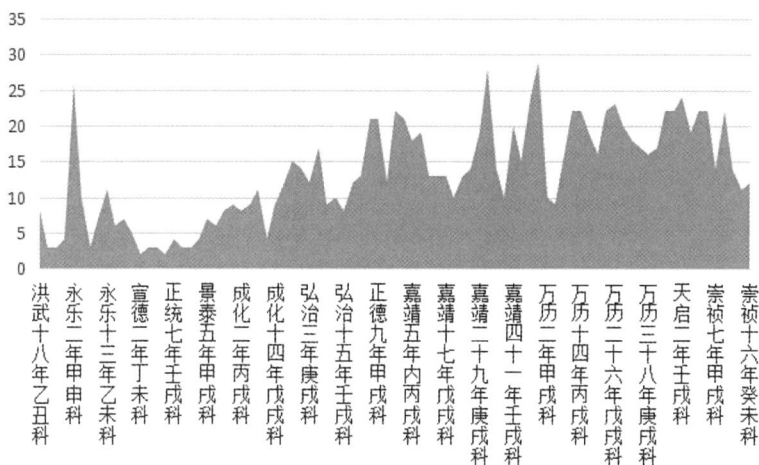

图 3.10　明代湖北进士分榜示意图

（三）演变趋势

通过分析明代湖北各朝得进士发现，天顺（含天顺）以前七朝各府进士数较少，天顺以后八朝进士人才成长快，尤其以黄州、武昌、荆州、承天、德安五府为代表。天顺以前仅永乐年间有武昌、荆州、黄州三府进士超过两位数，分别为 23、21、10 名；其余五府均为个位数，进士人才不突出。

再看各府历朝得进士情况，黄州府除景泰朝没有出进士外，其余十四朝均有进士产生,天顺以前有六朝为个位数,到成化以后进士人才辈出,以万历朝出 100 名进士为最,嘉靖朝 71 名,崇祯朝 41 名,正德朝 26 名,成化朝 24 名,弘治朝 18 名,隆庆朝 15 名,天启朝 13 名。这八朝均为明代中后期。武昌府进士人才比黄州府平均,十五朝均有进士产生,最少的建文朝 1 名,最多的万历朝 50 名。与黄州府相同的是成化以后进士人才比前期突出。郧阳府有九朝没有产生一名进士,为明代进士不发达府;汉阳府有 5 朝、襄阳府有 4 朝、德安府有 3 朝没有产生进士,均在天顺以前。明代荆州府进士人才稍逊武昌府,但每榜得进士数比较平均,共有九朝进士在平均数以上,前期有永乐和天顺两朝,后期有弘治、正德、嘉靖、隆庆、万历、天启和崇祯七朝。在明代前期,武昌府有永乐朝,荆州府和襄阳府都有永乐和天顺两朝超过平均数,而黄州府在前期七朝均没有超过平均数。

　　黄州府进士人才从成化以后有集中趋势,如成化年间平均每榜得进士 3 名,弘治仍然是 3 名,正德朝则增至 5.2 名,嘉靖朝 4.7 名,隆庆朝 7.5 名,万历朝 6.3 名,天启朝 6.5 名,崇祯朝 5.9 名,后六朝均超过平均数 3.7 名。

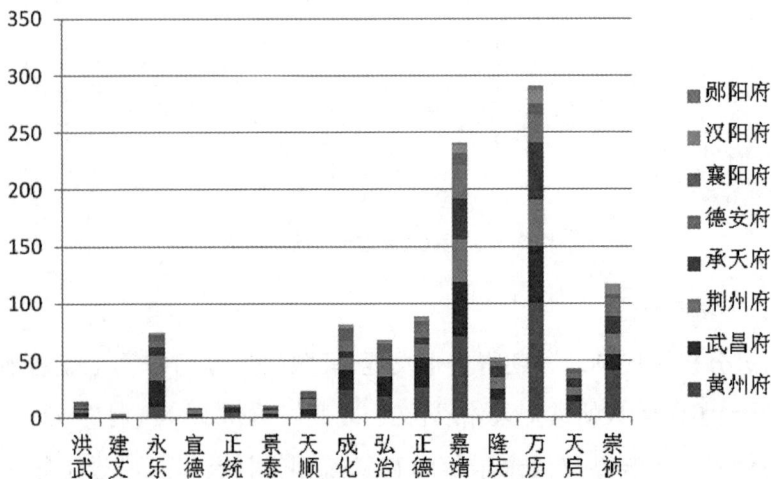

图 3.11　明代各朝进士分府统计图

　　若以明成化朝为界,将明代分为前期和中后期两期,则前期为洪武至天顺朝,共七朝开科28次,湖北得进士147名,平均每科得进士5.2名;中后期为成化至崇祯朝,共八朝开科61次,湖北得进士985名,平均每科得进士16.1名,是前期的3倍之多。这说明明中后期是湖北进士飞速发展的阶段,由此也从侧面印证了明代中后期是湖北文化的高峰期。湖北作为长江流域文化的代表,是中华文化的重要组成部分,这亦与袁行霈在《中华文明史》中将唐宋以至明中叶视为中华文明的成熟期的看法是一致的。详见图3.11、图3.12。

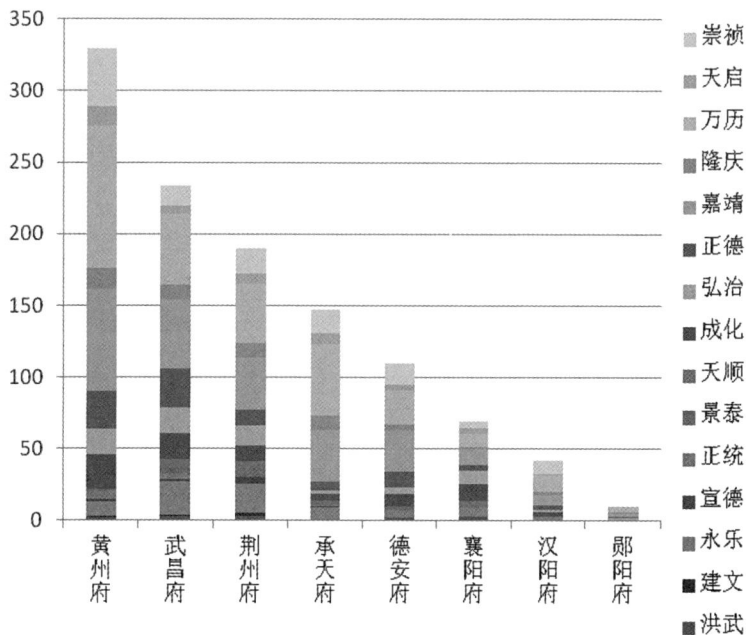

图3.12　明代各府进士分朝统计图

第二节 清代湖北进士的分布与变迁

科举制虽有种种弊端,但也选拔了许多人才。"清代名臣多由科目出身,无不工制义者。开国之初,若熊伯龙、刘子壮、张玉书,为文雄浑博大。"①熊伯龙即是汉阳人,刘子壮是黄冈人。清代湖北涌现出诸多进士人才,在各领域都有佼佼者。如从政人才有吴正治、熊赐履、帅承瀛、陈銮等。"国朝二百余年来,大湖南北,登揆席者。前后不及十人,其科目最先,特膺爰立之选者,则江夏吴文僖公也。"②"公崛起草茅,以学行受两朝特达之知。其大拜后熊文端公五年,然文端逾年即罢相,其再入阁,在公没之后十八年。公实为先达,居揆席五载,以功名终。所荐引多一时贤俊,论楚材者当首屈一指云。"③吴正治是顺治六年己丑科进士,历任工部尚书、武英殿大学士,以清廉执法著称。

一、地域分析

道光年间武昌知府裕谦有云,"窃照三载宾兴,抡材大典,我国家稽古,右文于科目一途,尤为特重,诸生一经获选,即已登进有阶,异日黼黻皇猷,腾骧云路良臣循吏实基于此。"④清代湖北共产生 1281 名进士,清代共开科 112 次⑤,平均每科湖北约得进士 11.4 名。分布在全省除鹤峰直隶厅外的十府一州,除保康等 12 地外 55 地均有进士产生,平均每地得 23.2 名。具体见附表 4。

---

① 陈元晖、璩鑫圭编:《中国近代教育史资料汇编:鸦片战争时期的教育》,上海教育出版社 1990 年版,第 6 页。
② 李元度:《国朝先正事略》,卷之四《名臣》"吴文僖公事略"。
③ 李元度:《国朝先正事略》,卷之四《名臣》"吴文僖公事略"。
④ (清)裕谦:《勉益斋偶存稿》,卷四《武昌》"捐助乡试诸生卷价详"(道光九年十二月)。
⑤ 朱保炯、谢沛霖编著:《明清进士题名碑录索引》,总目,上海古籍出版社 1980 年版,第 5—9 页。

（一）县域分布

分析湖北进士县域分布可以得知,清代湖北出进士最多的县是黄冈,得进士 122 名,最少的郧西、利川、南漳、东湖、长阳、郧县、房县、竹山、宜都等 9 地仅有 1 名,悬殊之大可以想见。进士第一名的县有 122 位,江夏以 115 位排在第二,悬殊不大,但却和第三名孝感的 80 名拉开了差距。

就清代进士县域分布来看,有一个明显的变化,即黄冈县赶超了麻城县,占据鳌头;江夏从明代的人才次发达县上升到清代的发达县,两地人才成长快。麻城从明代的第 1 位下降到清代的第 9 位,为一般发达县。清代襄阳和京山两地人才掉出发达县之列,有衰落趋势。

超过平均线 23.2 的县有黄冈、江夏、孝感、黄陂、汉阳、蕲水、天门、武昌、江陵、麻城、黄安、沔阳、兴国、钟祥、云梦、监利、安陆、汉川、蒲圻等 19 地,集中了全省超 77%的进士。

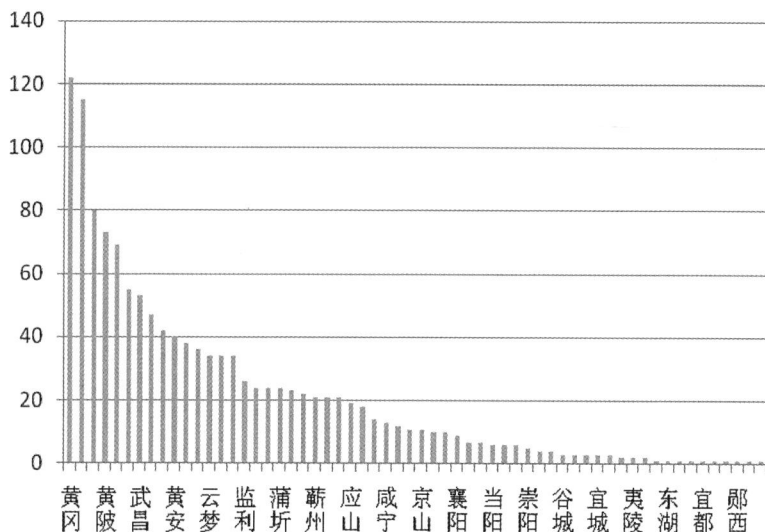

图 3.13　清代湖北进士县域分布图

将清代进士发达县列出,制出表 3.3。

表3.3　清代进士发达县情况

	县名	进士人数	占总数比率(%)
人才特别发达县	黄冈 江夏	122 115	18.5
人才次发达县	孝感 黄陂 汉阳 蕲水 天门 武昌	80 73 69 55 55 53	30.0
人才一般发达县	江陵 麻城 黄安 沔阳 兴国 钟祥 云梦	47 42 40 38 36 34 34	21.2

　　清代湖北约22%的县州集中了69.7%的进士人才。进士人才特别发达县2县差距不大,江夏人才成长快,黄冈县人才地位得到巩固,2县进士占总数的18.5%;其次发达县由2县增至6县,占30%;一般发达县则为7县,占21.2%。黄陂、天门、武昌三地进士人才成长快,成为次发达县;曾经人才最为发达的麻城县,在清代则下降为人才一般发达县。与明代进士人才县域分布比较来看,清代进士人才特别发达县的比重上升了1.7%,人才次发达县的比重上升了18.4%,人才一般发达县的比重则下降了13.4%。这说明,整体而言清代湖北进士人才发展迅速。细分来看,人才发达地区人才增长加快,欠发达地区增长缓慢,全省呈"橄榄形"人才分布,即特别发达县和一般发达县为橄榄的两端,而次发达县数量和进士人才数均增长迅速,最终形成近椭圆的"橄榄形"。

　　(二)府域分布

　　清代湖北进士数排在前三位的府为黄州府、汉阳府、武昌府,占全省近

70%,其中黄州府达 339 名,汉阳府 284 名,武昌府 273 名。这三府为进士人才数第一梯队,可见清代这三府进士的富集程度。安陆、荆州、德安三府进士数为第二梯队,分别有 121、108、98 名进士。前六府共有 1223 名,拥有全省 95% 的进士,为进士发达区。襄阳、施南、郧阳、宜昌四府和荆门直隶州、鹤峰直隶厅仅占 5% 的进士,为进士不发达区。进士数前六位的府与后六位的府州厅差距很大,后六位的地区中,鹤峰直隶厅没有出进士,其余五府州得进士 58 人,前六府有 1223 名进士,是后六府的 21 倍之多。清代湖北进士发达六府中,有鄂东地区的黄州、汉阳、武昌、德安四府;鄂南的荆州一府;鄂北的安陆一府。与明代相比,鄂东地区的汉阳府进士人才地位上升快。详见附表 4 和图 3.14。

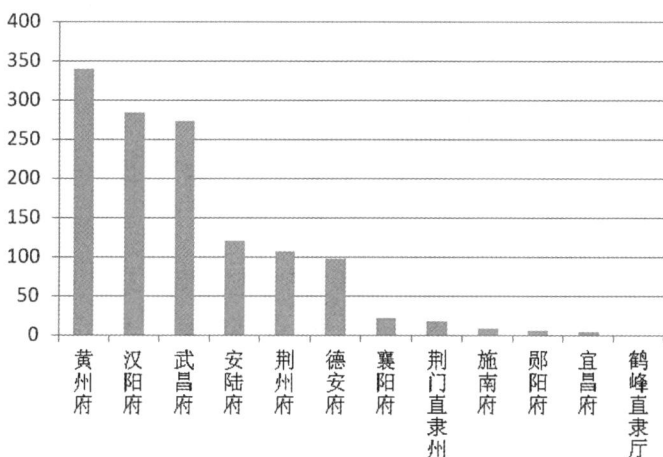

图 3.14 清代湖北进士府域分布图

（三）地区分布

鄂东地区有 991 名进士,占全省 77.4% 以上;鄂中南地区有 246 名,占全省 19.2%;鄂北地区有 31 名,占 2.4%;鄂西南地区仅有 13 名,仅占 1%。

从人口人才密度看,鄂东地区人口约有 1168 万,每百万人口中拥有进士 84.8 名;鄂中南地区 346 万人口,每百万人口约有 71.1 名进士;鄂北地区有 258 万人口,每百万人口约有 12 名进士;最少的鄂西南有 175 万人口,每百万人口中拥有 7.4 名进士。

从面积人才密度看,鄂东地区以 6.9 万平方公里的面积拥有 991 名进士,每万平方公里拥有 143.4 名进士人才,傲居第一位;鄂中南地区以 3.5 万平方公里的区域拥有 246 名进士,每万平方公里拥有进士 70.2 名;鄂北地区以 4.9 万平方公里的区域拥有 31 名进士,每万平方公里拥有进士 6.3 名;鄂西南以 3.2 万平方公里的面积拥有 13 名进士,每万平方公里产生 4 名进士。

清代湖北产生 3 名状元,他们是清顺治六年己丑科黄冈人刘子壮、清嘉庆十六年辛未科天门人蒋立镛、清嘉庆二十四年己卯恩科蕲水人陈沆。鄂东地区就占据两席,可见人才质量之高。

一甲二名的有 5 名,顺治己丑科汉阳人熊伯龙,嘉庆辛酉恩科黄陂人刘彬士,道光戊戌科黄陂人金国钧,光绪丁丑科孝感人余联沅,同治壬戌科江夏人何金寿。其中前四人都是汉阳府籍,五人都来自鄂东地区。一甲三名的有 5 名,雍正癸卯恩科钟祥人杨炳,道光癸巳科天门人蒋元溥,咸丰庚申恩科江夏人欧阳保极,嘉庆丙辰恩科黄梅人帅承瀛,嘉庆庚辰科江夏人陈銮(蕲水籍)。后 3 人均来自鄂东地区。这与明代湖北的一甲仅有 2 人来自鄂东地区相比有了质的飞跃。

据商衍鎏《清代科举考试述录》统计的清前期全国各省殿试会试历科首选人数,湖北以 3 名状元、3 名榜眼、4 位探花、1 位传胪、3 位会元排在第六位。①

再以黄冈万氏为例。聚居于黄冈西部武湖之滨的科甲巨族万氏,为明清黄州府望族,"据统计,从康熙二十九年到光绪三十一年,万氏一门共出

---

① 商衍鎏:《清代科举考试述录》,三联书店 1958 年版。转引自章开沅等主编,张建民著:《湖北通史·明清卷》表 8-5,华中师范大学出版社 1999 年版,第 620 页。

生员约 240 名,举人 39 名,进士 11 名,翰林 4 名。其中乾隆丙辰进士万年茂,在御史任上遇事敢言,因弹劾权贵被罢官,回归故里后,曾先后主持蕲州麟山书院、山西涑水书院、吉安鹭洲书院、南昌豫章书院、长沙岳麓书院、黄州河东书院、湖北省会江汉书院等著名书院,以志节和学问饮誉士林,名噪海内。万年茂之子万承宗亦登嘉庆甲戌进士,致仕后曾主持荆州府荆南书院和湖北江汉书院。"①

　　总之,鄂东是清代湖北进士产出重地,全省四分之三的进士均出自此区域。相较湖北的西南部和北部,鄂中南地区为清代湖北进士较为发达地区,鄂北和鄂西南地区产出进士人才较少。

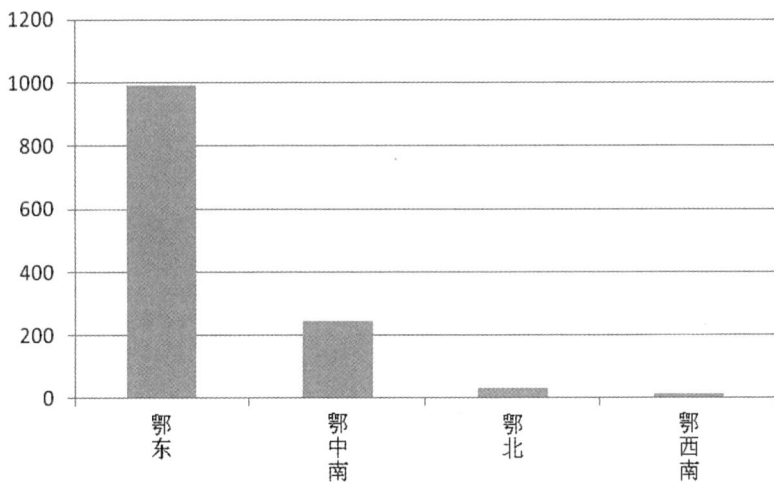

图 3.15　清代湖北进士地区分布图

二、密度分析

　　人才密度分布是研究各类人才的重要指标,因此,在清代进士的区域人才数的基础上,制作密度分布表进一步分析。详见表 3.4。

———————

① 张笃勤:《明清黄州文化科举兴盛及其社会根源》,《学习与实践》2009 年第 3 期。

表3.4　清代湖北进士密度分布

密度单位:人/百万、人/万平方公里

府州	进士	名次	百分比	人口数	人口人才密度	名次	人才集中度	面积（平方公里）	面积人才密度	名次
武昌府	273	3	21.3	3,044,000	89.7	3	32.3	27,795.68	98.2	4
汉阳府	284	2	22.2	3,683,000	77.1	4	39.5	19,540.84	145.3	2
黄州府	339	1	26.5	3,621,000	93.6	2	58.5	16,004	211.8	1
安陆府	121	4	9.4	1,089,000	111.1	1	104.3	10,653	113.6	3
德安府	98	6	7.7	1,340,000	73.1	5	57.3	12,763.30	76.8	6
荆州府	108	5	8.4	1,914,000	56.4	6	43.0	13,127.40	82.3	5
襄阳府	22	7	1.7	1,672,000	13.2	8	6.7	19,596	11.2	8
郧阳府	6	10	0.5	911,000	6.6	10	2.9	22,609.80	2.7	11
宜昌府	4	11	0.3	830,000	4.8	11	3.3	14,421.60	2.8	10
施南府	9	9	0.7	920,000	9.8	9	5.5	17,865	5.0	9
荆门直隶州	17	8	1.3	458,000	37.1	7	36.1	10,284	16.5	7
鹤峰直隶厅	0	12	0			12		2,892	0.0	12
总计	1281			19,482,000	65.8		3.5	187,552.62	68.3	

资料来源:人口数以清嘉庆二十五年(1820年)修正之后的口数为准,参见葛剑雄主编,曹树基著:《中国人口史》第五卷清时期,复旦大学出版社2001年版;面积以当时辖区的当今面积计算。

（一）人口人才密度

从清代湖北进士人才人口密度来看,安陆府平均每百万人口中拥有111名进士,黄州府有94名,武昌府亦有90名,汉阳府有77名,德安府有73名,这五府人口人才密度均超过省平均数65.8,为清代湖北进士最发达区。荆州府人口人才密度为56,荆门直隶州为37,为一般发达地区。襄阳府、施南府、郧阳府、宜昌府和鹤峰直隶厅为人口人才密度最不发达区。黄州府在清代已经稳居鳌头,无论从进士数或是人口人才密度均排在前列。

（二）面积人才密度

就清代进士人才的面积密度来看,黄州、汉阳、安陆、武昌、荆州、德安六

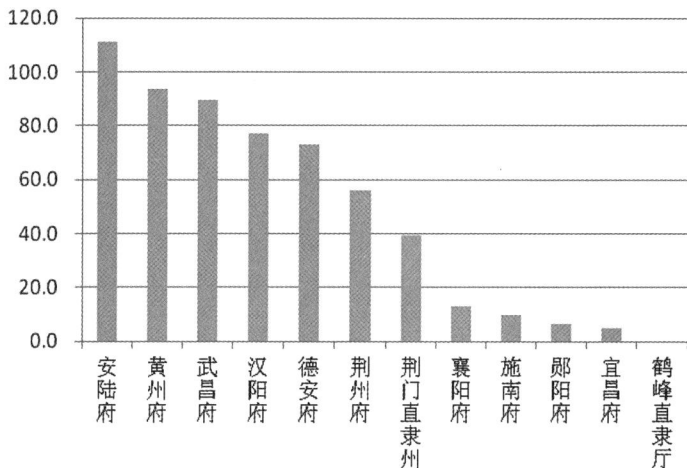

图 3.16 清代湖北进士人口人才密度图

府每万平方公里分别拥有 212、145、114、98、82、77 个进士,均超过平均数 68.3。荆门直隶州、襄阳府、施南府、郧阳府、宜昌府、鹤峰直隶厅为清代湖北面积人才密度不高的地区。

各府比较来看,黄州府面积人才密度首屈一指,超过 210 名,为进士人才最富集区。汉阳、安陆、武昌、荆州、德安五府为清代进士人才次密集区;而襄阳、施南、宜昌、郧阳四府和荆门州、鹤峰厅为清代进士人才不发达区。

与人口人才密度相对比而言,排在前六位基本一致,有黄州、武昌、汉阳、安陆、德安和荆州府。这六府属于鄂东的有黄州、武昌、汉阳、德安四府;属于江汉平原的鄂中南区有安陆和荆州两府。

(三)人才集中度

再综合考虑人口和府域面积指标来测算人才集中度,见图 3.18。安陆府首屈一指;黄州、德安、荆州、汉阳、荆门州、武昌等府为第二梯队,属于进士人才富集区;第三梯队有襄阳、施南、宜昌、郧阳四府和鹤峰直隶厅,为进士人才贫乏区。

综上所述,清代湖北进士人才富集区分布在鄂东地区的黄州、汉阳、武

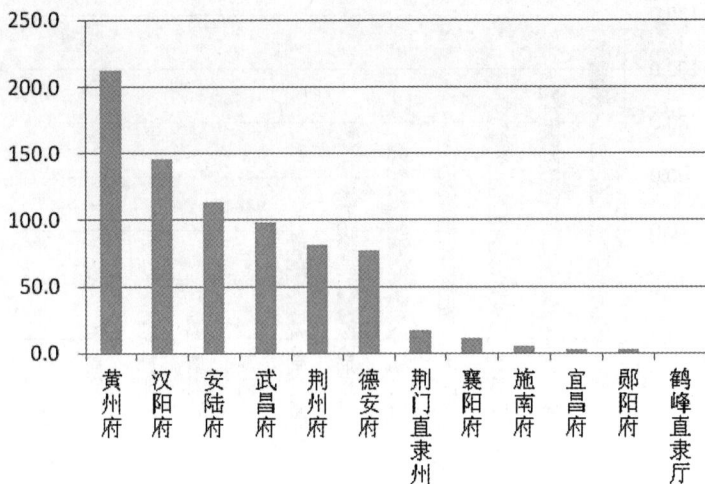

图 3.17　清代湖北进士面积人才密度图

昌和德安四府,鄂中南地区的安陆府和荆州府;广袤的鄂北和鄂西南为清代
进士的不发达地区。

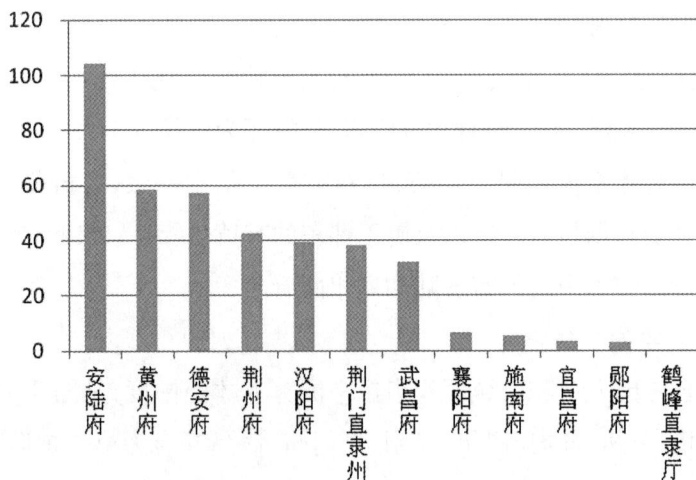

图 3.18　清代湖北进士人才集中度图

三、变迁分析

（一）清代各朝开科次数及湖北进士

相较明代，清代湖北每科均有进士产生，从清顺治三年丙戌科开始到光绪三十年甲辰恩科结束，平均每榜得进士数量稍逊于明代，但清代进士总数超过明代149名。与明代相比，在每三年一大比之外，清代开了24次之多的恩科，还有博学宏词、经济特科等，时间上更紧密和频繁，清廷选拔进士人才的力度加大。为更直观地反映清代情况，本书将清代各朝开科次数制成图3.19。

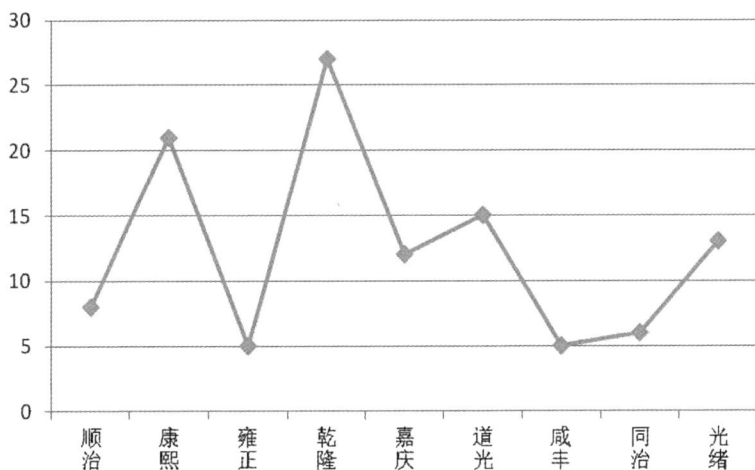

图 3.19　清代各朝开科次数图

从清代历朝开科次数来看，以乾隆朝27次为最，平均2.3年开科一次；康熙朝21次次之，平均2.9年开科一次；再次有道光朝（15次，平均2.0年）、嘉庆朝（13次，平均2.1年）、光绪朝（12次，平均2.6年）；顺治（8次，平均2.3年）、同治（6次，平均2.2年）、雍正（5次，平均2.6年）、咸丰（5次，平均2.2年）四朝开科最少。

清初康熙平均2.9年，雍正平均2.6年开科一次，中间开科年限有所缩短,到清末光绪年间又变成平均2.6年开科一次。总之,清代各朝平均2.3年开科一次,开科次数比明代多,开科间隔比明代小。

若以近代史开端道光二十年(1840年)为界,将清代分为前后两期,则前期195年得进士934名,开科83次,平均每科得进士11.2名;后期65年得进士347名,开科29次,平均每科得进士11.9名。由此可以看出清代湖北进士人才前后期产出率变化不大,呈现稳步发展并有小幅上升的趋势。这里可以断言,若不是咸同年间太平天国运动的影响,清后期即近代以来湖北进士人才则一定有更大的发展。

(二)分朝分榜统计

乾隆朝湖北得进士227名,为历朝最多,顺治朝(208名)、康熙朝(197名)、光绪朝(184名)、道光朝(140名)、嘉庆朝(127名)次之;雍正朝(77名)、同治朝(74名)、咸丰朝(47名)最少。平均每朝142名,平均数以上的四朝为乾隆、顺治、康熙和光绪朝,总计得进士816名,占全省的63.7%。其中前三朝为清前期,光绪一朝为清后期。

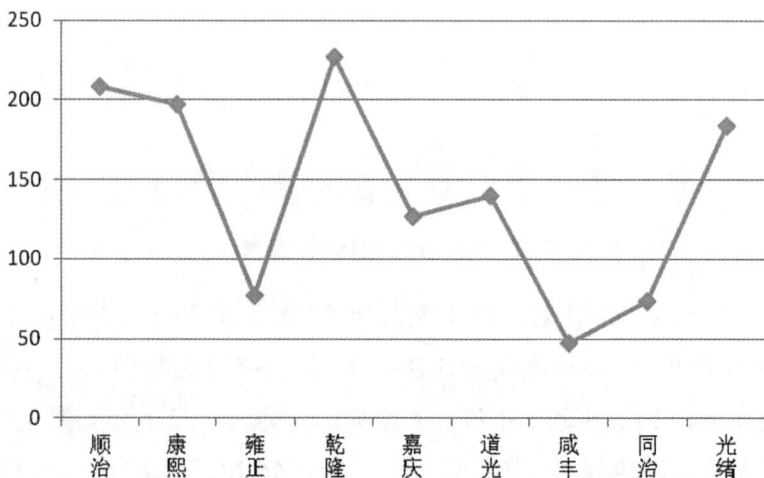

图3.20 清代各朝湖北得进士图

　　再看清代各朝平均每榜湖北得进士图,顺治朝以 26.0 名高居榜首;雍正朝以 15.4 名排第二位;光绪朝 14.2 名、同治朝 12.3 名分列第三、四位;嘉庆朝(10.6 名)排第五位;康熙朝(9.4 名)、咸丰朝(9.4 名)、道光朝(9.3名)、乾隆朝(8.4 名)得进士少,排在最后。

　　比较图 3.20 和图 3.21 可知,第一,乾隆朝虽产生清代湖北最多进士的一朝,其实平均每榜得进士却是历朝最低。第二,顺治和光绪朝为进士人才高产时期,进士人才数排名第二和第四位,平均每榜得进士率排名第一和第三位。第三,从图 3.21 也可以看出,雍正、同治、嘉庆三朝为三个小高峰,得进士率高。第四,康熙、道光朝与乾隆朝类似,进士人才数靠前,但平均每榜得进士率并不高。

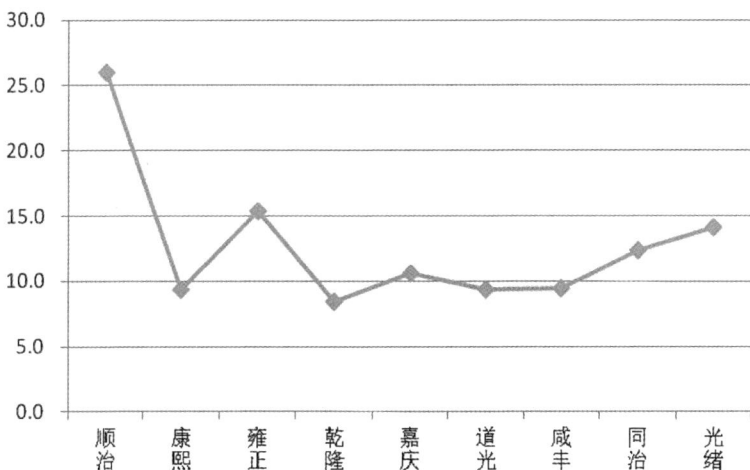

图 3.21　清代各朝平均每榜湖北得进士图

从分榜统计图可以看出:

　　第一,清代湖北进士产生的高峰期在顺治朝,随后又有三个小高峰。到雍正末乾隆初年出现第一个小高峰,嘉庆六年到道光十五年出现第二个小高峰,同治十年以后又出现了第三个小高峰。

　　第二,乾隆末年湖北进士人才出现了低谷,乾隆五十四年己酉恩科得 2

人,五十五年庚戌科得3人,五十八年癸丑科仅1人中进士。嘉庆初年仍然是产出进士较少的年份,直到嘉庆六年辛酉恩科才得进士14人。

第三,以平均每榜11.4名进士算,清代湖北共有45榜得进士超过平均数,另67榜在平均线以下。

第四,平均数以上的45榜中,以清末光绪朝13榜最多,清初乾隆朝(7榜)、顺治朝(6榜)、康熙朝(5榜)次之;其余14榜分别在嘉庆朝(5榜)、雍正朝(4榜)、同治朝(3榜)、道光朝(1榜)、咸丰朝(1榜)。

第五,顺治十六年己亥科得进士46名为最,顺治十五年戊戌科(39名)、顺治九年壬辰科(35名)次之,顺治六年己丑科(30名)、顺治十二年乙未科(24名)、康熙九年庚戌科(22名)、顺治十八年辛丑科(21名)再次之。可见在顺治三年丙戌科(1名)之后的顺治朝各榜是湖北进士的高产期。

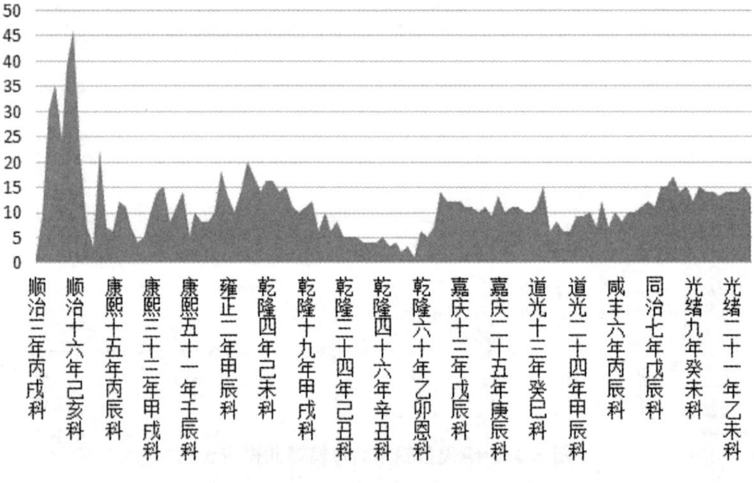

图 3.22　清代湖北进士分榜示意图

(三)演变趋势

研究清代湖北各府进士在各朝的分布情况可知,黄州府、汉阳府、武昌府、安陆府、荆州府、德安府9朝均有进士产生。余下襄阳府在雍正和同治年间没有产生进士;荆门州在道光和咸丰两朝没有产生进士;施南府在顺治、乾隆、嘉庆、咸丰四朝没有出进士;郧阳府在顺治、雍正、道光、咸丰四朝没有出进士;宜昌府在雍正、乾隆、嘉庆、咸丰四朝没有出进士。鹤峰厅清代没有出进士。

黄州、汉阳、武昌三府在9朝得进士数均超过两位数(除去汉阳府在咸丰朝得6名进士外)。其中在乾隆一朝,黄州府出进士高达60名,汉阳府出进士59名,武昌府31名;在光绪年间,武昌府出进士58名,黄州府55名,汉阳府36名;在顺治朝,汉阳府49名,黄州府48名,武昌府31名。在康熙朝,武昌府得进士47名,黄州府46名,汉阳府39名。

清代黄州府每朝出进士数量比明代平均,最多的乾隆朝60名,最少的雍正朝16名。明代黄州府有最多的100名,还有一朝没有出进士,悬殊之大可以想见。

清代汉阳府进士人才地位显著上升,其中顺治朝出进士数位居各府之首。

鹤峰厅没有产生一名进士,施南府、郧阳府、宜昌府均有3—4朝没有出进士,为清代进士不发达府。

清代黄州府进士人才有五朝超过平均数,分别是初期的顺治朝和雍正朝,后期的咸丰、同治和光绪朝。

清代前期,超过平均数的府在顺治朝有黄州府、汉阳府、武昌府、安陆府、荆州府、德安府、襄阳府、荆门州。在雍正朝有黄州、汉阳、武昌、安陆、荆州和德安六府。在嘉庆朝有汉阳和荆州两府。

清后期,在同治年间超过平均数的府有黄州、武昌、德安、施南府和荆门州;在光绪朝,有黄州府、汉阳府、武昌府和施南府。

总之,清代黄州府进士人才虽仍然排名第一,平均每榜得进士3.0名;但汉阳府(2.5名)地位上升快和武昌府(2.4名)地位的稳固,使得清代黄州府的进士人才率没有拉开太大差距。平均每榜得进士率由明代的3.7名下降到3.0名,而同时汉阳府由明代的0.5名上升到2.5名,荆州府从2.1

名下降到1.0名。武昌府变化不大。清代湖北进士集中在黄州、汉阳、武昌三府;次高产地为安陆、荆州、德安;进士不发达地区为襄阳、荆州、施南、郧阳、宜昌府和鹤峰厅。

这和苏云峰统计了嘉庆、道光、咸丰三朝湖北各府的进士、举人人数后得出的结论是一致的,即黄州府最多,依次为武昌与汉阳等府。[①] 详见图3.23和图3.24。

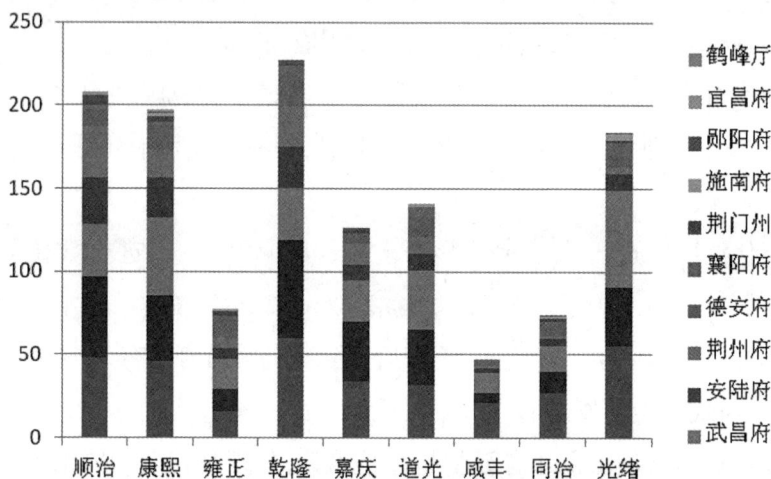

图3.23 清代各朝进士分府统计图

本章小结

人才分布的时空变迁意味着明清时期湖北人才在时间维度上的变迁和籍贯分布上的空间变化。从全省来看,进士人才分布的多寡与疏密,则反映了其在那个时代该地区进士人才成长的状况,从而凸显出当时湖北的人才

---

① 苏云峰:《中国现代化的区域研究(1860—1916)——湖北省》(修订版),台北"中央研究院"近代史研究所1987年版,第22页。

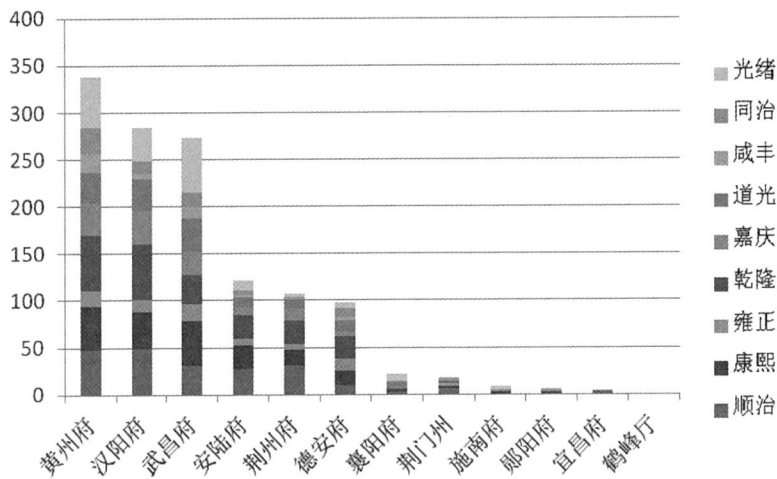

图 3.24 清代各府进士分朝统计图

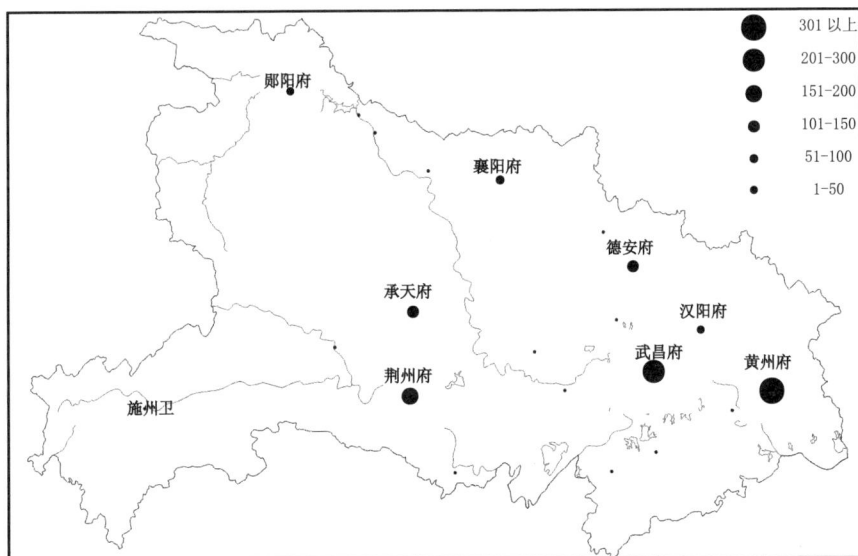

图 3.25 明代湖北进士分布示意图

中心所在地。通过研究明清湖北进士人才数量及地域分布和密度分布,可以总结出以下几点结论。

以黄州府、汉阳府、武昌府为代表的鄂东地区是进士人才的高产区,占到全省进士的71%以上；鄂中南地区为进士中产区,约占全省进士的22%；鄂西南和鄂北地区为进士人才低产区。地域分布示意图详见图 3.25、图 3.26。

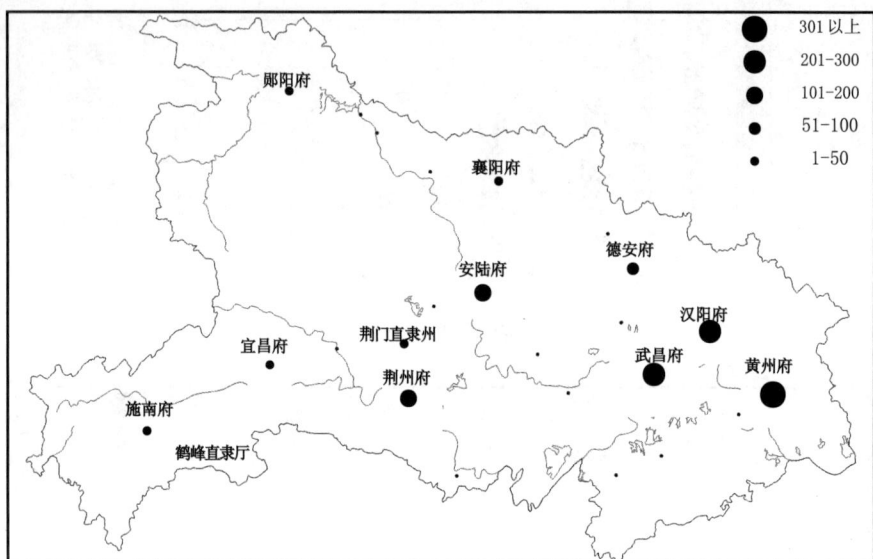

图 3.26 清代湖北进士分布示意图

明清两代湖北共有进士 2413 名,若以大区来分,分别是鄂东地区占 1725 名,鄂中南地区 532 名,鄂西南地区 34 名,鄂北地区 122 名。详见表 3.5。

表 3.5 明清时期湖北进士地理分布演变

项目 \ 地区	鄂东(1725 名)			鄂中南(532 名)			鄂西南(34 名)			鄂北(122 名)		
	明	清	增减率	明	清	增减率	明	清	增减率	明	清	增减率
进士	734	991	+35%	286	246	−14%	21	13	−38%	91	31	−65.9%
比例(%)	64.8	77.4	+12.6	25.3	19.2	−6.1	1.9	1.0	−0.9	8.0	2.4	−5.6

说明:表中比例指某一地区占全省的比例,如鄂东的比例即明代鄂东进士占明代整个进士数量的比例。

整体而言,从明到清,湖北省的进士数从 1132 名增加到 1281 名,增加了 149 名,增幅为 13.2%。但地域分布呈现不平衡性,湖北省的四个大区中,鄂东两代进士均占有绝对多数,并且清代鄂东进士还有逐步增多的趋势,从明代的占比 64.8% 增加到清代的 77.4%,是全省唯一进士数和比例增加的地区。鄂中南、鄂西南和鄂北均有不同程度的减少。如鄂中南从明代的 286 名降至清代的 246 名,降幅达 14%。同样,鄂西南地区从明代的 21 名降至清代的 13 名,降幅达 38%;鄂北从明代的 91 名降至清代的 31 名,降幅更为明显,达 65.9%。由此可知,在全省进士数增长的情况下,鄂中南、鄂西南和鄂北的进士人才则同时大幅度地减少,清代鄂东进士有集聚的趋势。

从全省进士人才的比例上看,清代鄂东地区增加了 12.6 个百分点,达 77.4%;鄂中南地区从 25.3% 下降到 19.2%,降幅达 6.1 个百分点;鄂北地区从 8.0% 降到 2.4%,降幅达 5.6 个百分点;鄂西南从 1.9% 降到 1.0%。鄂中南、鄂西南和鄂北地区从明代占全省的 35.2% 大幅削减到清代的 22.6%,而增加的进士比例全集中于鄂东地区。

从区域面积上看,鄂东有三府四县;鄂中南有二府一直隶州;鄂西南有两府;鄂北有两府一州。以当今面积来算,分别是约 69114、34064、35178、49195 平方公里。每万平方公里的面积人才密度分别为 250、156、9、25 个进士。鄂东进士人才占绝对优势,面积密度亦为鄂南的 41 倍,是鄂北的 10 倍。

明清之际,湖北得进士数稳中有升。明末崇祯朝(开科 7 次)得进士 117 名,清初顺治朝(开科 8 次)得进士 208 名,并没有因为政权更迭而损失人才。

相较明初,明中后期和清代湖北进士人才始终保持在一定产出率。具体见图 3.25、图 3.26。

从明景泰朝以后,平均每科得进士数逐步提升,一直持续到隆庆朝达到最高峰,下一个人才高峰出现在清顺治朝,可见明中后期和清初湖北人才的高产出率。清代湖北人才产出率维持在中位的水平,不比明代人才发达。

综上所述,明清两代湖北进士集中在黄州、武昌、荆州、承天、荆州、汉阳六府。鄂东地区囊括了明清两代湖北高达 71% 的进士,为进士高产地区;鄂中南地区有 22% 的进士,为进士次高产地区;鄂北约 5%,鄂西南仅有1.4% 的进士,这两地为明清时期湖北进士不发达地区。

而且有意思的是,明代进士与《明史》列传人物的府域分布基本一致,即黄州、武昌、荆州、承天、德安五府排前列。而清代进士与《清史稿》列传人物则有较大差别,一是清代进士数量比明代多,但入传人物则减少了43%,说明清代湖北人才在全国的影响力不如明代。二是清代湖北进士高产府为黄州、汉阳、武昌、安陆、荆州和德安六府,而《清史稿》入传人物则是武昌、黄州、汉阳、襄阳、安陆等府排在前列,与进士有所出入的是襄阳府,从全省来看,清代襄阳府的进士人才并不突出。

明清两代进士人数变迁详见图 3.27 和图 3.28。

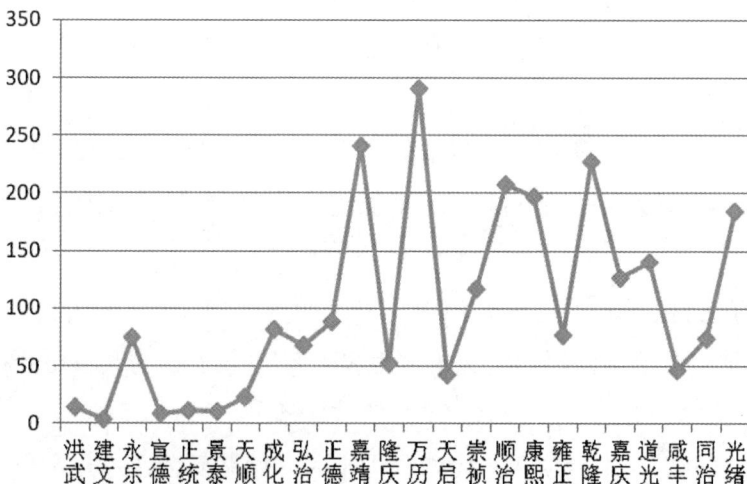

图 3.27　明清历朝进士分布图

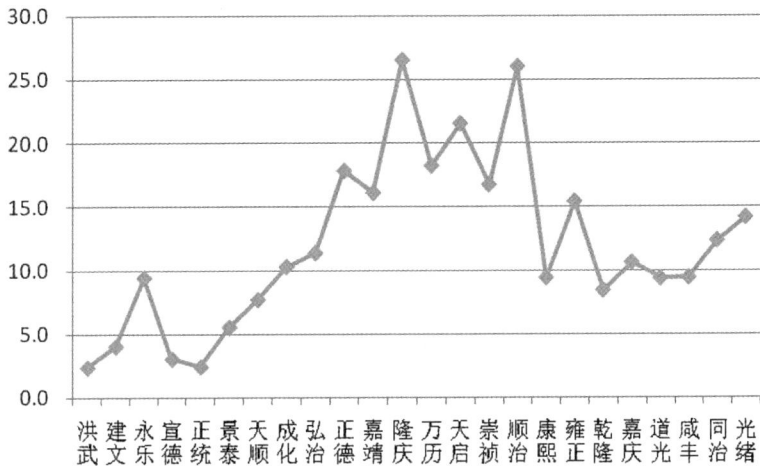

图 3. 28 明清历朝平均每科得进士数分布图

第四章 明清两代湖北籍人物 著作及其地理分布

钱茂伟曾说,"科举的人文化决定了学术的人文化。科举与学术的关系较为复杂,科举对学术有制约作用,也有促进作用。科举确立了一种不利学术队伍壮大的大环境,科举使传统中国学术人文化。不过,科举解决了传统中国的基础文化教育问题,一部分升上去的进士或升不上去的举人、秀才、童生,经进一步的博学审问,成了当时的著名学者。这支学者队伍的数量虽不多,但他们的存在,直接推动了明代中国人文学术的发展。"①

一般来说,一地文化发达,人才辈出,必定涌现出较多的学术人物,也能撰写出较多的著作。因此,一地产生的著作数量也是衡量其人才多寡与否的重要指标。笔者依据民国十年《湖北通志·艺文志》,对湖北人著作者籍贯进行统计分析,并在此基础上阐述各地著作数量与人才二者之间的关系。

第一节 明代湖北籍人物著作的分布

一、地域分析

《湖北通志·艺文志》序言中说:"韩子曰,莫为之前,虽美弗彰,莫为之

---

① 钱茂伟:《国家、科举与社会:以明代为中心的考察》,北京图书馆出版社 2004 年版。

后,虽盛弗传。斯言也,岂不然哉。"①原意即没有人引荐,即使有美好的才华也不会显扬;没有人传承,即使有很好的功业、德行也不会流传。这里引述韩愈的原话,通志的编纂者们是十分希望通过他们的努力,使得这些前人智慧的结晶传承下来,让后人看到湖北的著作代代相传的盛景。

经统计,《湖北通志·艺文志》共收录明代湖北籍人物著作共计1756部,其中经部271,子部46,史部311,集部1128。经指儒家经典理论著作;史指史书,即正史;子指先秦百家著作,宗教;集指文集,即诗词汇编。由此可见,明代湖北子部著作较少,仅占3%;集部占比高达64%;史书和诸子百家类占比21%。具体见图4.1。

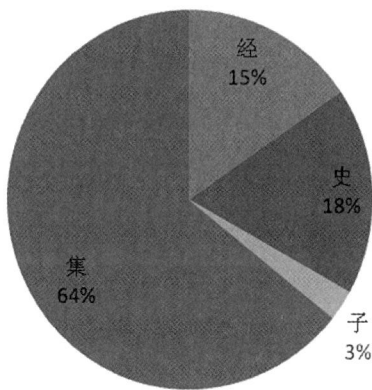

图4.1　明代湖北籍人物著作部别分类图

（一）县域分布

明代著作县域分布情况如下:长阳、兴山、巴东、枣阳、房县、竹溪、上津等七县为0著作县。除此七县外余下52地共产出1756部著作,平均每地得33.8部。有江夏等22县或州在平均线33.8以上,共1418部,占全省近81%。其中黄州府有黄冈、麻城、黄梅、蕲州、黄安、广济6地;武昌府有江

_____

① （清）吕调元、刘承恩修,张仲炘、杨承禧纂:民国《湖北通志》,卷七十七《艺文志序》,民国十年重刊本,台湾华文书局印行1967年版,第1757页。

夏、武昌、崇阳、蒲圻4县;荆州府有公安、江陵、监利、石首4县;承天府有景陵、京山、当阳3地;德安府有应城、孝感、安陆3县;汉阳府的汉阳和汉川两县均超过平均线。

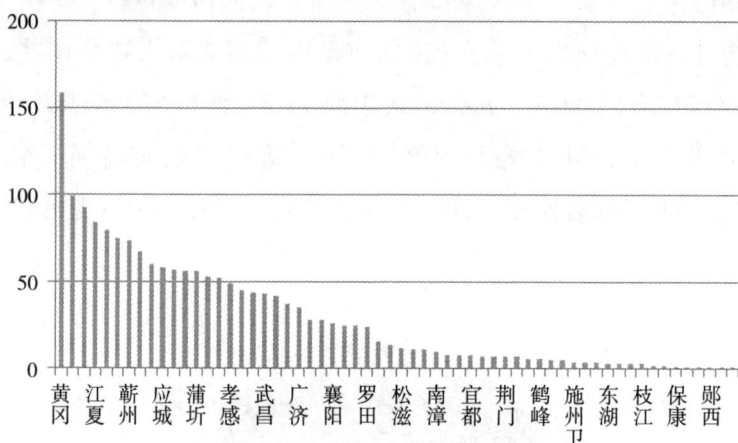

图4.2 明代湖北籍人物著作县域分布图

府治所在地有绝对优势的仅黄州府的黄冈和武昌府的江夏,黄冈县拥有159部著作,占全府的28.3%,与府内其他县域拉开差距;江夏(84部)在武昌府内位居第一位,占全府的26.5%,第二位崇阳(60部),武昌(43部)位居第三。荆州府内公安县(67部)排名第一,江陵县(57部)排第二,监利县(53部)排第三位。汉阳府内两县汉阳和汉川实力相当。详见附表7。

(二)府域分布

八府一卫均有著作产生,但各个府的分布很不均衡。黄州府以561部遥遥领先,占全省的32%。第二梯队有武昌府316部,承天府277部,荆州府259部,德安府182部。前五位占全省近91%的著作数量。第三梯队为汉阳府89部和襄阳府55部。最多的黄州府是最少的郧阳府的80倍。前五位的府中,除承天府外,其余四府的府治所在地均超过平均线,承天府的府治钟祥仅有14部。前五位的府中,黄州、武昌、德安三府为鄂东地区;承天、荆州两府属于鄂中南地区。详细分布见图4.3。

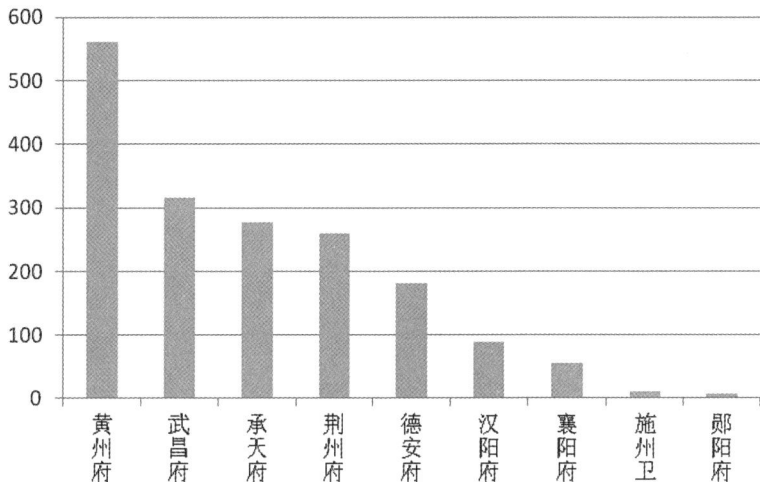

图 4.3　明代湖北籍人物著作府域分布图

（三）地区分布

鄂西南和鄂北地区都属于明代著作不发达区域，鄂北仅有 70 部，鄂西南仅 21 部著作，占全省比例仅为 5.2%。鄂东和鄂中南地区为明代湖北著作发达区域。鄂东地区有 1192 部，占全省比例 67.9%，加上鄂中南地区即有 1665 部著作，占比高达 94.8%。鄂东和鄂中南地区学术著作蔚为大观，人才发达可见一斑。详细分布见图4.4。

二、密度分析

人才密度分布是研究各类人才的重要指标，区域内著作的密度分布也能从侧面反映一地人才的兴衰与多寡。因此，在明代著作数量基础上，以府为考察目标来制作密度分布表进一步分析。详见表 4.1。

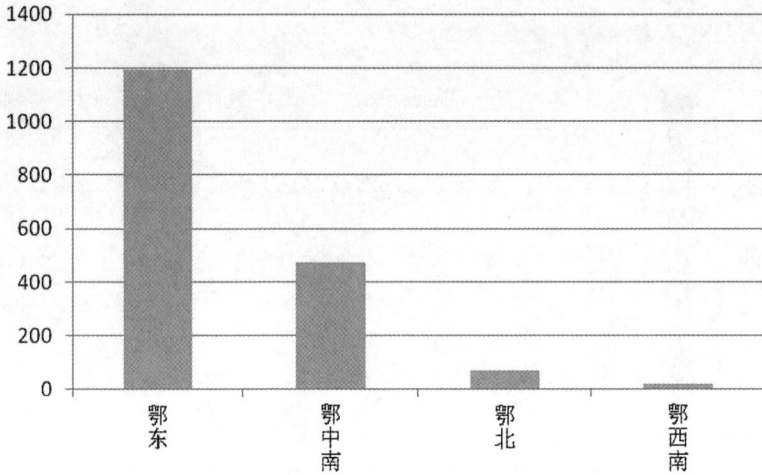

图 4.4　明代湖北籍人物著作地区分布图

表 4.1　明代湖北籍著作密度分布

密度单位:部/百万人口、部/万平方公里

府州	著作数	百分比	名次	人口	人口著作密度	名次	著作集中度	面积	面积著作密度	名次
武昌府	316	18.0	2	320,000	988	3	355.3	27,795.68	114	3
汉阳府	89	5.1	6	50,000	1780	2	6428.8	2,768.77	321	2
黄州府	561	31.9	1	740,000	758	5	473.7	16,004	350	1
承天府	277	15.8	3					24,282	114	4
德安府	182	10.4	5	70,000	2600	1	1199.6	21,673.3	84	6
荆州府	259	14.7	4	354,000	732	6	239.0	30,611.8	85	5
襄阳府	55	3.1	7	70,054	785	4	400.6	19,596	28	7
郧阳府	7	0.4	9	16,824	416	7	214.6	19,384.8	4	8
施州卫军民指挥使司	10	0.6	8					24,111	4	8
总计	1756			1,620,878	1083		58.1	186,227.35	94	

说明:人口以洪武二十四年人口数为准,承天府除京山、景陵、沔阳外人口资料缺乏,无法得知。参见曹树基:《中国人口史》第四卷明时期,复旦大学出版社 2000 年版,第 124—129 页。面积以各府州所辖范围的当今面积计算所得。

（一）人口著作密度

每百万人口中产出著作数最多的是德安府，2600 部；其次是汉阳府，1780 部；武昌府 988 部，排第三；襄阳府 785 部，列第四位；黄州府 758 部，仅列第五位。

就每百万人口中所产出的著作数来看，前三位均属于鄂东地区，鄂东地区人口著作密度在全省亦排在前列。襄阳府、黄州府和荆州府次之。

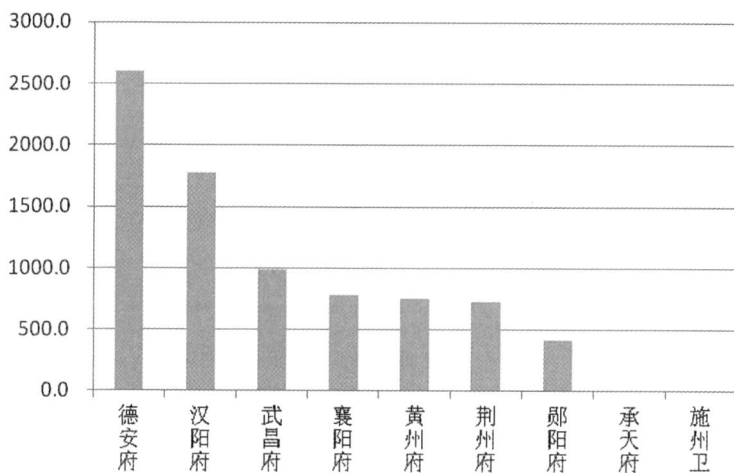

图 4.5　明代湖北籍人物著作人口著作密度图

（二）面积著作密度

就每万平方公里区域内产出的著作数，名列前三甲仍然是鄂东地区的黄州、汉阳、武昌三府。

黄州府著作数排第一位，每万平方公里产出著作数也排第一位。每万平方公里产出的著作数超过全省平均数 94 部的有第一梯队的黄州府 350 部、汉阳府 321 部；第二梯队的武昌府 114 部、承天府 114 部，其中黄州、汉阳和武昌三府属于鄂东地区，承天府属鄂中南地区。荆州府（85 部）、德安府（84 部）为第三梯队，分属鄂中南和鄂东地区。襄阳府、郧阳府和施州卫为第四梯队分属鄂北和鄂西南地区。

可见,每万平方公里的著作数高产地亦为鄂东和鄂中南地区;鄂北和鄂西南地区为著作低产区。这一特征与明代湖北进士和《明史》列传湖北籍人物的地区分布是一致的。

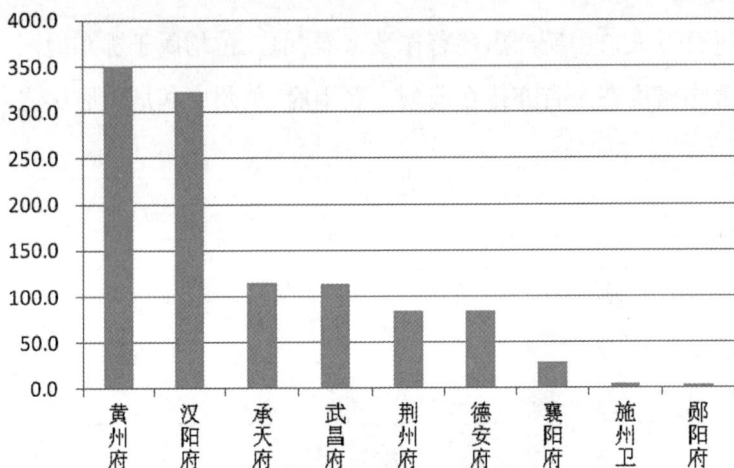

图 4.6　明代湖北籍人物著作面积著作密度图

(三)著作集中度

由表 4.1 和图 4.7 可知,黄州府在著作数、人口著作密度、面积著作密度三个指标上,分列第 1、5、1 位;武昌府分列第 2、3、3 位;承天府分列第 3、不详、4 位;荆州府分列第 4、6、5 位;德安府分列第 5、1、6 位;汉阳府分列第 6、2、2 位;襄阳府分列第 7、4、7 位;施州卫分列第 8、不详、8 位;郧阳府分列第 9、7、8 位。

综合考虑人口和面积因素所得出的著作集中度,排名第一的是汉阳府,高达 6400 多部,为明代湖北著作最为集中之区;第二的是德安府,近 1200部;黄州府以 473 部排在第三位。

三、政区分析

从四类著作的分府情况来分析,承天府和襄阳府均没有子部著作,郧阳

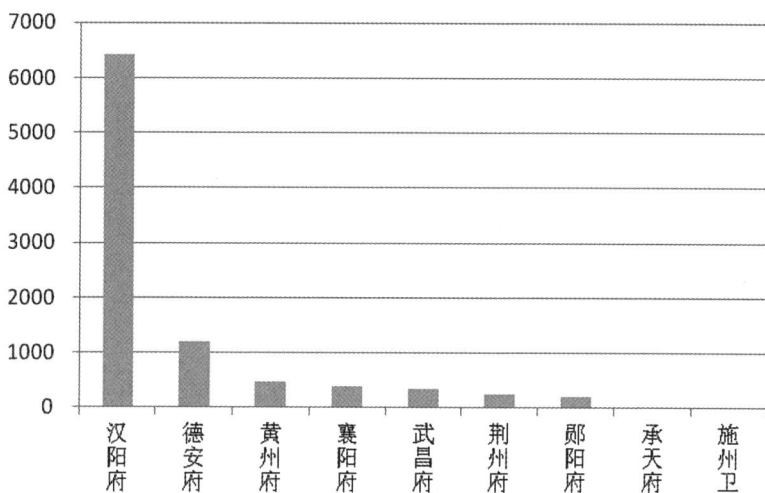

图 4.7　明代湖北籍人物著作集中度图

府没有经、子部著作,施州卫仅有集部著作。剩余五府均有经史子集部著作。

除施州卫外,集部分布在黄州等八府。其中黄州府 351 部、武昌府 198 部、荆州府 188 部、承天府 173 部、德安府 111 部、汉阳府 55 部、襄阳府 37 部、郧阳府 5 部。有五府超过 110 部集部著作,平均数约 125 部。

史部著作分布在除施州卫的八府,以黄州府 82 部最多,其余如武昌府 69 部、承天府 54 部、荆州府 39 部、德安府 32 部、汉阳府 23 部、襄阳府 10 部、郧阳府仅 2 部。平均数约 39 部。

经部著作分布在除郧阳府和施州卫外的七府,以黄州府 109 部最多,其次是承天府 50 部、德安府 34 部、武昌府 32 部、荆州府 30 部;最少的汉阳、襄阳两府分别有 8 部经部著作。平均数约 38 部。

子部著作分别为黄州府 19 部、武昌府 17 部、德安府 5 部、汉阳府 3 部、荆州府 2 部。平均数约 9 部。从各府所拥有的著作部别来看,集部数量都占绝对多数,其次是史部和经部著作,最少的是子部著作。

　　另外一个最为明显的特征是黄州府著作总数最多,四部著作相比较也是最多的,拥有绝对优势。

　　明代湖北产出著作最多的地区是鄂东地区和鄂中南地区,以黄州、武昌、承天、荆州、德安等府为代表。详见图4.8和图4.9。

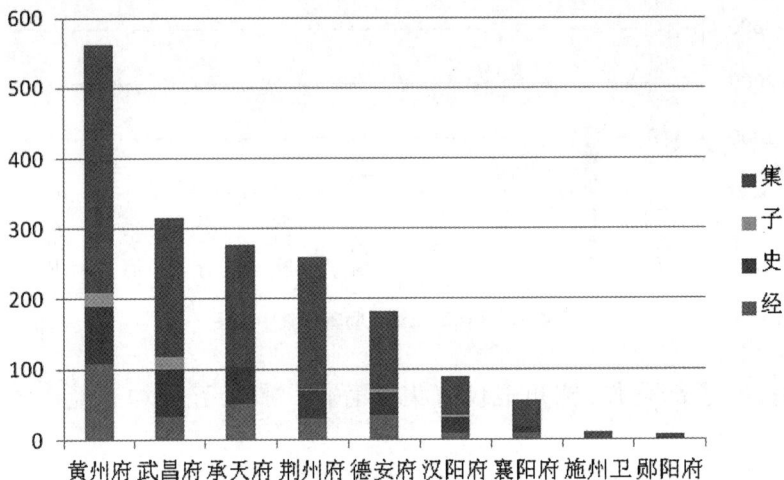

图 4.8　明代湖北籍人物著作分府部别统计图

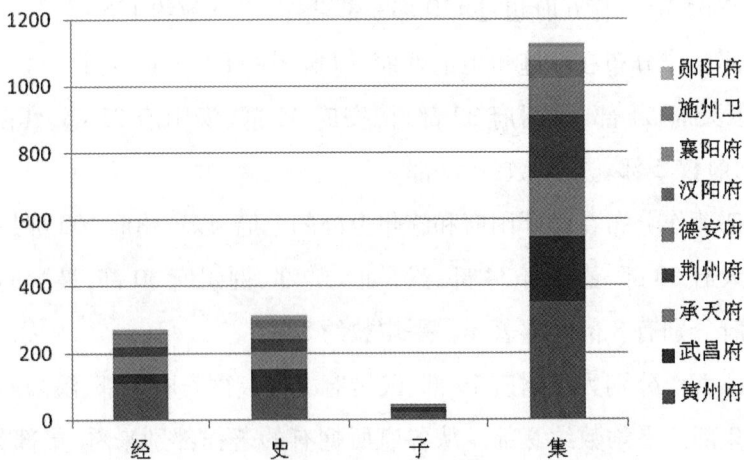

图 4.9　明代湖北籍人物著作部别分府统计图

第二节　清代湖北籍人物著作的分布

一、地域分析

经统计,《湖北通志·艺文志》共收录清代湖北籍人物著作共计 3933 部,其中经部 691 部,子部 384 部,史部 591 部,集部 2267 部。由此可见,仍然是集部最多,占 58%;经部占 17%;子部著作比例较明代有大幅增加,约占 10%;史部著作比例相较明代有减少,约占 15%。这些产生在清代湖北的 60 县或州,平均每地 65.6 部。具体见图 4.10。

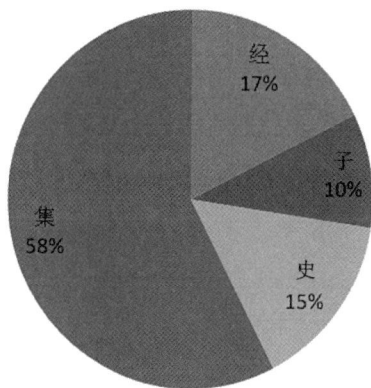

图 4.10　清代湖北籍人物著作部别分类图

(一)县域分布

县域分布方面,夏口、巴东、竹山、保康、归州、咸丰、利川 7 地为 0 著作产生县。除此 7 县外余下 60 地共产出 3932 部(1 部不详)著作,平均每地得 65.5 部。江夏等 20 地在平均线 65.5 以上,共 3142 部,囊括全省近 80%的著作。

其中 300 部以上的有黄冈县 374 部、沔阳 317 部;200 部以上的有蕲州

260 部、汉阳 232 部；100 部以上的有江夏 188 部、汉川 171 部、广济 169 部、
蕲水 166 部、孝感 133 部、应城 133 部、江陵 129 部、黄梅 122 部、云梦 117
部、安陆 116 部、黄安 107 部、武昌 101 部等 12 地；100 部以上的县共有 2835
部，占全省的 72%。

　　与明代相比，麻城的地位下降很多。清代麻城仅 70 部，比明代还少
23 部，在黄州府内地位下降快，明代麻城排府内第 2 位，清代掉至第 7 位。
武昌府崇阳县、安陆府京山县、荆州府公安县和监利县著作数减少，在各
自府内的地位有所下降。清代沔阳州、黄州府蕲水县、德安府云梦县著
作数和地位有显著上升。综合明清两代来看，产生著作数较多的县有
江夏、武昌、蒲圻、汉阳、汉川、孝感、黄冈、麻城、黄安、蕲州、广济、黄梅、
沔阳、天门、江陵、石首、安陆和应城，此 18 地为明清时期湖北著作高
产地。

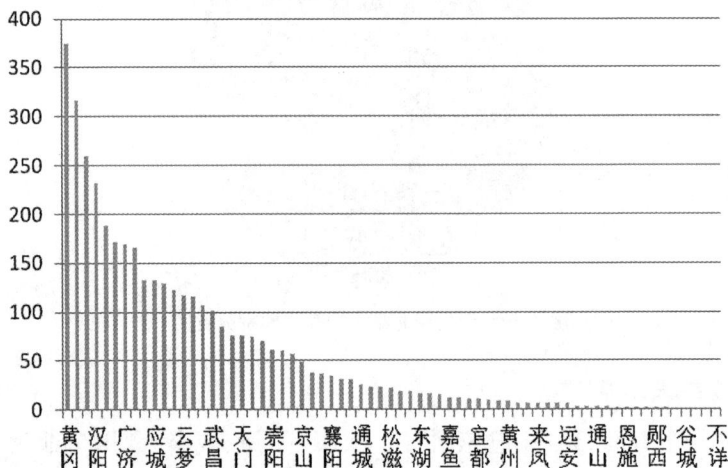

图 4.11　清代湖北籍人物著作县域分布图

　　(二)府域分布

　　全省所有府域面积内，即十府一直隶州一直隶厅，均有著作产生，没有
出现 0 著作情况。

黄州府以 1308 部独占鳌头；汉阳府 872 部排第二位；武昌府 567 部处第三位；第四位是德安府 406 部；荆州府 361 部排第五位；安陆府 222 部排第六位。这六府共 3736 部著作，拥有全省高达 95%的著作。

其余府或州（厅）均在两位数或一位数，和前六府差距明显。襄阳府（79 部）、荆门州（48 部）、宜昌府（43 部）、施南府（11 部）、鹤峰厅（9 部）、郧阳府（6 部），共计 196 部，仅占 5%。

前四府黄州、汉阳、武昌、德安均属于鄂东地区，为清代湖北著作高产地；荆州和安陆两府为鄂中南地区，为清代湖北著作次高产地区；后四府襄阳、宜昌、施南、郧阳和荆门州、鹤峰厅为低产地区。

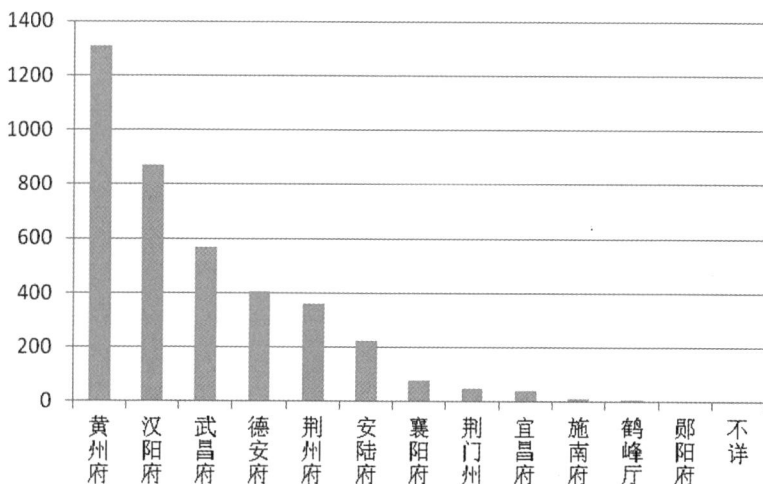

图 4.12　清代湖北籍人物著作府域分布图

（三）地区分布

鄂东地区拥有 3138 部著作，占近 80%；鄂中南地区有 631 部，占 16%；鄂北有 100 部，占 2.5%；鄂西南有 63 部，仅占 1.6%。清代鄂东地区著作数量稳步上升，从明代占全省的 67.9%稳步上升到 79.8%。而同时，鄂中南的份额从 26.9%下降到清代的 16%；鄂北和鄂西南在全省的份额从 5.2%下降到 4.1%。

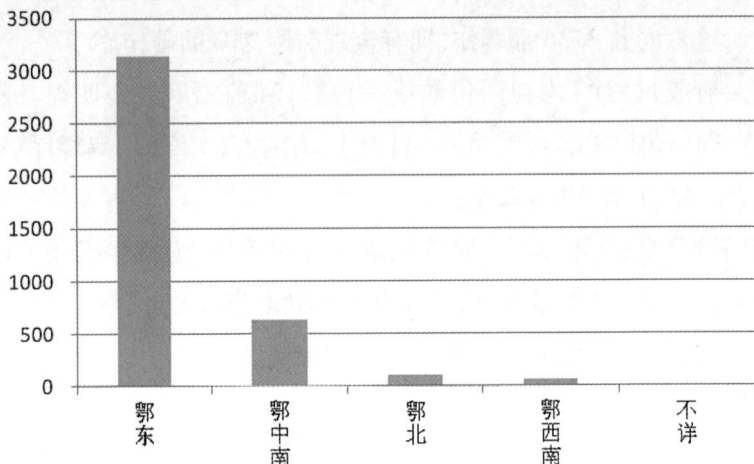

图 4.13　清代湖北籍人物著作地区分布图

二、密度分析

清代著作远甚明代,无论是所产生的著作数量还是密度,均成果丰硕。"及观府州县志所载何夥也。清世经学,远轶前明古文辞,亦足攀宋驾元,人文侁侁,湖北非甚蓁陋之邦。"①

人才密度分布是研究各类人才的重要指标,那么区域内著作的密度分布也能从侧面反映一地人才的兴衰与多寡。因此,在明代著作数量基础上,以府为考察目标来制作密度分布表进一步分析。详见表 4.2。

---

① (清)吕调元、刘承恩修,张仲炘、杨承禧纂:民国《湖北通志》,卷七十七《艺文志序》,民国十年重刊本,台湾华文书局印行 1967 年版,第 1757 页。

表4.2　清代湖北籍著作密度分布

密度单位:部/百万人口、部/万平方公里

府州	著作数	名次	百分比	人口数	人口著作密度	名次	著作集中度	面积（平方公里）	面积著作密度	名次
武昌府	567	3	14.4	3,044,000	186	6	67	27,795.68	204	6
汉阳府	872	2	22.2	3,683,000	237	3	121	19,540.84	446	2
黄州府	1308	1	33.3	3,621,000	361	1	226	16,004	817	1
安陆府	222	6	5.6	1,089,000	204	4	191	10,653	208	5
德安府	406	4	10.3	1,340,000	303	2	237	12,763.3	318	3
荆州府	361	5	9.2	1,914,000	189	5	144	13,127.4	275	4
襄阳府	79	7	2.0	1,672,000	47	9	24	19,596	40	8
郧阳府	6	12	0.2	911,000	7	11	3	22,609.8	3	12
宜昌府	43	9	1.1	830,000	52	8	36	14,421.6	30	10
施南府	11	10	0.3	920,000	12	10	7	17,865	6	11
荆门直隶州	48	8	1.2	458,000	105	7	102	10,284	47	7
鹤峰直隶厅	9	11	0.2					2,892	31	9
总计	3933①			19,482,000	202		11	187,552.62	210	

资料来源:人口数以清嘉庆二十五年(1820年)修正之后的口数为准,参见葛剑雄主编,曹树基著:《中国人口史》第五卷清时期,复旦大学出版社2001年版;面积以当时辖区的当今面积计算。

(一)人口著作密度

每百万人口中产出著作数最多的是黄州府,361部;其次德安府,303部;汉阳府,237部排第三;安陆府204部列第四位;荆州府189部列第五位;武昌府186部仅列第六位。

人口著作密度超过全省平均数202部的有鄂东地区的黄州府、汉阳府、德安府和鄂北地区的安陆府。

黄州、德安、汉阳、安陆、荆州、武昌六府为清代湖北籍人物著作人口著

---

①　含作者籍贯不详的著作1部。

作密度密集区,每百万人口产生著作数均超过 186 部。

荆门州(105 部)、宜昌府(52 部)、襄阳府(47 部)为次密集区。施南府(12 部)、郧阳府(7 部)和鹤峰厅为著作稀疏区。

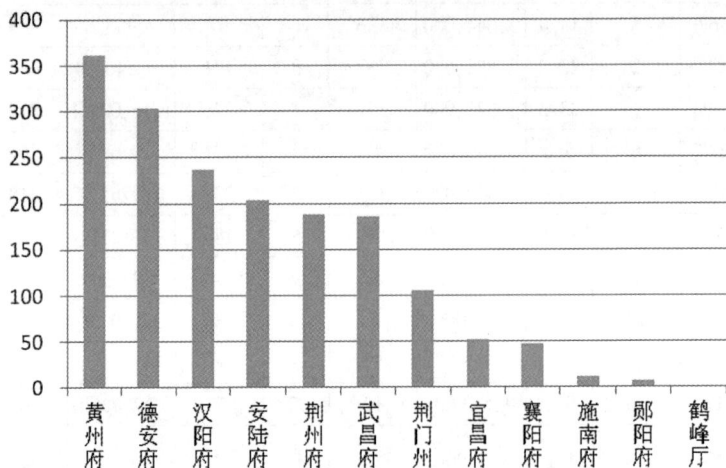

图 4.14　清代湖北籍人物著作人口著作密度图

(二)面积著作密度

每万平方公里产出的著作数超过全省平均数 210 部的有黄州府 817 部、汉阳府 446 部、德安府 318 部(随州 15 部,属鄂北地区)、荆州府 275 部,其中前三府属于鄂东地区,荆州府属鄂中南地区。就每百万人口中所产出的著作数和每万平方公里区域内产出的著作数来看,鄂东地区的黄州、汉阳、德安三府始终位居前三甲。

从面积著作密度来看,安陆府 208 部、武昌府 204 部,虽居平均线以下,但和前四府一起成为清代湖北籍人物著作面积著作密度密集区。荆门州、襄阳府、鹤峰厅、宜昌府、施南府和郧阳府为清代湖北籍人物著作面积著作密度稀疏区。清代武昌府产出著作密度相比明代有下降,仅列第六位。

(三)著作集中度

清代黄州府在著作数、人口著作密度、面积著作密度三个指标上,均排

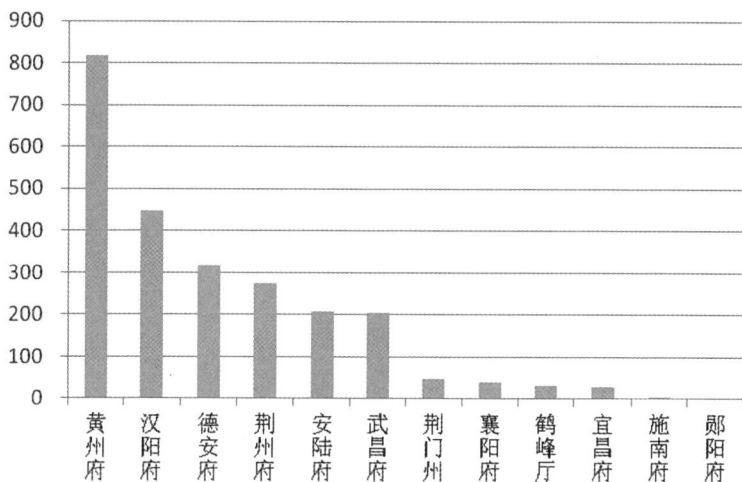

图 4.15　清代湖北籍人物著作面积著作密度图

第 1 位,其一府著作占全省的 33%,是唯一拥有千部著作以上的府,为著作产出大府。

汉阳府分列第 2、3、2 位,相较明代,在全省的位置持平;武昌府分列第 3、6、6 位,在后两个指标中,武昌府排名靠后;德安府分列第 4、2、3 位;荆州府分列第 5、5、4 位;安陆府分列第 6、4、5 位;这几府排名较靠前。而襄阳府排在第 7、9、8 位;荆门州分列第 8、7、7 位;宜昌府分列第 9、8、10 位,均比较靠后。

清代湖北籍人物著作集中程度高的府集中在德安、黄州、安陆、荆州、汉阳、荆门和武昌七府州。这与明代有很大差别,没有悬殊的情况出现,七府州比较均衡,大多在 100—250 部之间。详见表 4.2 和图 4.16。

三、政区分析

从四类著作的分府统计情况来看,施南府没有经部著作;鹤峰厅没有经部、子部著作;郧阳府仅有集部著作。其余八府一直隶州均有四部著作产

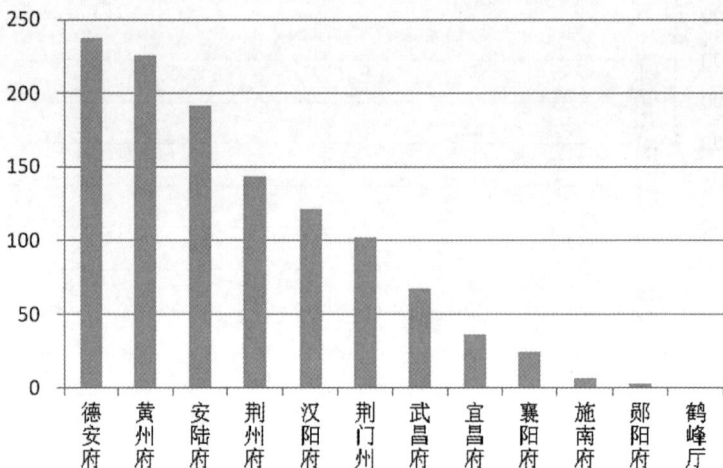

图 4.16　清代湖北籍人物著作集中度图

生。相较明代的子部著作数最少,清代是史部著作数最少。

从集部著作的分布看,黄州府 720 部最多,其次是汉阳府 515 部、武昌府 332 部、荆州府 218 部、德安府 213 部、安陆府 145 部、襄阳府 41 部、荆门州 33 部、宜昌府 29 部;最少的施南府 9 部、鹤峰厅 6 部、郧阳府 6 部。前六府均超过 145 部,前五府超过平均数 189 部。

从经部著作的分布看,黄州府 286 部最多,其次是汉阳府 129 部、德安府 90 部、武昌府 89 部、荆州府 45 部、安陆府 29 部、襄阳府 15 部;较少的是荆门州 6 部、宜昌府 2 部。前四府超过平均数 77 部。

再看子部著作的分布,最多的黄州府 183 部,其次是汉阳府 137 部、武昌府 87 部、德安府 74 部、荆州府 57 部、安陆府 31 部、襄阳府 11 部;较少的是荆门州 6 部、宜昌府 4 部、施南府 1 部。前四府超过平均数 59 部。

史部著作分布在黄州府(119 部)、汉阳府(91 部)、武昌府(59 部)、荆州府(41 部)、德安府(29 部)、安陆府(17 部)、襄阳府(12 部)、宜昌府(8 部)、荆门州(3 部)、鹤峰厅(3 部)、施南府(1 部)九府一直隶州一直隶厅。前四府超过平均数约 35 部。

和明代一样,清代湖北著作仍然是黄州府遥遥领先,四部著作都排在省内第一位。清代汉阳府地位显著上升,从排名第六升至第二。与明代相比,清代湖北著作仍然是以鄂东地区和鄂中南地区为产出重镇,其中涵盖了黄州、汉阳、武昌、德安、荆州、安陆等府。明清之际,虽内部行政区划有一些调整,但从大区来分析,明清两代结果一致,其中脉络特点十分明显。详见图4.17和图4.18。

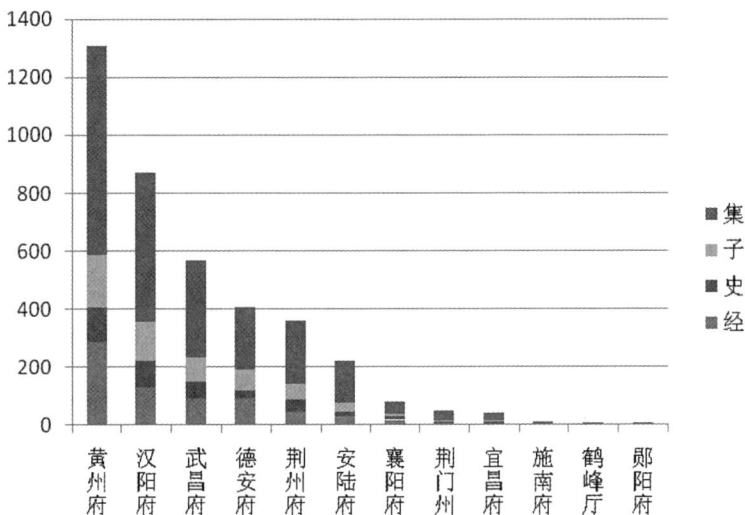

图 4.17　清代湖北籍人物著作分府部别统计图

本章小结

某一地区、某一时代著作数量的分布疏密,可从侧面反映其人才成长的状况,从而可以印证湖北人才的地域分布特征。通过研究明清时期著作作者籍贯的地域分布和密度分布,可以总结出以下结论。

鄂东地区是著作最为密集区,鄂中南地区为次密集区,鄂西南和鄂北地区为稀疏区。地域分布示意图详见图4.19、图4.20。

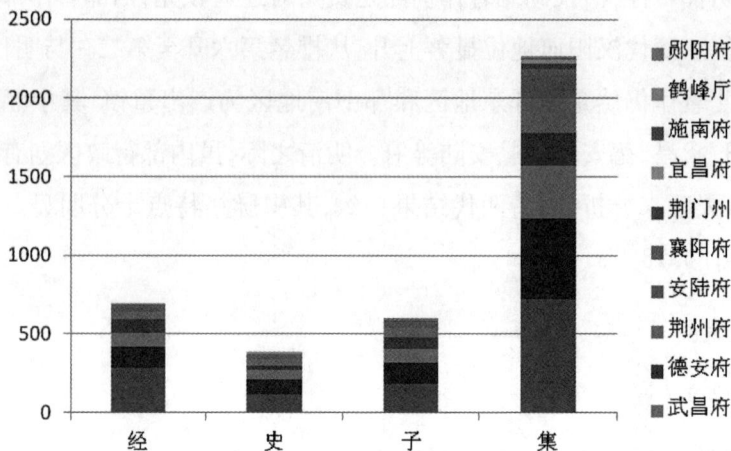

图 4.18　清代湖北籍人物著作部别分府统计图

明清两代湖北共产生四部类著作 5689 部,除 1 部作者具体籍贯不详外,其余 5688 部中,鄂东地区有 4330 部,鄂中南地区有 1104 部,鄂西南地区有 133 部,鄂北地区有 121 部。详见表 4.3。

表 4.3　明清时期湖北籍著作地理分布演变

项目＼地区	鄂东(4330 部)			鄂中南(1104 部)			鄂西南(133 部)			鄂北(121 部)		
	明	清	增减率	明	清	增减率	明	清	增减率	明	清	增减率
列传人物	1192	3138	+163%	473	631	+33.4%	70	63	−10%	21	100	+376%
比例(%)	67.9	79.8	+11.9	26.9	16.0	−10.9	4.0	1.6	−2.4	1.2	2.5	+1.3

说明:清代有一部著作作者籍贯不详;表中比例指某一地区占全省的比例,如鄂东的比例即明代鄂东著作占明代全省著作数量的比例。

明清湖北鄂东地区产出 4330 部著作,占比 76%;鄂中南地区 1104 部,占 19.4%;鄂西南地区 133 部,占 2.3%;鄂北地区 121 部,仅占 2.1%。

从明到清,湖北省产出的著作数从 1756 部增加到 3933 部,增加 2177 部,增幅为 124%。

湖北省的三个大区中,清代鄂东著作快速增多,从明代的占比67.9%到清代的79.8%,是全省唯一著作数和比例增加的地区。

清代鄂中南的著作虽增长到631部,但比例则下降10.9个百分点;而鄂北著作数有所增加,但比例仅上升1.3个百分点;鄂西南从明代的70部降至清代的63部,比例降幅达2.4%。

从区域面积上看,鄂东有三府四县;鄂中南有二府一直隶州;鄂西南有两府;鄂北有两府一州。以当今面积来算,分别是约69114、34064、35178、49195平方公里。明清两代每万平方公里的面积著作密度分别为627、327、38、25部著作。鄂东著作占绝对优势,面积密度亦为鄂西南的16倍,是鄂北的25倍。

总之,明清两代著作集中在黄州、武昌、承天(安陆)、荆州、德安、汉阳六府,而襄阳、郧阳、施南府等地为著作低产区,与正史列传人物和进士的地域分布基本一致。鄂东地区著作数具有绝对优势,地域分布呈现不平衡性,出现东部拥有超四分之三的著作,而广袤的北部和南部仅占四分之一。

综上所述,在清代全省著作数大幅增长的情况下,鄂中南和鄂西南的著作在全省的份额则同时减少,清代鄂东地区著作产生"虹吸"效应并有"井喷"的趋势,这也从侧面反映了鄂东地区学术人才的成长,由此窥见明清两代湖北人才在历史时期的地位。

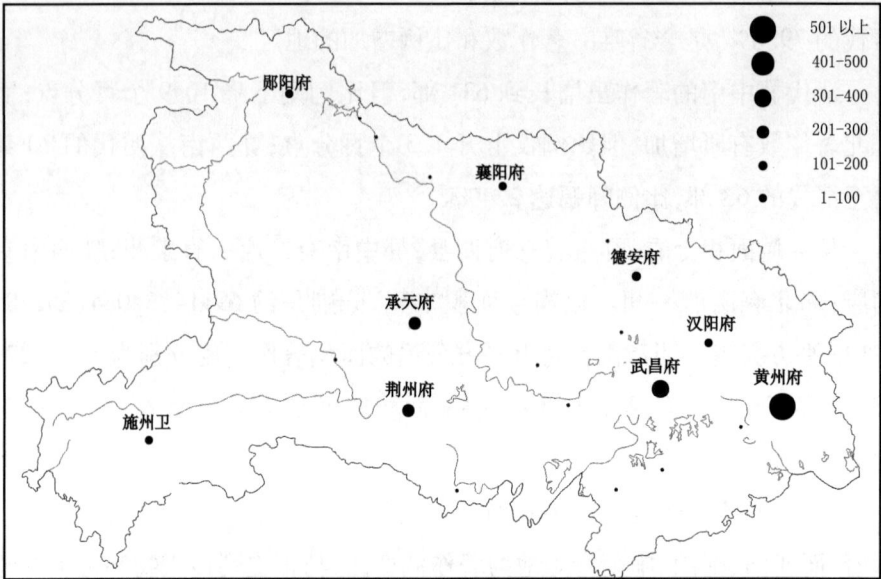

图 4.19 明代湖北籍著作地域分布示意图

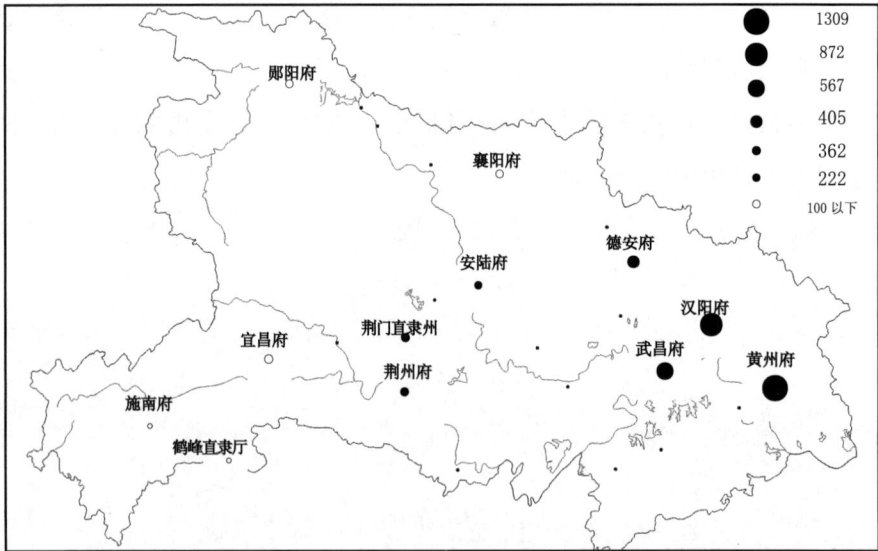

图 4.20 清代湖北籍著作地域分布示意图

第五章　自然地理环境对湖北人才地理分布的影响

　　刘勰在《文心雕龙》中提出"文变染乎世情,兴废系乎时序"。"文变染乎世情"即文化是有民族性的,而"兴废系乎时序"是说文化是有时代性的。对于人才来说也是具有时代特征的,明清时期湖北人才地理分布呈现时空上的不平衡性,其原因纷繁复杂。影响文化发展的要素有地理环境、人文环境,但人才无疑是其中最为重要的因素。

　　湖北人才在空间地域上分布的不平衡性,则是由多种因素共同作用的结果。俗话说:"橘生淮南则为橘,生于淮北则为枳。"人才所处的地理环境起着非常重要的作用。人才的成长与人才群体的地理分布与其赖以生存和发展的地理环境有十分紧密的关系,人才的成长与发展必定要受到地理环境和特定历史时期的影响和制约。

　　"地理环境对人才成长的作用主要表现为区域地理优势问题,即特定地域的自然地理面貌和政治、经济、文化等人文风貌一旦形成自己独特的风格和优势,便会形成一种强大的地域优势,对人才的成长和聚散产生不可估量的无形力量。"[1]"人才空间分布的发展与生产力发展的地域过程具有一致性。"[2]

---

① 王会昌等:《长江流域人才地理》,湖北教育出版社 2005 年版,第 7 页。
② 叶忠海:《人才地理学概论》,上海科技教育出版社 2000 年版,第 89 页。

141

法国年鉴学派的先驱们也重视自然地理环境等结构因素对历史发展的作用,并且提出了总体史观念和跨学科研究方法,强调历史和现实之间的紧密联系。① 1958 年,著名历史学家布罗代尔发表了题为《历史与社会科学:长时段》一文,系统阐述了他的历史观。他认为历史学与其他社会科学的差异,主要体现在时间概念上,将历史时间区分为短时段、中时段及长时段。短时段主要指历史上一些如革命、战争等突发事件;中时段是在一定时期内发生变化形成一定周期和结构的现象;长时段则是指历史上在几个世纪中长期不变和变化极慢的现象,如地理气候、生态环境、社会组织、思想传统等。布罗代尔认为,"长时段现象才构成历史的深层结构,构成整个历史发展的基础,对历史进程起着决定性和根本的作用。借助长时段的观点,研究长时段的历史现象,才能把握历史的总体。"②

历史上无数事实证明,人才要取得创造实践活动的成功,不仅受到人才身体、精神和阶级地位的局限性,而且受到地理环境的制约,其中包括生产力发展程度、阶级状况和社会政治环境状况的限制。③ 我们在研究明清时期湖北人才地域分布时也应注意到这个长时段的自然环境对于人才成长的影响。

第一节 自然地理环境是人才成长的基础和前提

自然地理环境指存在于人类社会周围的自然界,包括地质、地貌、土壤、水文、气候、矿藏和生物等要素,它们相互结合、相互制约组成一个综合整体。人才与自然环境之间的关系,一方面是人才依赖自然环境,一方面自然环境对人才的成长有胁迫作用。

---

① 高国荣:《年鉴学派与环境史》,《史学理论研究》2005 年第 3 期。
② 蔡少卿主编:《再现过去:社会史的理论视野》,浙江人民出版社 1988 年版。
③ 叶忠海:《人才地理学概论》,上海科技教育出版社 2000 年版,第 31 页。

一、人才成长对自然环境的依赖

"自然地理环境,既对人才个体,又对人才群体,还对人才总体发生作用。"①一般来说人文地理环境对人才的作用是直接的方式,而自然地理环境对人才主要起间接的作用。自然地理环境是一地人才总体成长的必要的自然条件,是人才成长的前提和基础。

一般而言,人才生存在自然界中,是依附于自然环境而生存的,自然环境是人才得以生存进而成才的必要条件。优越的自然资源就越会产生丰富的物质条件,提供给人们的生活生产资料就越多,这有利于提高人的先天素质和后天智力。人才对自然环境体现了依赖性。人才的成长必须要见多识广,博览群书,投身自然,勤奋实践,当知识达到一定量的积累时才能产生质的飞越。② 通常一地自然条件优越必定会最先得到人类的开发,这样会有培养优秀人才的学习、生活环境,便形成良性循环,有助于吸引和培养人才。而人才集聚到一定程度又反过来作用于自然环境,进而便逐渐拉开了与自然环境一般地区的人才差距。优越的地理环境能够吸引外部人才的输入和促进人才的成长;反之,一地自然条件恶劣会束缚人才的发展。

明代王士性在《广志绎》中描述两浙东西部的差异,"浙西俗繁华,人性织巧,……浙东俗敦朴,人性俭啬。……宁、绍盛科名。……杭、嘉、湖平原水乡,是为泽国之民;金、衢、严、处丘陵险阻,是为山谷之民;宁、绍、台、温连山大海,是为海滨之民,三民各自为俗。泽国之民,舟楫为居,百货所聚,闾阎易于富贵,俗尚奢侈,缙绅气势大而众庶小;山谷之民,石气所钟,猛烈鸷愎,轻犯刑法,喜习俭素,然豪民颇负气,聚党与而傲缙绅;海滨之民,食风宿水,百死一生,以有海利为生不甚穷,以不通商贩不甚富,闾阎与缙绅相安,

---

① 叶忠海:《人才地理学概论》,上海科技教育出版社 2000 年版,第 34 页。
② 吕学斌:《论地理环境对人才成长的制约》,《浙江师范大学学报》1998 年第 2 期。

官民得贵贱之中,俗尚居奢俭之半。"①作者以明代同时代人的眼光,强调地理环境的不同决定了生活其中的人们生活方式、生产方式、风俗习惯的差异。由此可知,不同的自然环境导致了地域经济、文化的差异。

明代王士性描述江南诸省:

> 江南地拓于汉武帝,其初皆楚羁縻也,故楚在春秋战国间,其强甲于海内。②

民国《湖北通志》形容湖北区位优势:

> 鄂实泽国,地连大别、云梦、洞庭、穆陵,控扼形胜,号为东南巨镇。③

> 湖广,大江中贯,五溪外错,汉水为带,衡岳为镇,洞庭、云梦形势之大概也。荆州当巴蜀之冲,郧阳绾商陕之要,襄德北枕河雒,蕲黄下接三吴,地之四通五达,莫楚若矣。④

湖北省区位优势明显,自然地理有长江、汉江、云梦泽、大别山,交通"四通五达"。

潘光旦认为,"从人文地理学方面,就是要研究这种人才在某一区域散布,或者更进一步研究他们的成绩和他们所处的自然环境——山水气候之

---

① (明)王士性:《广志绎》卷四《江南诸省》,中华书局1981年版。
② (明)王士性:《广志绎》卷四《江南诸省》,中华书局1981年版。
③ (清)吕调元、刘承恩修,张仲炘、杨承禧纂:民国《湖北通志》,卷十三《舆地志》"形胜",民国十年重刊本,台湾华文书局印行1967年版,第361页。
④ (清)吕调元、刘承恩修,张仲炘、杨承禧纂:民国《湖北通志》,卷十三《舆地志》"形胜",民国十年重刊本,台湾华文书局印行1967年版,第361页。

类,有什么刺激和反应的关系。"①

光绪《续辑汉阳县志》云:

> 其先大父石瓹,江右人,好吟咏,爱交游,一时名士互相唱和。晚至
> 楚,爱晴川山水之胜,遂占籍汉阳,买田归老焉。著有《烟鬟阁诗草》。②

鄂东地区地形地貌由低山丘陵和沿江平原组成,水资源充沛,低山丘陵
也有很多可供开发的条件,加上区位与江西、安徽、河南三省相连。因此在
明清无论是政府主导的或是自发移民,都是移民最先能考虑到的迁入地。

二、地理环境应力对人才成长的胁迫

《史记》记载:"江南卑湿,丈夫早夭。"③说明在汉代以前江南地区卑
湿,疾病流行,人类寿命不长。而楚越之地经济水平低下,社会生活水平不
高。"楚越之地,地广人希,……无冻饿之人,亦无千金之家。沂、泗水以
北,宜五谷桑麻六畜,地小人众,数被水旱之害,民好畜藏,故秦、夏、梁、鲁好
农而重民。"④沂水和泗水以北地区,农业经济有所发展,地狭人稠,又常常
遭受水旱灾害,因此这一区域的人们重视农业生产。

自然地理环境的便利与否,可以直接反作用于人才的成长。"自然地
理环境还存在某种'应力',这种应力常常会胁迫人才总体的成长。自然地
理环境应力是一种对人才总体成长起反常作用的能力,通过这种反常作用
的能力形成环境胁迫,阻碍人才总体成长,甚至扼杀人才。"⑤如施南府建始

---

① 叶忠海:《人才地理学概论》,上海科技教育出版社2000年版,第7页。
② 光绪《续辑汉阳县志》,卷二十一《文苑》,《中国地方志集成》,湖北府县志辑05,江苏古籍出版社2001年版,第14页。
③ 《史记》,卷一百二十九,中华书局1959年版,第3268页。
④ 《史记》,卷一百二十九,中华书局1959年版,第3270页。
⑤ 王会昌等:《长江流域人才地理》,湖北教育出版社2005年版,第9页。

县地处"荒陬僻壤"①,"僻处岩疆"②,一定程度上影响了人才的成长,"晋唐而下,纪贤达者亦复寥寥。"③明代仅有谭宗义、徐临庄 2 名进士,清代仅有陶仁明、谭译 2 名进士,洪日旦等 12 名举人。

第二节　明清湖北人才分布的自然地理环境差异

湖北省的自然地理概况是东邻安徽,西连重庆,西北与陕西接壤,南部和江西、湖南交界,北与河南接壤。全省地势特征为东、西、北三面环山,中间低平,略呈向南敞开的不完整盆地;在全省各种地形的总面积中,平原湖区占20%,丘陵占24%,山地占56%。④据前所述,鄂东地区为明清时期湖北人才最为发达地区,鄂中南地区次之,鄂西南和鄂北为人才较不发达地区。

一地整体的自然地理环境不仅影响到人才数量的分布,而且也在很大程度上影响着不同类型人才的成长。如王会昌先生研究南北人才后得出这样的结论,我国北方多出地球科学家,南方多出数学家,原因在于我国北方山河壮丽,气势磅礴,加之北方人粗壮强悍、敦厚豁达,适于从事野外地学考察。相反地,我国南方山川秀丽,环境优美,给人以舒适静雅之感。因此既给人以无限遐想而致诗文之昌盛,又宜于静安沉思而推究事理,是故数理之学颇为发达。⑤湖北属于南方省份,相较北方诸省,拥有秀丽山川和优美环境。但同时在湖北省内部自然地理环境的分异尤为明显,本书试从自然地

---

① 同治《建始县志》,卷二《建置志》"城池",《中国地方志集成》,湖北府县志辑 56,江苏古籍出版社 2001 年版,第 29 页。

② 同治《建始县志》,卷六《选举志》"甲第",《中国地方志集成》,湖北府县志辑 56,江苏古籍出版社 2001 年版,第 83 页。

③ 同治《建始县志》,卷六《选举志》"甲第",《中国地方志集成》,湖北府县志辑 56,江苏古籍出版社 2001 年版,第 83 页。

④ http://www.hubei.gov.cn/2015change/2015sq/,湖北省人民政府网,湖北概况。

⑤ 王会昌等:《长江流域人才地理》,湖北教育出版社 2005 年版,第 11 页。

理环境差异方面分析影响明清湖北人才地域分布不平衡的原因。

一、平原

江汉平原和鄂东沿江平原是湖北省内平原地貌的代表。江汉平原由长江及其支流汉江冲积而成,是典型的河积和湖积平原,整个地势由西北微向东南倾斜,地势平坦,湖泊密布,土壤肥沃,宜农宜居,河网交织。

鄂中南地区地处江汉平原,地理区位至为显要,交通条件优越。如承天府"其形胜上接汉江,下连湘水,舟车往来水陆之冲"。京山县"禹贡曰荆州之域,天文曰翼轸分野,而郢则楚之西塞,京山则倚众山以为固者也,然天下山川民物载之"[①]。京山县"故今四山苍苍,草木高寒,俗尚沉毅而有节,概者皆诸君子之遗风也。抑山川灵气使然乎"[②]?

荆州府"江陵楚故国也,巴蜀、瓯越、三吴之出入者,皆取道于是,其人才之秀,风物之美,有屈、宋、贾、襧之赋詠存焉"[③]。

明人王士性论及荆州、襄阳的形胜时认为襄阳地理区位不如荆州:

> 古今谭形胜者,皆云关中为上,荆、襄为次,建康为下。以今形胜则襄阳似与建康对峙者,建康东南皆山,西北皆水;襄阳西南皆山,东北皆水。以势则襄山据险,而建山无险以胜。则江水逆来而汉水顺去。故论荆襄则襄不及荆,其规模大而要害揽也。荆州面施黔背襄汉,西控巴峡,东连鄢郢,环列重山,襟带大江,据上游之雄,介重湖之尾,为四集之地。蜀汉据而失之,骁将既折,重地授人,僻在一偏,不卜而知,其王业

---

① 康熙《京山县志》,《序》,《中国地方志集成》,湖北府县志辑43,江苏古籍出版社2001年版,第1页。

② 康熙《京山县志》,《序》,《中国地方志集成》,湖北府县志辑43,江苏古籍出版社2001年版,第3页。

③ (清)吕调元、刘承恩修,张仲炘、杨承禧纂:民国《湖北通志》,卷二十一《舆地志》"风俗",民国十年重刊本,台湾华文书局印行1967年版,第580页。

之难成也。①

　　但明代以后,以江陵为中心的荆州府的长江渡口优势逐渐丧失,让位于武昌。"明代以后,长江荆江河道的散漫与水害水患愈演愈烈,全国政权中心从中原渐次移到北京,尤其是从荆州渡江已经不便,也都影响和改变了长江中游的十字型水陆交通骨架的选位。明后期黄汴《天下水陆路程》记载了北京至贵州、云南两省的道路:自荆州府渡大江,60 里,方至对岸公安县;而北京至河南、湖广、广西三省水陆途程,由汉口渡江,仅七里,即至武昌府。"②

　　根据人才地理学理论,"人才带"一般与交通线(包括铁路线、公路线、江河湖海沿岸带等)、经济带分布相联系。"人才网"一般与以大城市为中心,以中小城镇为节点,以交通线为通道所形成的区域网络相联系,同经济网分布相一致。独特的地理环境造就了湖北独特的交通条件,为人才的成长提供了天然的便利环境。湖北地处交通要道,号称天下之中、九省通衢、南北混融、东西互摄。这样得天独厚的交通条件使湖北成为文化交流的重地。"交通要冲是文化传播的捷径。"③

　　从明清时期湖北人才的地理分布来看,也可以看出这一特征,一是以长江水系为交通线的前提下,沿岸有江陵、公安、汉阳、武昌、江夏、黄冈、蕲州等人才点的分布,形成明清湖北"人才带"。二是以武昌这一政治枢纽为中心,再以江夏、黄冈、麻城、江陵、汉阳、汉川、孝感等地为节点形成鄂东、鄂中南地区的"人才网"格局。

　　鄂东沿江平原属于江湖冲积平原,面积小于江汉平原。"主要分布在武昌府嘉鱼县至黄州府的黄梅县一带,这一带注入长江的支流短小,河口三角洲面积狭窄,加之河间地带河湖交错,夹有低山低丘,故而形成长江中游

---

① (明)王士性:《广志绎》,卷四《江南诸省》,中华书局 1981 年版。
② 李孝聪:《中国区域历史地理》,北京大学出版社 2004 年版,第 257 页。
③ 胡兆量等:《中国文化地理纲要》,人民教育出版社 2005 年版,第 135 页。

的冲积平原;这里自古就是湖北重要的稻米产区"①。

鄂东地区人才辈出是其自身的自然地理环境使然。"鄂省东部……地势平坦、土壤肥沃,河网交织,湖泊密布,堤垸纵横,历史时期以来就是重要的农业经济富庶之地。"②

武昌作为明清两代的省会、府治所在地不仅自然地理环境优越,更是尽得风气之先。如明人王士性描述湖北时说:

> 湖广在春秋战国间称六千里大楚,跨淮汝而北之将及河。本朝分省亦惟楚为大,其辖至十五郡,如郧之房、竹山,荆之归、巴东,与施、永、偏桥、清浪等卫所。③

正如康熙年间的府志描述武昌府:"武昌为水陆具区,名山大川不可胜纪,古来高人逸士类,多寄蹟焉,黄鹤仙踪,枣亭遗川,省会之彰彰者也。"④"武昌附郭曰江夏,以水名也。大江合汉沔北绕而东。江、武、嘉三邑治皆临江,又多湖泽芦荻蠃蛤,饶有河泊所岁收课钞,维水防最重。"⑤

民国《夏口⑥县志》亦有云:"吾邑居各国交通之地,人类庞杂而昏礼仍遵古制,是一大幸。"⑦汉阳府"郡治枕临江汉,而以汉名者,汉水东入于江乘

---

① 龚胜生:《清代两湖农业地理》"图6:清代两湖主要稻米产区图",华中师范大学出版社1996年版,第114页。

② 李孝聪:《中国区域历史地理》,北京大学出版社2004年版,第233页。

③ (明)王士性:《广志绎》,卷四《江南诸省》,中华书局1981年版。

④ 康熙《湖广武昌府志》,《凡例》卷之一,《中国地方志集成》,湖北府县志辑02,江苏古籍出版社2001年版,第39页。

⑤ 康熙《湖广武昌府志》,卷之三《水利》,《中国地方志集成》,湖北府县志辑02,江苏古籍出版社2001年版,第160页。

⑥ 夏口,旧隶汉阳,清光绪二十六年始设厅治。民国初改厅为县,而县之名称胥定顾。见民国《夏口县志》序,《中国地方志集成》,湖北府县志辑03,江苏古籍出版社2001年版,第3页。

⑦ 民国《夏口县志》,卷二《风土志》,《中国地方志集成》,湖北府县志辑03,江苏古籍出版社2001年版,第36页。

其止也。二水交衿九馗联络,形胜称楚之最,而供亿亦倍焉。……民俗朴而怯讼,士习雅而崇谦逊之"①。汉阳县,"武昌唇齿,吴蜀咽喉。南人得之则恃为捍蔽,孙氏都武昌使鲁肃守汉阳是也;北人得之则武昌不能自立,汉阳守臣李恕屡以舟师败鄂人是也。"②汉川"其形胜江汉朝宗于海前枕蜀江北带汉水,路通荆雍,控引秦梁。其俗信巫淫祀力农业渔"③。至"同治十三年,在汉口河街设立招商局,购建码头栈房,自后商埠日开,长江航线上至宜昌,下迄上海,均以汉口为枢纽,最关紧要"④。

再如鄂东的黄州府,"明洪武九年,以蕲州隶,郡治幅员广远。论形势者,谓守江南必先守江北,阨塞五关乃有长江之险,黄州亦江淮之间一重镇也其地有山林传泽之饶,其民以渔猎山伐为业,火耕水耨,饭稻羹鱼,食饮还给而亡,积聚所从来旧矣。"⑤黄冈"盖楚东北之鄙,与蕲、鄂江、沔、光、寿一大薮泽也"⑥。

> 蕲州,阻山带水尤为大郡,野沃田良足以事耕,取材于山鲜于水足以,益富饶物产之盛名于天下。厥赋上下,厥贡羽毛齿革之类,夫岂无所于取足哉,其间穷崖秀谷,长谿瞿涧,每为名贤逸士选奇而游憩,高僧羽流择地而栖止,又幽胜之具存也,附而书之。⑦

---

① 嘉靖《汉阳府志》,《郡治序》,天一阁藏明代方志选刊,上海古籍书店 1963 年版。

② (清)吕调元、刘承恩修,张仲炘、杨承禧纂:民国《湖北通志》,卷十三《舆地志》"形胜",民国十年重刊本,台湾华文书局印行 1967 年版,第 375 页。

③ (明)章潢:《图书编》,卷三十九《湖广各府州县烦简》,钦定四库全书。

④ (清)吕调元、刘承恩修,张仲炘、杨承禧纂:民国《湖北通志》,卷五十四《经政十二》"新政",民国十年重刊本,台湾华文书局印行 1967 年版,第 1297 页。

⑤ 光绪《黄州府志(一)》,《序》,《中国地方志集成》,湖北府县志辑 14,江苏古籍出版社 2001 年版,第 3 页。

⑥ 乾隆《黄冈县志》,卷之一《疆域》,《中国地方志集成》,湖北府县志辑 16,江苏古籍出版社 2001 年版,第 29 页。

⑦ 嘉靖《蕲州志》,卷之一《山川》,天一阁藏明代方志选刊,上海古籍书店 1962 年版。

兴国州"襟山带江,土沃民萃,西连江夏,东出豫章,此为襟要"①。

无论是鄂东的沿江平原还是鄂中南的江汉平原,都是明清时期湖北各类人才的高产区,若将两类平原地区作一比较,则发现就明清两代人才来看,鄂东平原又较江汉平原人才更为发达。

二、丘陵

鄂中丘陵和鄂东北丘陵是全省丘陵的代表,包括荆山与大别山之间的江汉河谷丘陵等。具体有:

> 应城县,"环境之内,原隰相间,山泽交错,有布枲谷麦鱼鹜蒲苇之利。"②

鄂东北丘陵地势间起伏较小,丘间沟谷开阔,土层较厚,土壤肥沃,主要以低山丘陵为主。黄州府东北麻城、黄冈等地均属于丘陵地区。"麻邑在楚之东北,延袤数百里,其土厚而肥。"③

黄安县:

> 以弹丸小邑,介楚豫之交。④

---

① (清)吕调元、刘承恩修,张仲炘、杨承禧纂:民国《湖北通志》,卷十三《舆地志》"形胜",民国十年重刊本,台湾华文书局印行1967年版,第374页。

② (清)吕调元、刘承恩修,张仲炘、杨承禧纂:民国《湖北通志》,卷二十一《舆地志》"风俗",民国十年重刊本,台湾华文书局印行1967年版,第575页。

③ (清)吕调元、刘承恩修,张仲炘、杨承禧纂:民国《湖北通志》,卷二十一《舆地志》"风俗",民国十年重刊本,台湾华文书局印行1967年版,第574页。

④ 光绪《黄安县志》,卷首《旧序》,《中国地方志集成》,湖北府县志辑19,江苏古籍出版社2001年版,第15页。

邑万山周遭溪河络绕,地属犬牙。①

邑虽弹丸,山原雄旷,土风厚善,萃三邑之人文为一郡。会于吴公西山之隐德,詹公同文之著作,吴公朝阳之高节,耿公恭简之理学,耿公叔台之经济,俱足炳麟千秋。②

鄂东地区的德安府"道路交错,秦头楚尾,为一都会"。③

湖北丘陵地带的麻城、黄安及应城等地都是明清湖北人才的高产区,这与丘陵地区土层较厚,土壤肥沃,给农业社会提供了得天独厚的自然条件有关。

三、山地

全省山地有西北、西南、东北、东南四大块,基本将湖北省境包围在山地之间。西北山地有郧阳府在其间。

郧阳府,"郧地界河南、湖广、陕西、四川四省,山谷阨塞,林箐蒙密,既多旷土,又有草木可采掘而食,自古为逋流之地。国初,邓愈勤除之,空其地禁流民不得入,天顺中岁饥民又徙入不能禁,至成化元年,乱乃生。……未几余孽李胡子又乱。"④为防止驱逐流民再乱,都御史李宾遂"请因抚定之,使占籍以实襄邓户口。……副都御原杰往籍流民得十一万三千户,遣归者一万六千余,愿留者籍改郧县,为郡治以开府,至今乃安"⑤。

可见郧阳府位于四省交界之地,自古即为流民聚集之地,明朝初年和天

---

① 光绪《黄安县志》,卷一《分野》,《中国地方志集成》,湖北府县志辑19,江苏古籍出版社2001年版,第40页。

② 光绪《黄安县志》,卷首《旧序》,《中国地方志集成》,湖北府县志辑19,江苏古籍出版社2001年版,第16页。

③ (明)章潢:《图书编》,卷三十九《湖广各府州县烦简》,钦定四库全书。

④ (明)王士性:《广志绎》,卷四《江南诸省》,中华书局1981年版。

⑤ (明)王士性:《广志绎》,卷四《江南诸省》,中华书局1981年版。

顺年间,曾剿除流民遣归原籍效果不佳,到成化十二年十二月,置郧阳府以管辖,方才安定。同治《郧县志》载:

> 四方游民共琐尾仳离与,铤而走险者多逸其中,久而滋煽因易为乱。承平以来,剧盗数起,始议更邑为郡治之,继命中台大臣,开府秉钺为重镇焉,然后威略亢棱,强暴稍伏,称康艾矣。①

郧阳府的不稳定局面对于人才的培养无疑是不利的。这点从明清两代郧阳府列传人物稀少即可证明,《明史》仅朱衷一人以抗倭殉国功臣入传,《清史稿》郧阳府并无一人入传。明清两代郧阳府仅产生 16 位进士,产出 13 部著作,可见它在全省属于人才特别不发达的府之一。

西南山地有施南府,也是少数民族聚集地,山川险要。

> 楚蜀咽喉之会,荆彝联络之区,关隘纵横,山川险固。②

施南府建始县:

> 邑自明季寇乱,绝人烟者十余年。康熙初,始就荡平而逃亡复业之家仅十之一二。厥后流民竞集,户口渐增,然土旷人稀,屋居星散。③

鄂西南长期在土司制度的统治之下,始终游离于中央王朝之外,自清代

---

① 同治《郧县志》,《舆地》卷二"风俗",《中国地方志集成》,湖北府县志辑 59,江苏古籍出版社 2001 年版,第 74 页。

② (清)吕调元、刘承恩修,张仲炘、杨承禧纂:民国《湖北通志》,卷十三《舆地志》"形胜",民国十年重刊本,台湾华文书局印行 1967 年版,第 373 页。

③ (清)吕调元、刘承恩修,张仲炘、杨承禧纂:民国《湖北通志》,卷二十一《舆地志》"风俗",民国十年重刊本,台湾华文书局印行 1967 年版,第 584 页。

雍正年间"改土归流"之后才正式纳入中央政府的管辖之下,促进了少数民族地区社会经济的发展。

东北山地有随州,"处万山之中,奄有侯封疆,夸越历唐,幅员几六百里。山川繍错,原隰龙鳞屹然,为东南保障。"①应山县"当楚之北偏,地甚贫瘠,俗亦简陋"②。

再如罗田县"山川叠嶂,层峦经流环带,亦一方之镇渎也"③。罗田"阻山带河,山脉自多云大雾,经仙台熊岩,拥尖峰翔凤凰屏于北,河流自峨眉出紫檀,沿北峰与多云河合流,经柳林迎山,穿陶岩,以遶于前,而印台浮于水南以为案,塔山障其东,平台列于西,森然金汤之固"④。

武昌府通山县、通城县和崇阳县位于东南山地,通山县"僻在万山,土地最瘠"⑤。"通山县无水利。"⑥通城县"僻处,山多水少"⑦。崇阳县,"土瘠民寠惰窳不善治生,山泽萑苻破苦。"⑧据前所述,山区县基本都是明清时期人才较不发达之区,山区自然条件不如平原和低山丘陵地区或许是重要影响因素。

在众多影响人才发展的因素中,自然地理是很重要的一项,我们不能否

---

① 同治《随州志》,卷三《疆域》,《中国地方志集成》,湖北府县志辑65,江苏古籍出版社2001年版,第36页。

② (清)吕调元、刘承恩修,张仲炘、杨承禧纂:民国《湖北通志》,卷二十一《舆地志》"风俗",民国十年重刊本,台湾华文书局印行1967年版,第575页。

③ 嘉靖《罗田县志》,卷一《山川》,《中国地方志集成》,湖北府县志辑21,江苏古籍出版社2001年版,第19页。

④ 嘉靖《罗田县志》,卷一《形胜》,《中国地方志集成》,湖北府县志辑21,江苏古籍出版社2001年版,第18页。

⑤ 康熙《湖广武昌府志》,卷之三《风俗志》,《中国地方志集成》,湖北府县志辑02,江苏古籍出版社2001年版,第167页。

⑥ 康熙《湖广武昌府志》,卷之三《水利》,《中国地方志集成》,湖北府县志辑02,江苏古籍出版社2001年版,第164页。

⑦ 康熙《湖广武昌府志》,卷之三《风俗志》,《中国地方志集成》,湖北府县志辑02,江苏古籍出版社2001年版,第166页。

⑧ 康熙《湖广武昌府志》,卷之三《风俗志》,《中国地方志集成》,湖北府县志辑02,江苏古籍出版社2001年版,第166页。

认自然在人才成长中的作用,但也不能夸大自然地理环境的作用,否则就会陷入"地理环境决定论"的怪圈。地理环境为文化的生成提供了物质基础,创造文化的最终是人,而非地理环境。"在马克思看来,地理环境是通过在一定地方、一定生产力的基础上所产生的生产关系来影响人的。"①明代学者杨慎曾指出:"天生五材肇于水,究于土。人有恒言曰:'水土,水土人也者,非水土不生,而非水土所能囿也。……人之性禀于天,自王畿土中至于海隅,日出一也。习也者则系乎君之令,师之教,而非水土所函也。……由是人才之生岂系乎地哉?"②由此观之,人才的产生并不仅仅是地理环境所决定的,人才的成长与培养更多的是人文环境等合力系统作用的结果。

---

① 《列宁全集》第38卷,人民出版社1959年版,第1459页。
② (明)杨慎:《贵州乡试录序》,《升庵集》卷三,钦定四库全书。

第六章　人文地理环境对湖北人才地理分布的影响

　　明清时期湖北人才地理分布呈现时间维度上的不平衡性,笔者认为主要是由于社会动荡引起的,其中有三个历史时段与湖北人才的低谷非常吻合。一是元末明初改朝换代所引起的社会动荡。湖北居全国交通要冲,为历代兵家必争之地。元末农民战争爆发,罗田人徐寿辉为红巾军的领袖,曾在黄州、蕲水(今浠水)一带建立天完政权,在蕲水清泉寺毁寺建都。今天湖北浠水的闻一多纪念馆正是坐落在清泉寺遗址上。后陈友谅挟徐寿辉迁都江州(今江西九江),自立为汉王。随州人明玉珍不服,建立大夏国,定都重庆。后为朱元璋所灭。再如应山县在元末战争中遭受严重破坏:

　　　　应山为楚之穷邑,当南山厄塞之孔道,昔经元末之战,此盖战场也。戎马蹂躏,化为兵火之墟,而无复畛畦之迹。及天戈平定,然后流民归农,稍稍芟垦而赋法并创。①

　　元末明初的农民战争中湖北涌现出较多的军事人才,如沔阳人陈友谅,罗田人徐寿辉,随州人明玉珍,孝感人王忠,蕲水人王聪等,《明史》中皆有传。

---

　　① 同治《应山县志》,《旧志序》,《中国地方志集成》,湖北府县志辑 10,江苏古籍出版社 2001 年版,第 15 页。

但是在进士人才的产出上，明初并不突出。原因在于刚刚建立的新政权需要休养生息以稳定经济和发展经济，人才培养并非一日之功，人才还没有真正成长起来。明英宗正统朝前期，经过前面五位皇帝近七十年的经营，国家已恢复稳定，经济得以复苏，呈现出繁荣强盛的态势。土木堡之变即发生于明正统十四年，明英宗北征瓦剌的惨败事变，导致英宗被俘虏，兵部尚书邝野、户部尚书王佐等六十六名大臣战死。第二年朱祁钰继位，年号景泰。1457 年英宗复辟，改年号为天顺。经历了政治动荡的正统年间湖北人才的平均每科得进士率降至 2.4 名，与明初洪武朝 2.3 相当。天顺朝以后湖北进士人才数和得进士率才显著上升。

至明中叶嘉靖年间，第一部湖广通志的纂修，也可佐证在这一时期湖北人才已经成长起来了。

> 当明中叶嘉靖时，安陆何侍郎迁创为全楚志，是为湖广有志之始，厥后一修于万历。迨至前清康熙甲子，雍正癸丑，再事修辑。于时湖南北并置布政使司，旋又分闱取士，寖已划为两省。嘉庆初湖广总督吴熊光因奏请修湖北通志报，可是为湖北省志之始。①

二是爆发于嘉庆元年至嘉庆九年的白莲教起义带来的社会动荡。白莲教起义爆发于楚川陕交界处，对鄂西北地区影响甚巨。同治《竹溪县志》记载：

> 溪邑僻处山陬，毗连川陕为三省门户，故前明流寇往来。嗣后我朝教匪反叛皆受其凶残。②

---

① （清）吕调元、刘承恩修，张仲炘、杨承禧纂：民国《湖北通志》，《序》，民国十年重刊本，台湾华文书局印行 1967 年版，第 2 页。

② 同治《竹溪县志》，卷首《新序》，《中国地方志集成》，湖北府县志辑 60，江苏古籍出版社 2001 年版，第 4 页。

查阅嘉庆元年至嘉庆十年的进士名录，鄂西北仅有竹溪县李昌平（嘉庆六年辛酉恩科）1人。在整个嘉庆朝湖北进士名录中，鄂北地区也仅有2人，一是李昌平，一是南漳县罗梦元（嘉庆十三年戊辰科）。鄂北地区人才受此番社会动荡的影响更加一蹶不振。

三是清代咸丰年间的太平天国运动时期。太平天国运动是清朝咸丰元年到同治三年（1851—1864）之间，由洪秀全等组成的领导集团从广西率先发起的反对清朝封建统治和外国资本主义侵略的农民起义战争，对于湖北地方社会产生了巨大影响。从《湖北通志》的修撰上也可窥见社会动乱对文化、人才的负面影响，"大抵直省通志皆数十年一修，湖北自嘉庆以后兵燹频仍，加以捻匪不靖，历岁始平，未遑措及。"[1]

太平天国时期，湖北地区"既有太平天国政权，又有清政府的地方政权；既有太平军、捻军，又有八旗军、绿营兵、湘军、楚勇、川勇、黔勇；既有汉族官员，又有满族官员。军事斗争、政治斗争、经济斗争异常复杂而激烈"[2]。民国《湖北通志》记载，黄陂县"咸丰四五年间，粤匪捻匪来扰，百里之内一片瓦砾，同治七年以后，始无贼踪，士勤于读，农力于耕，犹有古风"[3]。据同治《黄陂县志》载，咸丰甲寅年（1854年）与贼、匪交战阵亡达496人[4]；咸丰乙卯年（1855年）阵亡19人[5]，战场大多在湖北境内。如，"邱兆铺，武昌府训导。咸丰乙卯正月初七日在汉阵亡，奉旨赠国子监学录

---

① （清）吕调元、刘承恩修，张仲炘、杨承禧纂：民国《湖北通志》，《序》，民国十年重刊本，台湾华文书局印行1967年版，第2页。

② 贾熟村：《太平天国时期的湖北地区》，《临沂师范学院学报》2006年第1期。

③ （清）吕调元、刘承恩修，张仲炘、杨承禧纂：民国《湖北通志》，卷二十一《舆地志》"风俗"，民国十年重刊本，台湾华文书局印行1967年版，第572页。

④ 同治《黄陂县志》，卷之十《人物》，《中国地方志集成》，湖北府县志辑08，江苏古籍出版社2001年版，第277—282页。

⑤ 同治《黄陂县志》，卷之十《人物》，《中国地方志集成》，湖北府县志辑08，江苏古籍出版社2001年版，第282页。

衔,世袭云骑尉。"①同治年间在各路与贼激战阵亡者亦有 220② 余人。竹溪县"自粤匪倡乱,蹂躏几徧,寰区义魄所在多有"③。

同治《江夏县志》云:"江夏,附省治。当咸丰中,城陷至再三,不独邑中文籍荡然,即大府宪习,亦皆图书散失。"④同治《汉川县志》载:"自粤匪倡乱,往来蹂躏,而汉川又适噘其锋,一时捐躯赴难者互相藉枕,民生凋敝于斯为极。迄今承平数载而创夷满目元气未复。"⑤在人才辈出的黄州府也遭匪乱,"咸同间,粤寇之乱,官司档册,故家遗文燬于兵火。"⑥

在咸丰朝 11 年间(开科 5 次),湖北仅产生 47 名进士,为有清一代湖北进士的最低谷,而在雍正朝的 11 年间(开科 5 次),共产生进士 77 名,随后的同治朝在 13 年间(开科 6 次)产出 74 名。可见,社会动荡对于人才的培养与成长是非常不利的。太平天国时期对湖北社会、经济及文教产生巨大影响。再如襄阳府谷城县的余际昌更因"剿匪积功"入《清史稿》列传,"咸丰初入伍,剿匪积功至守备,署抚标右营游击,为巡抚胡林翼所识拔。"⑦嘉庆丁巳,教匪滋扰,团御阵亡者达 27 人⑧。

人才成长的人文环境主要指一地的行政区划、交通条件、文化传统等影

---

① 同治《黄陂县志》,卷之十《人物》,《中国地方志集成》,湖北府县志辑 08,江苏古籍出版社 2001 年版,第 282 页。

② 同治《黄陂县志》,卷之十《人物》,《中国地方志集成》,湖北府县志辑 08,江苏古籍出版社 2001 年版,第 283—286 页。

③ 同治《竹溪县志》,卷首《新序》,《中国地方志集成》,湖北府县志辑 60,江苏古籍出版社 2001 年版,第 4 页。

④ 同治《江夏县志》,卷一《序》,《中国地方志集成》,湖北府县志辑 32,江苏古籍出版社 2001 年版,第 1 页。

⑤ 同治《汉川县志》,《序》,《中国地方志集成》,湖北府县志辑 09,江苏古籍出版社 2001 年版,第 5 页。

⑥ 光绪《黄州府志(一)》,《序》,《中国地方志集成》,湖北府县志辑 14,江苏古籍出版社 2001 年版,第 3 页。

⑦ 赵尔巽、柯劭忞等:《清史稿》,卷四百二十九《列传二百一十六》,中华书局 1976 年版。

⑧ 同治《黄陂县志》,卷之十《人物》,《中国地方志集成》,湖北府县志辑 08,江苏古籍出版社 2001 年版,第 277 页。

响人才成长的文化环境。丁文江先生曾研究了正史列传人物的地域分布，得出历史人物的数量及分布差异与区域经济、文化发达程度等人文地理因素有密切关系。这是因为经济条件好、文化发达地区的文化、教育等条件优越，交通便利，交流广泛，使得生活在这一地区的人们视野开阔，有利于人才成长并形成良性循环。明清时期湖北人才的区域分布不平衡与各类人才所处的人文环境有紧密的关系。概括来说，主要有以下几个要素影响所致。

第一节　行政建置

湖广行省始设于至元十一年（1274 年），治鄂州（后改名武昌）。十四年（1277 年）改治潭州（今长沙），十八年（1281 年）复迁鄂州。明代的湖广行省实际的政治中心仍在武昌，湖南士子都要过洞庭湖赴武昌参加科举考试。在湖广行省内部，虽辖湖北、湖南之地，两地文化发展则并不在一个层次上，"湖北文盛，每科得解额十七，湖南杂徭僮荒略，仅得十三，以为例。"①直到康熙年间，刘献廷曾久客湖广，他盛赞湖北人才之盛，比之以苏浙，而认为湖南乃"荒陋之地"，"无半人堪对语"②。这是因为湖广行省的重心在湖北，"湖广，古荆州地，襄邓抗其头颅，蕲黄引其肘腋，江陵制其腰腹，伸膂向南亦足以雄是诸州矣。"③湖南士子参加科举考试都要越过洞庭湖赴湖北赶考，可见政治中心对人才的吸引，武昌作为两湖重要的政治中心对于人才培养的重要性。

武昌从宋代即成为长江中游的经济中心和军事重镇，而且也是湖广地区的行政中心。武昌府"朝廷封疆大吏及监司以下，咸于此驻节焉"④。唐

---

① （清）毛奇龄：《西河集》，卷七十八《明正治卿中奉大夫兵部右侍郎徐公传》，钦定四库全书集部。
② （清）刘献廷：《广阳杂记》，卷二，中华书局 2007 年版。
③ （明）章潢：《图书编》，卷三十九《湖广图叙》，钦定四库全书。
④ 康熙《湖广武昌府志》，《序》，《中国地方志集成》，湖北府县志辑 02，江苏古籍出版社2001 年版，第 1 页。

安史之乱以后,中国的经济重心从黄河流域转移到长江流域。而北宋时期,金兵南下攻击北宋时,大量的北方人口南迁,带动了长江流域人口增加与经济的发展。湖北的鄂东地区如鄂州成为南宋的军事重镇,成为当时重要的城市。康熙《湖广武昌府志》:"武昌乃都会之地,四方风气所萃,章程声教为诸郡观效而。"①民国《湖北通志》云:

> 武昌隶会省,轮毂辐凑,民俗视列郡稍靡,搢绅服习教化,不改惇愿之习,非公事不入公门。士乐絃诵少绔绮之好,故科第不乏。……人心广大,如其山川之气,不喜侦吏长短,楚民故庬厚而鄂为首。②

武昌府通判张芑为康熙《湖广武昌府志》作序谓:

> 武昌更为东南一大都会,其山川之美,文物之繁,为有心者所亟欲纵览,延簿书劳攘临眺无瑕,何幸于我。③　武昌府,江邑幅员绵亘百里,当省会冲,租税所入不足以备一年之储,仰给者皆湖南、沔汉所轮运。④
> 武昌卫三楚都会,辀轩冠盖之所萃,声名文物之所统,江、黄、汉、襄诸境之所观感而则效。⑤　汉阳号楚小郡,然地方千里,接壤会省。⑥　黄

---

①　康熙《湖广武昌府志》,《序》,《中国地方志集成》,湖北府县志辑 02,江苏古籍出版社 2001 年版,第 1 页。
②　(清)吕调元、刘承恩修,张仲炘、杨承禧纂:民国《湖北通志》,卷二十一《舆地志》"风俗",民国十年重刊本,台湾华文书局印行 1967 年版,第 570 页。
③　康熙《湖广武昌府志》,《序》,《中国地方志集成》,湖北府县志辑 02,江苏古籍出版社 2001 年版,第 20 页。
④　康熙《湖广武昌府志》,卷之三《风俗志》,《中国地方志集成》,湖北府县志辑 02,江苏古籍出版社 2001 年版,第 165 页。
⑤　康熙《湖广武昌府志》,《序》,《中国地方志集成》,湖北府县志辑 02,江苏古籍出版社 2001 年版,第 5 页。
⑥　嘉靖《汉阳府志》,《自叙》,天一阁藏明代方志选刊,上海古籍书店 1963 年版。

陂县陂邑距江夏仅八十里,四会无达为入。①

除此之外,湖北地区更是有明一代分封藩王较多的地区,自朱元璋开始,先后有楚王、湘王、辽王、惠王等十二个系列,先后有四十四人约四分之一的藩王受封在湖北,分封地主要集中在武昌、荆州、钟祥等地,无疑为这些地方的文化发展提供了帮助。如武昌和荆州地区的刻书业发达就与明藩王有关。如,"楚藩,刻有汉刘向撰《说苑》大字本十卷,半页十行、行十九字。"②

明代的蕲州隶属黄州府,一改唐宋以前蕲、黄分治的局面,是黄州历史上的重要一步。"唐宋以前蕲、黄分治而黄为下州。自明世以蕲州来属,幅员方长,跨扬粤上游作全楚门户,数百年来,衣冠文物财赋之盛,甲于诸郡。"③

黄州府黄安县:

本黄冈、麻城、黄陂三县分土,俗亦大都近之。……民生颇为殷盛,昔患萑符,今则骎骎文物矣。……士服诗书,农勤耒耜。④

麻城属黄州府,洪武属湖广行省。九年改属河南,二十四年还属湖广。……嘉靖四十二年,析麻城之姜家畈置黄安,分黄冈、黄陂之地益之。⑤

---

① 同治《黄陂县志》,卷之一《李序》,《中国地方志集成》,湖北府县志辑08,江苏古籍出版社2001年版,第5页。

② 陈方权:《湖北宋元明清刻书考略(下)》,《图书情报论坛》2008年第2期。

③ 光绪《黄州府志》,《序》,《中国地方志集成》,湖北府县志辑14,江苏古籍出版社2001年版,第16页。

④ (清)吕调元、刘承恩修,张仲炘、杨承禧纂:民国《湖北通志》,卷二十一《舆地志》"风俗",民国十年重刊本,台湾华文书局印行1967年版,第574页。

⑤ 民国《麻城县志前编》,卷一《疆域》"沿革",《中国地方志集成》,湖北府县志辑20,江苏古籍出版社2001年版,第14页。

同治《郧县志》载：

> 四方游民共琐尾仳离与，铤而走险者多逸其中，久而滋爛因易为乱。①

流民给地方社会带来诸多社会问题，如郧阳府：

> 然今我国家休养生息垂二百年，生齿日以繁，荒芜日以辟。故凡有山厂可以营生之处，势难禁其聚集，若不妥为措置，必致日久生事。②

郧阳府建府的过程即是最好的例证。郧阳府建府是郧阳历史上的一大进步，是功在千秋的大事，王士性评价为"原傑之经略，则百世之利"。

关于行政建制的调整屡见于方志，如宜昌府：

> 自设府以后流傭浮食者众，五方杂处，风俗大变。……宜郡当蜀楚之冲，屏山枕滩，少旷野平原，其所属邑皆非神皋奥壤，故其风多醇质，崇俭约。……多流寓，商贾土著者七八，即士农亦兼营之。③

长乐县：

> 旧系土司，民安苗习，自归流后渐敦仁让。长乐置县时，多拨长阳、

---

① 同治《郧县志》，《舆地》卷二"风俗"，《中国地方志集成》，湖北府县志辑59，江苏古籍出版社2001年版，第74页。
② （清）严如熤：《三省防备备览》，卷十四《艺文下》"川陕楚老林情形呕宜区处"。
③ （清）吕调元、刘承恩修，张仲炘、杨承禧纂：民国《湖北通志》，卷二十一《舆地志》"风俗"，民国十年重刊本，台湾华文书局印行1967年版，第581页。

石门等县地,故其民驯良。①

鹤峰直隶厅:

> 故容美土司地,……归流后土客杂居,习尚不一。②

施南府:

> 国朝雍正十三年改施州卫为府,以县为入省必由之路,拨隶施南,盖楚蜀之咽喉也。……施以改土归流之区,无文可徵,无献可考。③

恩施县:

> 施地山多田少,稍旱则有年,雨淫则歉收,各邑年岁,以高山所获定丰歉。④

"一个新政区的设置,在区域经济发展史上总是有所标志,其设置年代在开发历史悠久的腹地往往标志着区域经济的繁盛已倍徙于前,而在未曾开发的边缘山区,则往往标志着大规模土地开发的开始。清代两湖新置政

---

① (清)吕调元、刘承恩修,张仲炘、杨承禧纂:民国《湖北通志》,卷二十一《舆地志》"风俗",民国十年重刊本,台湾华文书局印行 1967 年版,第 583 页。
② (清)吕调元、刘承恩修,张仲炘、杨承禧纂:民国《湖北通志》,卷二十一《舆地志》"风俗",民国十年重刊本,台湾华文书局印行 1967 年版,第 583 页。
③ 同治《建始县志》,卷首《序文》,《中国地方志集成》,湖北府县志辑 56,江苏古籍出版社 2001 年版,第 1 页。
④ (清)吕调元、刘承恩修,张仲炘、杨承禧纂:民国《湖北通志》,卷二十一《舆地志》"风俗",民国十年重刊本,台湾华文书局印行 1967 年版,第 583 页。

区绝大多数分布在湘鄂西山区,说明鄂西山区直到清代才得到全面开发。"①众所周知,山区的自然条件不比丘陵和平原地区,经济开发和发展也落后于丘陵和平原,鄂西南山区至清代还在实行土司制度,地方遥远,政治难施,与中央王朝处于游离状态中。雍正年间"改土归流"之后设置施南府、宜昌府,正式纳入到统一管理中,这一地区才逐渐被开发起来。因此,有学者认为,清代湘鄂西山区府或县的增加并不是当地经济直接发展的结果,而是两湖腹地人口压力刺激的产物。② 外在压力即腹地人口的增加迫使要开发鄂西南地区,由此观之,鄂西南在明清时期的经济必然是与湖北省其他地区不可比拟的。这也从一个侧面反映出鄂西南地区人才成长比不上经济发展较快的地区如鄂东和鄂中南。

第二节　移民与经济开发

在明清时期的湖北,移民是社会经济得到发展的一个重要因素,也是这一时期湖北社会绕不过去的话题。曹树基先生曾指出,"无论在明代初年还是在清代前期的移民运动中,长江中下游都是一个至为重要的区域。概括地说,明代初年主要是浙江、苏南、皖南及江西人口向苏北、安徽、湖北、湖南地区迁移。清代前期,⋯⋯湖南、湖北、安徽、江西及客家人前往四川及陕南。"③

据前辈学人石泉、张国雄等研究,明清时期的两湖移民主要是呈现由长江流域内中下游向两湖的移动。江西移民主要迁出地为赣江流域的饶州府、南昌府、吉安府、九江府。而两湖移民又主要是向四川、陕南和贵州等

---

① 龚胜生:《清代两湖农业地理》,华中师范大学出版社 1996 年版,第 14 页。
② 龚胜生:《清代两湖农业地理》,华中师范大学出版社 1996 年版,第 16 页。
③ 曹树基:《明清时期移民氏族的人口增长——长江中下游地区族谱资料分析之一》,《中国经济史研究》1994 年第 4 期。

地,这是长江流域内由东向西、由下游向上游移民的一个新阶段。① 可以说,湖北是明清时期移民的重要"中转站",前期是迁入地,后期为迁出地,足见移民对于明清时期湖北地方社会的影响。《湖北通史·明清卷》前言中叙及明清时期是湖北地区经济、社会乃至自然发生巨大改观的时期,首先表现在人口变迁方面,尤以人口的流动为关键。"为人们所熟知的中国人口史上所谓'江西填湖广'和'湖广填四川'的两次大规模人口流动,均与湖北密切相关,甚至可以说是以两湖为枢纽。"②

一、移民

虽然湖北全境作为移民的重要地区,但迁入湖北的移民主要集中在黄州、武昌和荆州等府,即经济开发程度较高的鄂东低山丘陵或鄂中南江汉平原一带。依托长江和汉水的交汇地这一地理优势,明中叶商品经济极大发展导致汉口崛起,鄂东经济开始了繁盛的局面。

《明太祖实录》记载:"江西州县,多有无田失业之人。"③人地矛盾突出导致江西人口外迁,交界的两湖地区为首先迁入地。元末明初,长江中下游地区又因战乱产生了许多流民、移民,江汉平原的洪湖县即接纳了不少移民,"迨元季与明初遭兵燹,强虏每扰于洪都,遂播迁乎。"④"湖多易游,土旷易给,他方之民聚焉,而江之左为甚。"⑤"以江西为主的外省移民在湖北的分布也由东向西渐减。比如鄂东的黄冈县有 96 部家谱记载了 92 个家族的

---

①　石泉、张国雄:《明清时期两湖移民研究》,《文献》1994 年第 1 期。

②　章开沅等主编,张建民著:《湖北通史·明清卷》前言,华中师范大学出版社 1999 年版,第 1 页。

③　《明太祖实录》卷之二百五十一《洪武三十年三月》。

④　转引自葛剑雄、曹树基、吴松弟编著:《简明中国移民史》,福建人民出版社 1993 年版,第 349 页。

⑤　转引自葛剑雄、曹树基、吴松弟编著:《简明中国移民史》,福建人民出版社 1993 年版,第 349 页。

迁徙情况,江西占 78 族,达移民家族的 89%。而偏近鄂西北的谷城县则'土四客六'。到了西北的郧阳地区,江西移民的数量则退让在山西移民之后了。"①如郧县,"绝鲜流寓,陕西之民四,江西之民三,山东河南之民一,土著之民二,近则四川江南山西亦多入籍。"②"从鄂东、鄂北丘陵到江汉平原、鄂西北山区乃至鄂西南山区,尽管时间上不无早晚参差,但都能看到大量外地流民、客民、移民落居的记载。"③

鄂东地区成为江西移民迁入地的主体,黄安"正处于东部的安庆与西部的江汉平原之间,饶州、南昌移民成为移民主体。……鄂东沿江地带也是饶州、南昌二地移民的交汇点"④。

地方志中也有很多这方面的记载,如鄂东地区的黄冈县,民国三十五年《黄氏宗谱》卷首《自政公传》记载:

> 元季,宇内鼎沸,齐安一带,诸郡尽为禾黍。有明定鼎,迁饶民于湖北等处。一时间各大姓接壤而居,类皆发源于江右焉。⑤

清代鄂东罗田县:

> 田亩依山临溪,去石伐木,开辟成田。初年,山高水深田腴,而赋不

---

① 石泉、张国雄:《明清时期两湖移民研究》,《文献》1994 年第 1 期。

② (清)吕调元、刘承恩修,张仲炘、杨承禧纂:民国《湖北通志》,卷二十一《舆地志》"风俗",民国十年重刊本,台湾华文书局印行 1967 年版,第 578 页。

③ 章开沅等主编,张建民著:《湖北通史·明清卷》前言,华中师范大学出版社 1999 年版,第 1 页。

④ 转引自葛剑雄、曹树基、吴松弟编著:《简明中国移民史》,福建人民出版社 1993 年版,第 350—351 页。

⑤ 转引自张国雄:《明清时期的两湖移民》,陕西人民出版社 1993 年版,第 16—17 页。

觉其重,既而生齿日繁,流集日众①。

有关江西移民迁入鄂东地区黄州府的情况,可参见表 6.1。

表 6.1　黄州府氏族的迁入时代和原籍　　　　　　单位:族

原籍 时代	本区	江西						其他省	合计
		江西	饶州	南昌	九江	吉安	其他		
宋以前	11	—	1	—	1	—	—	1	14
北宋	2	1	—	1	2	—	1	1	8
南宋	2	2	1	2	3	2	2	4	18
元	—	—	4	3	—	—	2	1	10
元末	1	1	7	2	1	1	3	5	21
洪武	3	30	46	11	2	2	7	8	109
合计	19	34	59	19	9	5	15	20	180

资料来源:曹树基:《中国移民史》第五卷:明时期,表 4-1,福建人民出版社 1997 年版,第 130 页。原表来源于宣统《黄安乡土志·氏族录》,张国雄《明清时期的两湖移民》附录《移民档案》。并作说明,《黄安乡土志》中有的氏族仅记代数不记具体年代。一族记为 21 代,五族记为 20 代,统计中作为洪武记入。由于此地没有永乐年间的迁入者,明初迁入之氏族皆记为洪武。迁入时间不详及原籍不明的不予统计。有记为"江西兴国县"者,实迁自湖北兴国州,即今阳新市。

这 180 个氏族分布在黄州府内绝大部分属县区域,有黄安、黄冈、黄陂、麻城、蕲水、蕲州和广济,因此具有代表性。黄安历史上在氏族志中明确记载的土著仅有三族,石氏、马氏和周氏。② 黄州府"元末及洪武年间从外地迁入的移民人口大约仍占全部人口的 62%。……是一个人口重建式移民区"③。在迁入黄州府的 38.8 万人口中,江西移民共有 33.8 万④,可见江西

---

　①　嘉靖《罗田县志》,卷二《食货》,《中国地方志集成》,湖北府县志辑 21,江苏古籍出版社 2001 年版,第 49 页。
　②　曹树基:《中国移民史》第五卷:明时期,福建人民出版社 1997 年版,第 131 页。
　③　曹树基:《中国移民史》第五卷:明时期,福建人民出版社 1997 年版,第 132 页。
　④　曹树基:《中国移民史》第五卷:明时期,福建人民出版社 1997 年版,第 133 页。

移民对黄州府地方社会的影响。

江西移民除迁入黄州府外,也有相当多的人口迁入与黄州一水之隔的武昌府,武昌府的北境属于沿江平原,是重要的农业区。在蒲圻县,1923年《蒲圻县乡土志》称:"元末明初,江左民族,多自进贤瓦子街移民蒲圻,近日累千累万之盛族,皆此种类也。"①又据《大冶县志》:"现在大冶人口中,土著很少,多数是宋、明以来陆续从江西迁来的,少量来自湖南、四川和浙江。"②但在武昌府南境的通山、通城等山区,并没有发现洪武期间有大规模的移民活动,土著氏族比移民多。

鄂东地区是接纳江西移民的首选之地,随着人口的增长,移民以黄州麻城为中转站,再往西迁,因此诸如孝感、安陆等地又成为新的移民接纳区。康熙《安陆县志》记载:"闻之老父言,洪武初,大索土著弗得,惟得城东老户湾数户而无其人,乌兔山之阴,空土以处者几人,而无其舍,徙黄麻人实之,合老妇孺子仅二千余,编里七。"③"江西填湖广"的移民运动还体现在地名的传承上,江西有瓦屑坝地区曾迁出众多人口至安徽安庆地区和湖北鄂东地区,如蕲州至今还有瓦屑坝一名,明代著名医药学家李时珍即是蕲州瓦屑坝人。

湖北省内还有很多关于元末明初移民的记载,如德安府安陆县:

　　　　(陈志载)元季之乱,民匿山砦仅数十家,五方杂集,地广民稀。习尚朴野,宣德而后休养生息,稍稍称繁矣。④

---

①　转引自葛剑雄、曹树基、吴松弟编著:《简明中国移民史》,福建人民出版社1993年版,第349页。

②　《大冶县志》第四篇《人口》,湖北科技出版社1990年版。转引自曹树基:《中国移民史》第五卷:明时期,福建人民出版社1997年版,第134页。

③　道光《安陆县志》卷三《疆里》。

④　光绪《德安府志》卷之三《地理下》"风俗",《中国地方志集成》,湖北府县志辑12,江苏古籍出版社2001年版,第101页。

荆州府也接纳了较多的江西移民,如松滋县:

> 自流民侨置以来,多五方杂处,明季徙豫章民,来实兹土,江右籍
> 居多。①

再如嘉靖《沔阳志》载:

> 然湖多易淤,土旷易垦,食物旋给,他方之民萃焉,而江之右为甚。
> 强者侵产,弱者就食,故客常浮于主。然客无定籍而湖田又不税亩,故
> 有强壮盈室而不入版图,阡陌偏野而不出租粮者。……今使客丁必登
> 籍,而服其常役,则口增而民徭之偏重可省也。②

由此可知,沔阳境内的自然条件吸引了客民移居平原地区,并经历了一
个勤恳发家致富而逐渐落籍本地的过程。而改土归流之后的施南府也接受
了一部分江西、黄州和武昌的移民,如利川县:

> 田分里屯二籍,里田多客籍,屯田多土著,俗尚俭朴,男女杂作,勤
> 耕稼,习诗书。与郡城大率相同,客籍江西、黄州、武昌、四川、贵州为
> 多,言语服食各徙本贯。③

山区动植物资源异常丰富,又因大多为未开旷土,因此居住其间的人们
能利用这些资源来换取生活资料,正如县志所说:

---

① (清)吕调元、刘承恩修,张仲炘、杨承禧纂:民国《湖北通志》,卷二十一《舆地志》"风
俗",民国十年重刊本,台湾华文书局印行 1967 年版,第 581 页。
② 嘉靖《沔阳志》,志九《食货》,天一阁藏明代方志选刊,上海古籍书店 1962 年版。
③ (清)吕调元、刘承恩修,张仲炘、杨承禧纂:民国《湖北通志》,卷二十一《舆地志》"风
俗",民国十年重刊本,台湾华文书局印行 1967 年版,第 584 页。

荆襄迤西多长川大谷,土壤肥沃,物产富饶,寒者易以为衣,饥者易以为食,此天地自然之利,民必趋之,往岁流民潜聚,去而复来,因其所也。①

再如鄂西北的郧西县:

自上津至夹河,崎岖险阻,向来人烟疏旷,迩来五方杂处,山西、陕西、河南、江西、湖南以及本省之武、汉、黄、襄各属州县,锄山课地者接踵而至。②

竹溪县:

从前俱系荒山僻壤,土著无多。自乾隆三十七八年以后,因川楚间有歉收处所穷民就食前来,旋即栖谷依崖,开垦度日。而河南、江西、安徽等处贫民,亦多携带家室来此认地开荒,络绎不绝。是以近年户口骤增至数十余万,五方杂处,良莠错居。③

总体来看,迁居湖北的移民比湖北人口外流的要多。人口迁移是明清时期湖北地方社会重要的现象。移民的到来,大量垦殖平原湖区和丘陵山地,直接促进了农业经济的增长。正所谓:

先是山泽之羡,率弃不理,今则皋隰原阪,耕者鳞集,甚至丛菁幽莽,人力所不能通者,亦皆累累象耕鸟耘,称常稔焉。④

---

① 同治《竹溪县志》,卷十二《艺文》。
② (清)严如熤:《三省防备备览》,卷十四《艺文下》"郧竹道中记险"。
③ (清)严如熤:《三省防备备览》,卷十四《艺文下》"郧竹道中记险"。
④ (明)章潢:《图书编》,卷三十九《楚均田议》,钦定四库全书。

竹山县的情况是鄂西北地区的代表：

> 竹邑幅员宽广,昔时土浮于人,又山多田少,水田十之一旱,峻岭皆成禾稼。①

但在楚蜀交接之地——建始县的移民、流民则带来了诸多社会问题：

> 明崇祯七年,流贼数十万众自楚入蜀,由巴东过建始,居民荼毒大半,自是陆续往来岁无宁日。百姓流离失业,逃川滇者甚众。②

流民问题带来的社会动荡使得其所到之处民不聊生,更有甚者是明末张献忠对鄂西北地区的摧残。"自明季癸未,遭献贼屠掠之惨,人民殆尽。"③"尽驱荆民入川,路经建始,男女扶携,鱼贯而进,数月始毕,饿死者积尸道途。建民之被掠亦复不少。"④建始县人才在全省亦是非常不发达县。

二、经济开发

丁文江先生研究了人才的兴衰与经济之间的关系："经济的发展,也是一个重要的原因。无论什么时代,没有几分的经济独立,就无从讲起教育。孔子若是要凿井而引,耕田而食,那(哪)里还有功夫去敦诗说礼? 到了后世,教育的中心,在重要的书院,书院里的发达,又是靠地方上担负的能力。

---

① 同治《竹山县志》卷七《风俗》,《中国地方志集成》,湖北府县志辑 61,江苏古籍出版社 2001 年版,第 340 页。
② 同治《建始县志》,卷一《方舆志》"事变",《中国地方志集成》,湖北府县志辑 56,江苏古籍出版社 2001 年版,第 27 页。
③ 同治《建始县志》,卷一《方舆志》"事变",《中国地方志集成》,湖北府县志辑 56,江苏古籍出版社 2001 年版,第 27 页。
④ 同治《建始县志》,卷一《方舆志》"事变",《中国地方志集成》,湖北府县志辑 56,江苏古籍出版社 2001 年版,第 27 页。

地方上越富庶,教育越振兴,人物也自然越增多。江苏、浙江两省在南宋以后,变成中国的文化的中心,与两省的经济史,总有关系。"①胡兆量在研究中国状元的分布及其背景时也得出"状元的籍贯地分布与区域经济开发过程基本吻合"②的结论。同治汉川县志也有云:

> 国家教泽之隆,熏陶而渐被之,以形为风俗者,方兴而未有艾歇,且夫衣食足而后礼义兴。缮隄防,勤疏浚,务耕稼,衣食所从出也。③

其实在传统社会一地人才的产生与区域经济的开发有直接的关联。试想一地自然条件恶劣,经济不发达,生活其中的人们还在为填饱肚子的生存问题而奋斗的时候,哪里有精力去培养人才。《管子》有云:"仓廪实而知礼节,衣食足而知荣辱";孔子也主张先使民"富之",然后才能"教之"。

鄂西南的施州卫,王士性曾评价:

> 施州……居常则渔猎腥膻,刀耕火种为食,不识文字,刻为契,短裙椎髻,……其人杂彝獠,不可施以汉法,故历代止羁縻之。本朝宠以卫所,土司有事调之则从征,逮之则不至。④

可见鄂西南的施州辖区至迟在明代仍然与中央王朝若即若离,当地居民生产生活方式落后,不识文字,为化外之地。

"人才点,一般与城市经济发展极相联系。"明清时期,湖北沿长江、汉江沿岸形成了一大批规模不等的市镇,尤为可观。首屈一指的是汉口的崛

---

① 丁文江:《历史人物与地理的关系》,《科学》1923 年第 1 卷第 8 期。
② 胡兆量等:《中国文化地理纲要》,人民教育出版社 2005 年版,第 134 页。
③ 同治《汉川县志》,《序》,《中国地方志集成》,湖北府县志辑 09,江苏古籍出版社 2001 年版,第 5 页。
④ (明)王士性:《广志绎》,卷四《江南诸省》,中华书局 1981 年版,第 102 页。

起,堪称为特大型市镇,与河南的朱仙镇、江西的景德镇、广东的佛山镇一道并称为明代的四大商埠重镇。

清人刘献廷曾描述汉口优越的地理位置:

> 汉口不特为楚省咽喉,而云、贵、四川、湖南、广西、陕西、河南、江西之货,皆于此焉转输,虽欲不雄天下,不可得也。天下有四聚,北则京师,南则佛山,东则苏州,西则汉口。然东海之滨,苏州而外,更有芜湖、扬州、江宁、杭州以分其势;西则惟汉口耳。①

水系边涌现的市镇还有沙市、宜昌、樊城、巴河、沔阳等。

黄梅县自然条件优越,人口众多,开发较早:

> 又泉甘土沃,民勤于农,塘堰修饬蓄洩有方,连年丰稔,亩获五六石,生齿日繁,膏腴尽辟,曲坞平湖皆成利薮,故家室丰盈,礼法渐起。②

明代盛时黄梅县有三十六镇,"镇以辖村,畛隔不紊,众商藏市老农服田,星罗棋布,毗接人烟,瓦屋茅茨高下,同井陆挽檩车,水通竹艇广、蕲。"③

"移民不仅带来了大批的劳动力,也把长江中下游先进的生产技术传入了湖南、湖北,经过一两百年的发展,这里逐渐成为重要的粮食生产基地。"④"湖广熟,天下足"的谚语始见于明代中叶湖南郴州人何孟春的《余

---

① (清)刘献廷撰,汪北平、夏志和点校:《广阳杂记》,卷四,中华书局 2007 年版。

② (清)吕调元、刘承恩修,张仲炘、杨承禧纂:民国《湖北通志》,卷二十一《舆地志》"风俗",民国十年重刊本,台湾华文书局印行 1967 年版,第 574 页。

③ 光绪《黄梅县志》卷十一《地理志》"村镇",《中国地方志集成》,湖北府县志辑 24,江苏古籍出版社 2001 年版,第 51 页。

④ 柯西钢:《论明清时期两湖移民的文化流播——汉江上游湘文化区的个案考察》,《求索》2008 年第 6 期。

冬录》："今两畿外,郡县分隶于十三省,而湖藩辖府十四,州十七,县一百四,其地视诸省为最巨,其郡县赋额视江南、西诸郡所入差不及,而'湖广熟,天下足'之谣,天下信之,盖地有余利也。"①作者在自序中说,《余冬录》收录的文章是嘉靖三年(1524年)以前的旧稿,因此可知"湖广熟,天下足"的谚语在嘉靖三年前就出现了,据张建民先生研究,《余冬录》是作者弘治年间送新蔡人曹凤赴任湖广布政使时所作。② 据此,则至迟在弘治年间(1488—1505年)即已经有"湖广熟,天下足"一说。龚胜生先生研究认为这句谚语是表明,"弘治时'湖广熟,天下足'的诞生是比较湖广和江南农业生产条件后得出的结论,当时还是一种理想,其所谓'熟',不是指粮食收成而是指荒地开垦,其所谓'足'不是指商品粮额而是指赋税粮额。"③无论是何种理解,都说明一个基本事实,即从明代中叶开始,两湖地区垸田得到大规模开发,地尽其利,人尽其才。也正是从明中期以后湖北人才呈现一个持续上升的态势。

至清代,这句谚语见诸记载的变化与湖广地区社会经济发展相一致。④清代最先见于康熙三十八年(1699年)六月,"谚云,'湖广熟,天下足',江浙百姓全赖湖广米粟"⑤。康熙三十七年三月:

> 湖广、江西地方粮米素丰,江南、浙江咸赖此二省之米。⑥

雍正朝,这句谚语尤为人所称道。五年正月:

① 据同治三年恭寿堂重刻本。转引自龚胜生:《清代两湖农业地理》,华中师范大学出版社1996年版,第252页。

② 张建民:《"湖广熟,天下足"述论》,《中国农史》1987年第4期。

③ 龚胜生:《清代两湖农业地理》,华中师范大学出版社1996年版,第253页。

④ 龚胜生:《清代两湖农业地理》,华中师范大学出版社1996年版,第255页。

⑤ 《清实录》,《圣祖仁皇帝实录》,卷193,中华书局1985年版,第1047页。

⑥ 《清实录》,《圣祖仁皇帝实录》,卷187,中华书局1985年版,第996页。

江浙等省每赖湖广接济,诚以江浙等省粮重人稠,所出之米不足供本地之食。湖广出米独多,可资邻省,故俗谚云"湖广熟,天下足"固非虚语。①

而到乾隆年间,这句谚语仍见诸记载,乾隆以后则很少见于记载了。因此,"湖广熟,天下足"之谚大致兴起于明中叶,湮灭于清中叶。这与整个经济发展相一致。就湖北而言,粮食生产主要集中在江汉平原、鄂东沿江平原和汉江中游河积平原。②

经济的繁荣在文化上的表征即培养了众多人才。"经济固然是社会发展的基础,人才离不开经济基础,然而,经济不能完全等同于人才,经济与人才间必须有教育、文风、学风等中介。"③

第三节　文化教育与刻书业

明代以前,湖北文化一直被视为北方文化的类型,在很多文集中都有如此的表述,如

其民敦实雄健,涉历世故,颇知用武。④

自昔荆楚多奇才剑客,其气劲,其才可用,异于江以南之俗。⑤

---

① 《雍正朝汉文朱批奏折汇编》第八册,第 671 折,938。
② 李华欧:《论明清时期"湖广熟,天下足"经济现象》,《社会科学家》2015 年第 2 期。
③ 胡兆量等:《中国人才地理特征》,《经济地理》1998 年第 1 期。
④ 《浪语集》卷二十一《上汤相论边事书》。转引自张伟然:《湖北历史文化地理研究》,湖北教育出版社 2000 年版,第 247 页。
⑤ 《吴文正集》卷五十四《沔阳尹氏家世跋》。转引自张伟然:《湖北历史文化地理研究》,湖北教育出版社 2000 年版,第 247 页。

　　而至明代以后,湖北文化总体上已经划归为南方文化类型。王士性在《广志绎》中就将"湖广"放在"江南诸省"来描述,以与"江北四省"相区别。而至迟到明代,鄂北、鄂西北、鄂东北、鄂东南、鄂西、鄂西南等湖北省全境地域文化整合才趋于完成。① 历史时期湖北文化地域的空间结构经历了三个发展阶段,一是秦汉以前,单一中心阶段;二是汉末至东晋,鄂北兴起一个中心襄阳,鄂东的中心向夏口过渡;三是南朝以后,荆、襄、鄂三个中心鼎足而立。②

　　但是襄阳的文化地位自宋朝以后逐渐下降,先是唐末动乱对襄阳的直接影响,到北宋时虽有恢复但文化发展的速度已大不如前。至南宋时期,襄阳则成为交战之地。到明代,襄阳府内成为大量流民聚集之地,到明末又成为李自成、张献忠农民起义军的根据地。文化的衰败之势不可挽回,三足鼎立的文化中心也一去不复返了。鄂南地区的荆州府文化地位也呈现出一个逐渐下降的趋势,如明万历年间首辅张居正称其家乡为"下国之荒陋"③,说明明代荆州府文化不很发达。再如公安人袁宗道曾写道:

　　　　吾邑自洪、成以来,科第不乏,士大夫之有行者,亦复不少,独风雅一门,蓁芜未辟。士自蒙学以至白首,簏书中惟经书一部、烟熏指南、浅说数帙而已。④

　　从明代湖北人才的区域分布来看,荆州府人才的确不如鄂东地区人才的发展势头好。

　　"文化,就其广泛的民族学意义来说,是包括全部的知识、信仰、艺术、

---

① 张伟然:《湖北历史文化地理研究》,湖北教育出版社 2000 年版,第 248—255 页。
② 张伟然:《湖北历史文化地理研究》,湖北教育出版社 2000 年版,第 261 页。
③ 《张太岳文集》卷三十五《答廉宪王凤洲》。
④ (明)袁宗道著,钱伯城标点:《白苏斋类集》卷之十《送夹山母舅之任太原序》,上海古籍出版社 1989 年版,第 128 页。

道德、法律、习俗以及作为社会成员的人所掌握和接受的任何其他的才能和习惯的复合体。"①大抵说来,文化一般包括教育、文化传承、风俗、刻书出版业、家学等方面。下面就从以上几个层面分析其对明清时期湖北人才的影响。

科举考试选拔人才需要教育作为支撑,教育的基础是一地政治、经济、文化和社会风俗。因此,科举人才的地理分布可窥见地方教育的兴盛与否。而且有学者研究指出,"经济基础转化为优秀人才需要教育的中介。"②官学、私学普及率高低与人才有密不可分的关系。"学校教育在明清时期得到大力发展,中央官学、地方官学的发展规模、普及程度等都是空前的。"③明清时期,学校教育与科举考试联系密切,只有接受过学校教育获得了资格的生员才能参加科举考试。

一、官学

明代的学校制度较为完备。各类官学设置普遍,"在地方上设立的府学、州学、县学是地方官学的主体,军事系统里的都司入学、卫儒学,少数民族地区的宣慰司儒学、安抚司儒学以及转运司儒学则是地方官学的重要补充。"④明代学制系统具体组成部分详见表 6.2。

> 明始建国,首以人材为务。征辟四方,宿儒群集阙下,随其所长而用之。⑤

---

① 〔英〕泰勒著,连树声译:《原始文化》,上海文艺出版社 1992 年版,第 1 页。
② 胡兆量等:《中国文化地理纲要》,人民教育出版社 2005 年版,第 135 页。
③ 章开沅等主编,张建民著:《湖北通史·明清卷》,华中师范大学出版社 1999 年版,第 595 页。
④ 章开沅等主编,张建民著:《湖北通史·明清卷》,华中师范大学出版社 1999 年版,第 595—596 页。
⑤ (清)张廷玉:《明史》,卷一百三十七《列传第二十五》,中华书局 1974 年版。

表 6.2　明代学制表

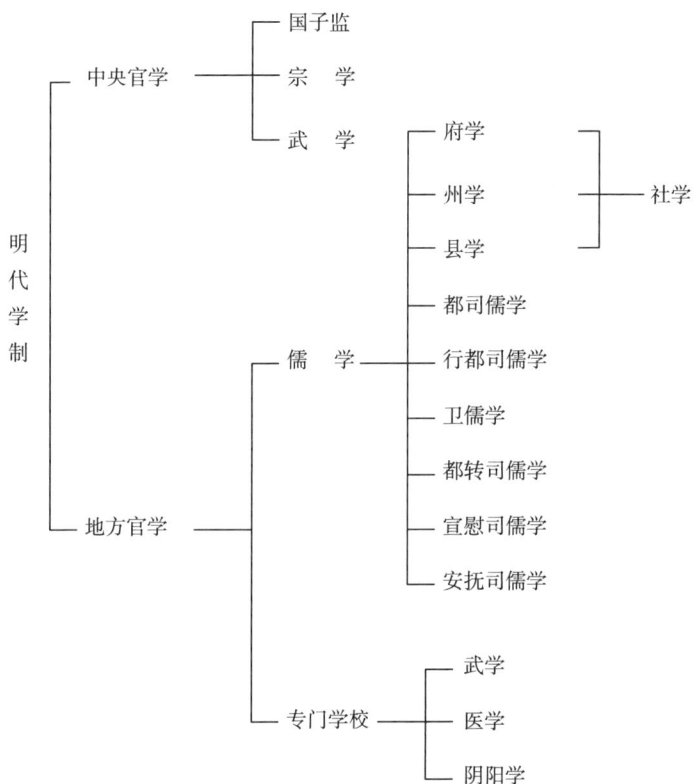

```
                            ┌── 国子监
              中央官学 ──────┤── 宗　学
          ┌─────────────────┘── 武　学
          │                              ┌── 府学 ──┐
          │                              │          │
  明      │                              ├── 州学    ├── 社学
  代      │                              │          │
  学      │                              ├── 县学 ──┘
  制 ─────┤                              ├── 都司儒学
          │                              │
          │              儒　学 ─────────┼── 行都司儒学
          │          ┌────────────────── ├── 卫儒学
          │          │                   ├── 都转司儒学
          │          │                   ├── 宣慰司儒学
          │          │                   └── 安抚司儒学
          └── 地方官学┤
                      │                   ┌── 武学
                      └── 专门学校 ────────┼── 医学
                                          └── 阴阳学
```

资料来源：孙培清主编：《中国教育史》，华东师范大学出版社 1992 年版，第 414 页。转引自章开沅等主编，张建民著：《湖北通史·明清卷》，华中师范大学出版社 1999 年版，第 596 页。

　　明代开国伊始即令郡县皆立学校，在各府、州、县、卫、所皆建儒学，"科举必由学校，而学校起家，可不由科举。学校有二：曰国学，曰府、州、县学。府、州、县学诸生入国学者，乃可得官，不入者不能得也。"[1]出现了"盖无地而不设之学，无人而不纳之教。庠声序音，重规叠矩，无间于下邑荒徼，山陬海涯。此明代学校之盛，唐、宋以来所不及也"[2]。《明会要》有记载：

---

[1]　（清）张廷玉：《明史》，卷六九《志第四十五》"选举一"，中华书局 1974 年版。
[2]　（清）张廷玉：《明史》，卷六九《志第四十五》"选举一"，中华书局 1974 年版。

北京国子监助教王仙言："学校教养人材，固当讲习经史；至于书数之学，亦当用心。近年生员止记诵文字，以备科贡；其余字学、算法，略不通晓。乞命兼习，从提调正官按察司巡按御史考试。"从之。①

湖北在国家政策的影响下发生的改变有例可证。"洪武二年，即诏天下郡邑咸立学校，维时江汉之间雄据悉平，武功告成，文教渐摧，其明年而武昌、荆州、德安诸郡相次建学。迄今而戎卫荒狄，亦皆餁膠庠事絃诵矣，道化翔洽烝髦云兴，济济奕奕，何其盛也。"②湖北各地的官学大多在洪武年间设立，如武昌府学"洪武三年重建"；黄州府学也建于洪武初年；荆州府学"洪武三年，知府周政创建"；德安府学"洪武三年，通判安恒建于府东北，洪武七年，同知罗子礼复迁今址"；襄阳府学"洪武初，知府张善创建"；汉阳府学"洪武初鼎建"；沔阳州学"洪武初徙建"；施州卫学"建于洪武四年"。③

韩阳《通山儒学记》载："古者上自王宫国都，下及闾巷，莫不有学，所以重学校为政化之源，人才之本也。人材政化之盛衰，每视学校志兴废。"④

如武昌府儒学在明清两代重建修葺多次，多位在位要员捐赏修建。"元末兵燹，明洪武三年重建。……巡抚白圭、谢维章；布政司张公实、张敷华；按察使刘述宪、张抚；参政李琮、刘聪；参议章宏；副使俞仲才、陈孜、吴钦、焦芳；佥事冯锜、冯镐；知府沈睞、冒政皆先后捐赏重修者。国初倾毁总督罗绣锦……推官范体观、张箸先后捐赏重修。康熙二十四年总督徐公……知府裴天锡各捐俸修葺，焕然改观。"⑤

---

① （清）龙文彬：《明会要》，卷二十五《学校上》，中华书局 1956 年版，第 399 页。

② （明）徐学谟等纂修：万历《湖广总志》卷第三十四《学校》。

③ 章开沅等主编，张建民著：《湖北通史·明清卷》，华中师范大学出版社 1999 年版，第596—597 页。

④ 康熙《湖广武昌府志》，卷之十二《艺文志》"记"。

⑤ 康熙《湖广武昌府志》，卷之二《学校志》，《中国地方志集成》，湖北府县志辑 02，江苏古籍出版社 2001 年版，第 104 页。

学校之设,以育人材,士大夫经济、文章、礼义廉耻由此出。古称维楚有才,而武昌为三楚首善,江永汉广,人才当甲诸郡。明洪永初,有诸生斋饔廪食读习于此,其后宣存虚名,士习窳惰,风教微矣。今圣朝尊礼师儒,崇尚文学,其亦鼓舞惟新之会欤志。①

再如武昌府内县学,大多在洪武年间创建、重建或维修,仅通山县儒学重建于永乐年间。

江夏县儒学"明洪武初,始别创于黄鹄山"。咸宁县儒学"明洪武初草创"。嘉鱼县儒学"明洪武中巳卯,知县吴启文以庙学隔越失宜,乃即庙左闉山麓为学,正统莫震复修"。蒲圻县儒学"明洪武中复建"。崇阳县儒学"明洪武初,迁建北城梵安故址"。大冶县儒学"明洪武初仍元之旧,八年灾,十二年重建"。通山县儒学"明永乐中稍迁于左重建,景泰中仍迁旧址"。②

清代官学体制沿袭明代,正所谓"府、州、县、卫儒学,明制具备,清因之"③。"清代湖北各府无不设立官学,就府学而言,武昌、汉阳、黄州、德安、安陆、襄阳、郧阳、荆州、宜昌 9 府规模划一,皆为额设廪生、增生各 40名。"④如武昌县,"咸同以前,物力蕃盛,民气雍和。有司以尊贤育才为心,学校之途,既广科目之士,遂多学问文章,虽远逊于古,要皆廉隅自饬,不屑

---

① 康熙《湖广武昌府志》,卷之二《学校志》,《中国地方志集成》,湖北府县志辑 02,江苏古籍出版社 2001 年版,第 104 页。

② 康熙《湖广武昌府志》,卷之二《学校志》,《中国地方志集成》,湖北府县志辑 02,江苏古籍出版社 2001 年版,第 105—107 页。

③ 赵尔巽、柯劭忞等:《清史稿》,卷一百六《志八十一》"选举一",中华书局 1976 年版。

④ 章开沅等主编,张建民著:《湖北通史·明清卷》,华中师范大学出版社 1999 年版,第601 页。

于委琐龌龊之。"①关于清代湖北各州县儒学规模分级详见表6.3。

表6.3 清代湖北各州县儒学规模分级一览表

学校规模	学校名称			备注
照府学额 岁、科两试每次录取文童20名;岁试录取武童20名。	江夏县学 黄冈县学 黄梅县学 沔阳州学 江陵县学 监利县学	武昌县学 蕲水县学 京山县学 孝感县学 公安县学	兴国州学 黄陂县学 天门县学 襄阳县学 石首县学	兴国州学、沔阳州学额设廪生、增生为各30名,其余为廪生、增生各20名。
大学 岁、科两试每次录取文童15名;岁试录取武童15名。	嘉鱼县学 汉阳县学 麻城县学 云梦县学 潜江县学 郧县学	蒲圻县学 汉川县学 广济县学 应城县学 宜城县学 蕲州学	大冶县学 黄安县学 安陆县学 钟祥县学 枣阳县学	额设廪生、增生为各县学皆20名,蕲州为30名。
中学 岁、科两试每次录取文童12名;岁试录取武童12名。	咸宁县学 罗田县学 恩施县学 枝江县学 均州学	崇阳县学 应山县学 当阳县学 东湖县学 随州学	通城县学 谷城县学 松滋县学 归州学 房县学	额设廪生、增生,均州学、随州学分别为各30名,恩施县学为各12名,余皆为20名。
小学 岁、科两试每次录取文童8名;岁试录取武童8名。 岁科试取文武童各7名;岁科试取文武童各3—4名。	通山县学 竹山县学 远安县学 巴东县学 建始县学 宣恩县学	南漳县学 竹溪县学 宜都县学 鹤峰州学 长乐县学 来凤县学	光化县学 保康县学 兴山县学 利川县学	额设廪生、增生,宣恩、来凤二县学为各2名,鹤峰、长乐县学为各4名,利川县学各8名,其余为各20名。

说明:荆门州改直隶州后,州学录取文童、武童为各17名,当阳县为各13名。
资料来源:嘉庆《湖北通志·学校》,转引自章开沅等主编,张建民著:《湖北通史·明清卷》,华中师范大学出版社1999年版,第603页。

社学已然明清官学制度的一个重要组成部分。"社学,固古养蒙地也。"②明代正式把社学纳入官学体系中,洪武八年(1375年)正月:

---

① (清)吕调元、刘承恩修,张仲炘、杨承禧纂:民国《湖北通志》,卷二十一《舆地志》"风俗",民建十年重刊本,台湾华文书局印行1967年版,第570页。
② (明)徐学谟等纂修:万历《湖广总志》卷第三十四《学校》。

> 丁亥,命令天下立社学……延师儒,以教民间子弟。①

清代于顺治九年(1652 年)定:

> 每乡置义学一区,择其文意通晓、行谊谨厚者,补充社师,免其差
> 役,量给廪饩养赡,提学按临日,造姓名册申报考查。②

社学是最基层的学校,主要招收 8—15 岁的子弟入学学习。湖北境内
社学设置普遍,但各地也相差悬殊。据江凌、蔡志荣的统计,明清湖北社学
数量,"明代湖北各地社学数量不一,规划不齐。例如,竟陵县 87 所、竹山
县 15 所、兴国州 26 所、夷陵州 11 所、竹溪县 9 所、通山县 7 所、随州 19 所、
蒲圻 5 所、应山 8 所。"③清代共设立社学 45 所。其中最为著名的要数咸嘉
社学。

> 咸嘉社学,在咸宁九都、嘉鱼四都之间,明正德中,都御史吴廷举建
> 置,以教二邑子弟。置田租为社师束修,竝(并)养其子弟之贫者,知县
> 赵迁有记。④

吴廷举义举为造福于咸宁嘉鱼两地百姓,为两地子弟享受启蒙教育做
了贡献。

明清两代湖北府学、县学均有学田以资供给。如:

---

① 《明太祖实录》卷之九十六《洪武八年正月》。
② (清)昆冈、徐桐等奉敕纂:《钦定大清会典事例》,卷三百九十六《礼部·学校·各省义
学》一,据光绪二十五年石印本影印出版,中华书局 1990 年版。
③ 江凌、蔡志荣:《试论明清时期湖北地区的教育与书院》,《长江论坛》2010 年第 1 期。
④ 康熙《湖广武昌府志》,卷之二《学校志》,《中国地方志集成》,湖北府县志辑 02,江苏古
籍出版社 2001 年版,第 106 页。

　　　　江夏县学田，……坐落洪山，又九峰田三顷九十亩，额租三百九十石分，给两学贫生。明万历二十一年，巡抚郭置招贤里横山村，田九十七亩六分二厘，租一百一十石。提学道置洪山寺前垌一顷五十亩，租六十石地一段，课银七两。……清顺治十七年，布政使翟凤翥买徐步云田一百八十三亩二分六厘。……又乾隆五十七年，贡生程云炳捐买太平厘石灰山杨弼湾垅水田五石。……以十之七为诸生乡试之费，十之三为公车北上之费。①

武昌县亦有知县重视学田建设：

　　　　学田……明万历四十二年，知县刘体仁，四十四年，知县韩东明，前后捐置田二百余亩，为贫士膏火之资。②

　　明清时期，湖北官学空前发达，各类学校设置普遍。府、州、县学是地方官学的主要部分，而社学的设置使得地方官学制度更为系统，也为乡村的基础教育提供了条件。

　　除了中央官学之外，各个地方也有很多各具特色的书院存在。书院是明清时期的重要教育场所，在文化、教育、学术、人才培养方面起到了不可磨灭的作用。

二、书院

　　书院既是重要的教育机构，也担负着培养人才的重任。科举人才数量

---

　　① （清）吕调元、刘承恩修，张仲炘、杨承禧纂：民国《湖北通志》，卷六十一《学校七》"经费"，民国十年重刊本，台湾华文书局印行 1967 年版，第 1415 页。

　　② （清）吕调元、刘承恩修，张仲炘、杨承禧纂：民国《湖北通志》，卷六十一《学校七》"经费"，民国十年重刊本，台湾华文书局印行 1967 年版，第 1416 页。

及地域分布能够直接反映一地人才的多寡。有关书院与科举人才之间的关系,李兵在《科举与书院关系研究》①通过数据统计历代书院与各省进士数量的相关性分析研究后认为从北宋开始,书院数量和进士数量、举人数量的相关系数在不断增长。到明代中后期开始书院为科举服务的倾向十分明显,清廷逐渐改变了初期限制书院发展的态度,绝大多数的书院都是直接为科举教学服务,并且形成了比较完善的制度,清代书院与科举关系则更密切。书院直接为科举培养人才的职能发挥相当充分,书院对于其所在地的科举风气是能起推动作用的。"书院虽有官学化的倾向,但毕竟和官学不同,因此,在兴贤育才,活跃学术思想方面起了重要作用。"②

书院是生员准备岁科二试,及取得廪、增、附、贡、监等功名者再进一步参加乡试的准备场所,是具有传统教育功能的。孟森也曾有"清一代学者之成就,多在书院中得之,此固发展文教之一事也"③的观点。汉口的紫阳书院的三大功能之一即是"立讲舍以劝学"。"汉口紫阳书院设有义学、六水讲堂、兼山丽泽、主敬堂、启秀书屋等,以为生徒肄业讲学之所,形成了由小学到大学的完整的教学体系。"④

因此一地书院数量的多寡与该地考取举人、进士的人数有很大关系。"书院为储才渊薮。"⑤同治《江夏县志》载:

> 明洪武二年,令学者专治一经,以礼、乐、射、御、书、数,分科设教;三年,定学校射仪。……国朝顺治元年,钦定卧碑晓示生员,文曰:"朝

---

① 李兵:《科举与书院关系研究》,华中师范大学出版社 2005 年版,第 288—304 页。

② 章开沅等主编,张建民著:《湖北通史·明清卷》,华中师范大学出版社 1999 年版,第604 页。

③ 孟森:《明清史讲义》,中华书局 1981 年版,第 553 页。

④ 李琳琦:《徽商与清代汉口紫阳书院——清代商人书院的个案研究》,《清史研究》2002 年第 2 期。

⑤ 光绪《大冶县志续编》,卷之五《学校志》,《中国地方志集成》,湖北府县志辑 06,江苏古籍出版社 2001 年版,第 425 页。

廷建立学校选取生员,免其丁粮,厚以廪膳。设书院、学道、学官以教之,各衙门官以礼相待,全要养成贤才,以供朝廷之用,诸生皆当上报"。①

崇阳县:

学田原额一百九十亩一分四厘,地一十七亩九分五厘,……应折租银九十五两八钱七分九厘,除给贫生外,余银拨充桃溪书院膏火。……明万历元年,知县胡秉性捐置民田二十一亩三分有奇,为膏火花红及贫生之费。②

清代在书院的设置和资助上力度很大。如乾隆元年,谕:

书院之制,所以导进人才,广学校所不及,我世宗宪皇帝命设之省会,发帑金以资膏火。③

汉川县:

又宾兴田,道光间邑人林祥绂、王鸣盛等,共捐田四十一石七斗有奇,熟地二百零七亩五分,又合邑公捐存留生息。④

---

① 同治《江夏县志》,卷三《学校》,《中国地方志集成》,湖北府县志辑 32,江苏古籍出版社 2001 年版,第 95 页。

② (清)吕调元、刘承恩修,张仲炘、杨承禧纂:民国《湖北通志》,卷六十一《学校七》"经费",民国十年重刊本,台湾华文书局印行 1967 年版,第 1417 页。

③ (清)昆冈、徐桐等:《钦定大清会典事例》,卷三百九十五《礼部—学校—各省书院》,据光绪二十五年石印本影印出版,中华书局 1990 年版。

④ (清)吕调元、刘承恩修,张仲炘、杨承禧纂:民国《湖北通志》,卷六十一《学校七》"经费",民国十年重刊本,台湾华文书局印行 1967 年版,第 1421 页。

乾隆元年谕令书院之长：

如果教术可观，人材兴起，各加奖励。……诸生中材器尤异者，准令荐举一二，以示鼓舞。①

光绪《大冶县志续编》：

铜绿官山向属儒学，同治七年教谕魏崇本，训导彭学桂，牒县归入金湖书院，招佃开垦。光绪七年，土人柯合兴、陈义兴等承佃，岁纳稞九九钱三串二百文，以上俱归院课奖资。②

……又拨存书院租稞余息九九钱四十串文，以上共钱五百串文，存典生息发给寒畯住院膏火。③

住院寒畯多名为山长者不计来学脩脯，认真训课，应另筹公款随时酌送膳资。寒畯实系潜心攻苦亦当厚其月给。邑多好义家商办此等经费，原非甚难，惟贤父母留心学校为之劝导庶礼士育才两得。其道至聘延山长……上谕由地方官绅自行延访品学兼优之人，……再以余款多购书籍，俾资住院诵习，行见人文蔚起匪独一邑光也。④

《重建金湖书院暨东西市义学记》：

---

① （清）昆冈、徐桐等：《钦定大清会典事例》，卷三百九十五《礼部—学校—各省书院》，据光绪二十五年石印本影印出版，中华书局 1990 年版。

② 光绪《大冶县志续编》，卷之五《学校志》，《中国地方志集成》，湖北府县志辑 06，江苏古籍出版社 2001 年版，第 425 页。

③ 光绪《大冶县志续编》，卷之五《学校志》，《中国地方志集成》，湖北府县志辑 06，江苏古籍出版社 2001 年版，第 425 页。

④ 光绪《大冶县志续编》，卷之五《学校志》，《中国地方志集成》，湖北府县志辑 06，江苏古籍出版社 2001 年版，第 425 页。

学校造就人才之大德不及此,阖邑欢欣鼓舞,感戴难忘。①

我朝……二百余年有加无已,此邦金湖毓秀,人文蔚起,往者巨手雄才,名儒硕辅,载诸邑乘,犹赫赫在人耳目间。今兹文庙明伦堂二举重新,文教必蒸蒸日上,士之继起者,务惇实行屏虚声,勉为有用才出则黼黻。②

明清时期湖北的书院发展可分为四个阶段,分别是明洪武——成化;弘治——万历;明天启——清康熙;雍正——道光。③ 受全国大环境和国家政策的影响,以第二和第四阶段的书院发展较快,特别是雍正以后,国家对书院的态度大有改观,认为书院是聚集生徒讲诵肄业者的地方,以培养人才为主要目的。明清时期,"湖北书院在地域分布上极不平衡,以黄州、武昌2府为多,明代新建70余所书院中,黄州府占三分之一以上,加上武昌府占20%强,两府的书院总数占全省的54%左右。清代黄州府新建书院20所,其中黄冈一县就多达13所。"④

明代初年,湖北的书院并不发达,从洪武到成化年间的一百多年间仅修建10所。⑤ 而据蔡志荣考证明代湖北共计建立114所书院。⑥ 其中成化年间建立5所、弘治年间11所、正德年间12所、嘉靖年间26所、万历年间21所、崇祯年间4所、天启年间2所,洪武、永乐、景泰、天顺分别有1所。"明

---

① 光绪《大冶县志》,卷之十三《记》,《中国地方志集成》,湖北府县志辑06,江苏古籍出版社2001年版,第325页。
② 光绪《大冶县志》,卷之十三《记》,《中国地方志集成》,湖北府县志辑06,江苏古籍出版社2001年版,第324页。
③ 章开沅等主编,张建民著:《湖北通史·明清卷》,华中师范大学出版社1999年版,第604页。
④ 章开沅等主编,张建民著:《湖北通史·明清卷》,华中师范大学出版社1999年版,第612页。
⑤ 章开沅等主编,张建民著:《湖北通史·明清卷》,华中师范大学出版社1999年版,第605页。
⑥ 蔡志荣:《明清湖北书院研究》,华中师范大学2008年博士学位论文。

太祖洪武到英宗天顺(1368—1464 年)接近 100 年时间,书院处于沉寂时期,几乎没有发展,建立的书院只有 4 所。"①明初一百年间是湖北书院的沉寂期,著名学者柳诒徵曾指出,"明初教士,一归学校,讲学书院之风一变,其存者,徒以崇祀儒先耳。"②据邓洪波在《中国书院史》统计,"明代湖北兴修书院 112 所,位居全国第 7 位;清代 172 所,位居 13 位。"③

武昌府"芹南书院在学前,提学薛纲改社学。濂溪书院在文昌门内宁湖寺侧,明提学高世恭集前列诸生肄业其中,举江夏县诸生陈冉为院长,捐赀供给江汉书院……国朝布政司翟凤翥重修,巡抚林天擎会集多士肄业供给。"④书院改社学,出资资助书院则表明书院有官学化的趋势。

苏云峰先生研究认为,"书院的质量与取得高级功名的关系看来非常明显,统计嘉庆道咸间各府取得举人进士人数,以黄州府最多,依次为武昌、汉阳等府,正符合此一趋向。就湖北各府整个清代的功名统计而言,亦呈现出同样的趋势。"⑤清代"湖北各府书院的分布,以黄州府为最高(40 所),武昌府(23 所)次之,其他均在 8 至 13 之间"⑥。而书院的建立不仅与一地文教事业的发达与否有关,也与该地的经济财富关系密切,如"黄州商人势力为湖北之冠,捐设的书院数目也比他府多"。黄州府的 40 所书院中有 15 所为私人捐设,黄冈一县即占 8 所。⑦ 黄州府进士人才在全省占绝对优势与

---

① 蔡志荣:《明清湖北书院研究》,华中师范大学 2008 年博士学位论文。

② 柳诒徵:《江苏书院志初稿》,转引自杨荣春:《中国封建社会教育史》,广东人民出版社 1985 年版,第 379 页。

③ 邓洪波:《中国书院史》,上海东方出版中心 2004 年版,第 263、405 页。

④ 康熙《湖广武昌府志》,卷之二《学校志》,《中国地方志集成》,湖北府县志辑 02,江苏古籍出版社 2001 年版,第 104 页。

⑤ 苏云峰:《中国现代化的区域研究(1860—1916)——湖北省(修订版)》,台北"中央研究院"近代史研究所 1987 年版,第 22 页。

⑥ 苏云峰:《中国现代化的区域研究(1860—1916)——湖北省(修订版)》,台北"中央研究院"近代史研究所 1987 年版,第 21 页。

⑦ 苏云峰:《中国现代化的区域研究(1860—1916)——湖北省(修订版)》,台北"中央研究院"近代史研究所 1987 年版,第 21—22 页。

该府拥有书院的数量多与质量高有巨大的关系。

明清两代还将对科举生员的资助经费纳入到地方赋役门类之中。有关明代湖北将地方科举经费预算归入赋役之中的例子,如应山县将其归入里甲中的"岁用"门中①。据嘉靖《应山县志》记载了"一年之用"、"三年之用"、"五年之用"三种不同征收周期的预算经费,其中乡会试考生的经费预算为:"三年之用;应试生员花红酒席盘费;新举人花红酒席;旧举人盘费酒席。右三项银两,俱候每年会计酌定其数,随年带征。"②

民国《湖北通志》记载省内诸多书院有学田,"省垣江汉书院田二顷五十亩,清顺治十七年布政使翟凤翥捐置。雍正十一年奉谕给赐币金一千两,又借支藩库公项银三千两,又积余息银一千两,共银五千两,交江汉二县典商以一分五厘生息,月计息银七十五两,每岁共收息银九百两,按款支给,报部核销。又总督德沛捐给武昌厂口岸本银五千两,存典收息如前。"③"勺庭书院田十石,清乾隆五十七年,江夏县贡生程云炳捐置,在太平里石灰山口杨弥湾垅,额租一百零八石零七升七,合岁租折价,无论丰歉,以七钱一石为率。"④

学人在地方书院讲学授徒影响深远。如清代汉阳县"许之桢,字宁友,为诸生,高第先后督楚学者,咸招致衡文者,有朗鉴。称郡守郝公士錞,聘主江汉书院训士,首重行业,最喜罗孝廉鸣序,能服膺师教。后鸣序以州牧死苗难,人皆推桢教泽之深云"⑤。

"杨嗣绾,字似山,博览群书,为文不染时趋。年四十补邑诸生,授生徒

---

① 毛晓阳、金甦:《明代科举宾兴考述》,《井冈山大学学报》2012 年第 1 期。

② 嘉靖《应山县志》,卷七《赋役志》,天一阁藏明代方志选刊(55),上海古籍书店 1964 年版。

③ (清)吕调元、刘承恩修,张仲炘、杨承禧纂:民国《湖北通志》,卷六十一《学校七》"经费",民国十年重刊本,台湾华文书局印行 1967 年版,第 1415 页。

④ (清)吕调元、刘承恩修,张仲炘、杨承禧纂:民国《湖北通志》,卷六十一《学校七》"经费",民国十年重刊本,台湾华文书局印行 1967 年版,第 1415 页。

⑤ 光绪《续辑汉阳县志》,卷二十一《文苑》,《中国地方志集成》,湖北府县志辑 05,江苏古籍出版社 2001 年版,第 7 页。

多名隽。……口吃言他事讷讷,至剖析圣贤精蕴,沛若江河。"①有《晴雪草堂集》存世。

　　至清代改土归流之后,鄂西南地区的施南府和宜昌府新建了不少书院、义学,但进士人才仍然不多,是由于起点太低,人才的培养稍微滞后。② 有关生员当遵守的教条在同治《江夏县志》中记载较为详细,现摘录如下:

　　　　国恩下立人品所有教条,开列于后:一生员之家父母贤智者,子当受教;父母愚鲁或有非为者,子既读书明理,当再三恳告,使父母不致于危亡。一生员立志当学为忠臣清官,书史所载忠清事蹟,务须互相讲究,凡利国爱民之事,更宜留心。一生员居心忠厚,正直读书,方有实用,出仕必作良吏,若心术邪刻,读书必无成就,为官必取祸患。行害人之事者,往往自杀其身,常宜思省。一生员当爱身忍性,凡有司官衙,门不可轻入,即有切己之事,止许家人代告,不许干与他人词讼,他人亦不许牵连生员作证。一为学当尊敬先生,若讲说皆须诚心听受,如有未明,从容再问,毋妄行辩难为,师者亦当尽心教训,勿致怠惰。一军民一切利病,不许生员上书陈言,如有一言建白,以违制论黜革治罪。一生员不许纠党多人,立盟结社,把持官府,武断乡曲,所作文字不许妄行刊刻,违者听提调官治罪。③

　　由此窥见,有清一代不仅仅注重对人才的培养,更重视对于人才品行规范的培养。道光年间荆州知府裕谦云:"士子读书,原欲穷理尽性,希圣希贤,非徒博取科名也。即以科名而论,亦须文行兼修,始能出为国器,未有文

---

　　①　光绪《续辑汉阳县志》,卷二十一《文苑》,《中国地方志集成》,湖北府县志辑05,江苏古籍出版社2001年版,第7页。
　　②　蔡志荣:《明清湖北书院研究》,华中师范大学2008年博士学位论文。
　　③　同治《江夏县志》,卷三《学校》,《中国地方志集成》,湖北府县志辑32,江苏古籍出版社2001年版,第95—96页。

章无本行,止有亏傥幸而致科名者。荆郡为人材之薮,士气文风蒸蒸日上,本府爱才若渴,深望其学成名立,联步青云。"①

康熙《湖广武昌府志》记载"迎送科举礼仪":

> 择吉于府大堂东西,排设筵席,先于丹墀内,絷月宫桥一座,旁侍歌妓。是日俟,科举诸生齐集庭,参毕各就坐,演魁星捷报等剧毕,起席,各生到桥边,诸妓簪花、披红、丰酒,领卷价讫,鼓乐导出,府正送桥外上马。②

从迎送科举礼仪的完整来看,武昌府内各界对科举极其重视。

记载"迎送新生礼仪":

> 凡学道案发文武新生,择吉送入,各学先于府堂齐集,簪花、披红、饮酒。毕,鼓乐导出本府及属,送至文庙谒圣。毕,至明伦堂俟各生拜见师长公讌而退。③

由此观之,一地人才与书院成正相关的关系,书院在明清时期成为湖北地方人才的培养场所,亦是地方科举中心、教育中心和文化中心。

明代湖北人才辈出是明代作为湖北文化三大高峰之一的直接例证,"在较为系统的学校制度以及书院制度的支持下,湖北的教育、文化各有发展,科举兴盛,人才辈出,虽然尚不及江苏、浙江和江西,却已居全国中上

---

① （清）裕谦:《勉益斋偶存稿》,卷二《荆州》"饬发决科要语檄"（道光七年四月）。

② 康熙《湖广武昌府志》,卷之二《学校志》,《中国地方志集成》,湖北府县志辑 02,江苏古籍出版社 2001 年版,第 118 页。

③ 康熙《湖广武昌府志》,卷之二《学校志》,《中国地方志集成》,湖北府县志辑 02,江苏古籍出版社 2001 年版,第 118 页。

地位。"①

三、义学与私学

"义学"也称"义塾"。旧时靠官款、地方公款或地租设立的蒙学。对象多为贫寒子弟,免费上学。"令各省府州县多立义学,聚集孤寒,延师教读"。

清代湖北设立义学 546 所,城镇 149 所,乡村 364 所。②《湖北通志》描写义学的功能与设置武昌府义学经过:

> 案书院向为生贡肄业之地,义学亦多为训蒙而设。光绪九年,署湖广总督卞宝第以本省举人不与书院考试,乃别试曾文正公祠,抚司道至武昌府轮值,一课捐给膏奖并置饮馔。十年春,卞公又倡置义学五所,以博学、笃志、切问、近思,仁在名其齐择庙宇为之延。③

大冶县义塾情形:

> 保安镇义塾、黄石港镇义塾,二处俱光绪七年,署知县朱荣椿捐送修金,权借公所设馆,知县林佐仍之。吴王壇义塾,记名提督敖天印,捐花地九十二厢,田一石二斗七升五合,岁收租稞钱八十串文,作塾师修金,为众姓子弟设。④

---

① 章开沅等主编,张建民著:《湖北通史·明清卷》前言,华中师范大学出版社 1999 年版,第 7 页。

② 冯明:《清代湖北义学空间分布差异分析》,《法制与社会》2007 年第 10 期。

③ (清)吕调元、刘承恩修,张仲炘、杨承禧纂:民国《湖北通志》,卷五十九《学校志》"义学",民国十年重刊本,台湾华文书局印行 1967 年版,第 1399 页。

④ 光绪《大冶县志续编》,卷之五《学校志》,《中国地方志集成》,湖北府县志辑 06,江苏古籍出版社 2001 年版,第 425—426 页。

另有比关外义塾、柏家嘴义塾、张氏义塾、刘氏义塾、郑氏义塾、陈氏义塾等,均有提督或地方各族子弟捐田捐资维持。

鄂东地区武昌、黄州两府所属十八州县。作为"江西填湖广"移民迁徙中的最先落籍之处,开发最早,社会经济、文化发展处于领先地位。设置义学较早,普及率高。"顺治时湖北最早的 3 所义学中,有 2 所在鄂东。道光朝是黄金期,蒲圻、崇阳等 11 县建 36 所义学。乡村义学较发达,有 103 所,占鄂东义学的 63.19%。"[①]

蕲州:

> 义学,道光十八年,署知州林寿平,倡捐建东、西两学,复增建南北两学,署知州龚荣,请裁去北义学,以束脩作本城,乡会试宾兴,实存足钱一千一百五十串,存典生息。[②]

而汉阳、德安、安陆、荆州和荆门直隶州大部分属于江汉平原,义学发展较为落后,普及率低,总体水平也低。襄阳、郧阳、施南等府经济文化较落后,远离行政中心,义学却最多,有 292 所[③],总体水平高于省内其他地方。

无论是社学还是义学、私学,都为官学和书院教育提供了地方人才储备,学子通过官学教育或书院教育走上科举之路。

四、家学

苏联著名教育家马卡连柯曾指出:"家庭是最重要的地方,在家庭里面,人初次向社会生活迈进。"[④]说明人生活的家庭环境是人迈向社会化的

---

① 冯明:《清代湖北义学空间分布差异分析》,《法制与社会》2007 年第 10 期。

② (清)吕调元、刘承恩修,张仲炘、杨承禧纂:民国《湖北通志》,卷五十九《学校志》"义学",民国十年重刊本,台湾华文书局印行 1967 年版,第 1401 页。

③ 冯明:《清代湖北义学空间分布差异分析》,《法制与社会》2007 年第 10 期。

④ [苏联]安·谢·马卡连柯:《父母必读》,人民教育出版社 1957 年版,第 303 页。

第一个环境。"人才学上的'霍桑效应'认为,人才处于群体的良好人际关系与心理氛围里,会导致士气高涨、成效倍增的动力驱动作用。这种氛围越强烈,对人才的培养和成长也更为有利。"①"古代祖籍的比重较大,无论是哪一层涵义,籍贯对人才成长有重大影响。根据20世纪80年代计量研究,家庭对人才成长权重高达40%。"②

从江陵张氏、黄冈万氏、黄梅瞿氏的人才群体可见家族环境对人才成长的影响力。

据史料记载,明朝江西有一张氏五个儿子分别迁居湖北江陵、四川遂宁、江苏丹徒、安徽桐城和吉林长白山,五房都有人中进士。共出进士11名,榜眼1名,传肪2名。"一支五房,甲科蝉联,数世不绝。"③反映家族文化具有深远的影响。其中湖北江陵的这一支诞生了首辅张居正、状元张懋修和进士张敬修、张同敞等人才。

黄冈万氏,自万一奇中万历二十六年进士开始,不断有族人走上科举入仕的道路。民国政府陆军上将万耀煌曾回忆:

> 我万氏祖先于明初自江西迁居湖北黄冈武湖之滨,子孙散处,有清一代,自康熙三十七年至光绪二十九年,凡九科进士、四代翰林、三十六科举人,科名之盛,冠于本邑。④

黄梅瞿氏即为明代有影响的文化世家,瞿九思,《明史》有传,是明代著

---

① 王会昌等:《长江流域人才地理》,湖北教育出版社2005年版,第35—36页。

② 缪进鸿:《不同专业人才成长规律的初步比较研究》,载缪进鸿主编:《中国东南地区人才问题国际研讨会论文集》,浙江大学出版社1993年版,第19页。转引自胡兆量等:《中国人才地理特征》,《经济地理》1998年第1期。

③ 姚德昌:《历代进士之间的血缘关系举隅》,转引自缪进鸿主编:《中国东南地区人才问题国际研讨会论文集》,浙江大学出版社1993年版,第272—273页。

④ 万耀煌口述,沈云龙等访问,郭廷以校阅:《万耀煌口述自传》,中国大百科全书出版社2016年版,第2页。

名的学者和理学家,九思之父瞿晟,嘉靖己酉科举人,癸丑科进士,官任广平知府。九思叔父瞿星,以文词与晟齐名,嘉靖癸卯科中举。九思十岁即随父宦吉安,师从罗洪先,罗洪先以状元授翰林院修撰,罢归后终日著书讲学。九思拜他为师,这是当时第一流的学者,而九思十五岁作《定志论》,后从同郡耿定向游,学益进。曾主讲濂溪书院、岳麓书院、石鼓书院、江汉书院等。江汉书院位于黄梅、广济毗连的鸿硐洲(即今武穴垅坪),九思在该院讲学多年,治学严谨,门徒皆有建树。

九思有四子一女,长子甲"性颖异,书一览成诵,人称'神儒子'"。五子瞿罕七岁能文,博通五经子史,著述凡二十四种。《明神宗实录》记述:

> 先是湖广黄梅县举人瞿九思忤权韬迹,洁志潜修,三十年著书几十数种。先后地方官奏荐,诏授翰林院待诏。九思疏辞,乞终著述余业。……拟暂准瞿九思原官致仕,仍令有司月给米五石,以示资助,书成之日该抚按官奏荐进呈酌量擢用。上是之。[1]

麻城即有梅、周、李、刘四大家族,梅氏有梅国桢、梅之焕,周氏有周弘祖、周思敬、周思久;李氏有李文祥、李长庚、李中素;刘氏有刘天和、刘承禧。《明史》有传的有梅国桢、梅之焕、刘天和、周弘祖、李文祥、李长庚。据民国《湖北通志》统计,此四家族明代共培养 43 名进士,占麻城县 104 名进士中的 41%强。另外还有耿氏,"当年麻城(黄安初属麻城,1563 年始分治)士人进学中举,几乎为这三家(耿、周、梅)包办。"[2]

汉阳县明代"赵蕃,教授弼之子,服膺家学,颇有文名。举正统辛酉乡

---

① 《明神宗实录》,卷四百六十九《万历三十八年闰三月》"己巳"。
② [美]黄仁宇:《万历十五年》,中华书局 2006 年版,第 218 页。

试,戊辰成进士,授主事"①。

"王宁,字子安,少补诸生,有名。邑读书家,以宁擁皇比为重,诗文清丽如精金美玉,书法出入洛神,乐毅识者尤爱之。"②据民国《湖北通志》载,王宁有《云在楼集》传世。

京山县"山川之秀,甲郢。复英灵所诞,夐出流辈。……邑多山泉,民引泉为机,以椿为磨。人乐为士,有累世业儒之家,父子兄弟一时同游庠序者"③。

天门县"休风颢气,代钟名哲"④。

五、刻书业的繁荣

明清以前,湖北的刻书出版业有了一定的发展。"经考,宋代湖北出现了在全国乃至世界上第一部两色套印本图书。"⑤

"南宋时期刻书点有 170 余处,其中湖北有 20 多处,知姓名刻工有百余人。这个数字在当时很是可观。"⑥宋元两代刻书业发达的地方中,江陵、武昌均为重镇。"武昌在明代是较发达的工商业城市,又是湖广首府、湖广布政司、按察司等重要机关所在地,加之交通十分发达,因而成了长江流域政治、经济、文化的中心。"⑦

至明代,湖北的刻书业已经普及。有明一代,湖北境内刻书官刻和家刻

---

① 光绪《续辑汉阳县志》,卷二十一《文苑》,《中国地方志集成》,湖北府县志辑 05,江苏古籍出版社 2001 年版,第 1 页。

② 光绪《续辑汉阳县志》,卷二十一《文苑》,《中国地方志集成》,湖北府县志辑 05,江苏古籍出版社 2001 年版,第 6—7 页。

③ （清）吕调元、刘承恩修,张仲炘、杨承禧纂:民国《湖北通志》,卷二十一《舆地志》"风俗",民国十年重刊本,台湾华文书局印行 1967 年版,第 576 页。

④ （清）吕调元、刘承恩修,张仲炘、杨承禧纂:民国《湖北通志》,卷二十一《舆地志》"风俗",民国十年重刊本,台湾华文书局印行 1967 年版,第 576 页。

⑤ 陈方权:《湖北刻书考略(上)》,《图书情报论坛》2008 年第 1 期。

⑥ 陈方权:《湖北刻书考略(上)》,《图书情报论坛》2008 年第 1 期。

⑦ 陈方权:《湖北宋元明清刻书考略(下)》,《图书情报论坛》2008 年第 2 期。

众多,明代皇帝子孙分封到各地为王,他们中有些喜欢刻书,底本又多为宋元精本,故所刻之书较精美。明代麻城周弘祖撰有《古今书刻》一书,湖广布政司刻有《湖北通志》、《齐民要术》、《地理书》等,汉阳府、武昌府、黄州府、德安府、襄阳府等均有刻书。① 据陈方权先生统计,现存明代湖北地方志有 40 余种,保存了明代湖北的政治、经济、文化的发展变迁。②

明代万历年间人胡应麟评价:"凡刻之地有三:吴也,越也,闽也。蜀本宋最称善,近世甚稀。燕、粤、秦、楚,今皆有刻,类自可观。"③

而且明代湖北文人大多喜爱刻书,如"公安三袁"刻《珂雪斋游居柿录》、《白苏斋类集》;郝敬刻《札记通解》、《毛诗原解》、《论语详解》、《孟子说解》、《六经正误》等。"竟陵派"钟惺、谭元春亦在万历间刻书不少。

在清代湖北的刻书更是超越前代,达到历史的最高峰,尤其是康雍乾三朝及近代以后。叶德辉《书林清话》载:

> 天下书板之善,仍推金陵、苏、杭。自学校一变,而书局并裁,刻书之风移于湘、鄂。……晚近则鄂之陶子龄,同以工影宋刻本名。江阴缪氏、宜都杨氏、常州盛氏、贵池刘氏所刻诸书,多出陶手。至是金陵、苏、杭刻书之运终矣。④

黄冈人陶子麟是清末著名的刻工之一,在武昌设立陶子麟书铺享誉刻书出版业界。"陶氏自光绪十二年(1886 年)后,终其一生勤勉刻书,据不完全统计,凡刻书 170 余种 800 余卷。"⑤

《清史稿》评价杨守敬"尝游日本,搜古籍,多得唐、宋善本,辛苦积赀,

---

① 陈方权:《湖北宋元明清刻书考略(下)》,《图书情报论坛》2008 年第 2 期。
② 陈方权:《湖北宋元明清刻书考略(下)》,《图书情报论坛》2008 年第 2 期。
③ 胡应麟:《少室山房笔丛·甲部·经籍会通》卷四,中华书局 1958 年版,第 57 页。
④ (清)叶德辉:《书林清话》,卷九《古今刻书人地之变迁》。
⑤ 王海刚:《近代黄冈陶氏刻书考略》附表《黄冈陶氏刻书表》,《出版科学》2007 年第 6 期。

藏书数十万卷,为鄂学灵光者垂二十年"①。

据江凌研究,明清时期湖北地区坊刻、私刻业空前发展,武昌、汉口、荆州、襄樊等地刻书业尤为发达,如武昌有陶子麟书铺、舆地学会、亚新地学社、益善书店、聚有堂等;汉口有善成堂、善仁堂、宝森斋、宏道堂等;荆州有积古斋、荆防广化善堂等;襄樊有学源堂、大文堂等。②

而且,清代湖北地区的书院刻书业也有长足发展,如省城武昌的江汉书院、经心书院、两湖书院、勺庭书院均有藏书和刻书,兴国州叠山书院、黄州河东书院、汉川甑山书院、应城蒲阳书院的刻书业也较为有名,留下了不少刻本精良的书籍。清人戴钧衡说:"书院之所以称名者,盖实以为藏书之所,而令诸子就学其中者也。"③

无疑,明清两代湖北刻书出版业的发展,对培养人才的重要作用不可小觑。而且从清代湖北刻书业的地域分布来看,鄂东地区是一重镇,其次是鄂中南地区。这与人才的地理分布特征不谋而合,即刻书业繁荣地区相应地人才也是最发达地区,反之,刻书业欠发达地区人才也寥若星辰,体现出人才成长与刻书业的繁荣是相互促进的关系。

第四节　社会环境

狭义的社会环境是指人类直接赖以生存及活动的环境,广义的社会环境则包括人类生存及活动范围内所有社会物质、精神条件。对于各类人才来说,无时无刻不是处在一个特定的社会环境中,同时也受到社会环境的影

---

① (清)赵尔巽、柯劭忞等:《清史稿》,卷四百八十六《列传二百七十三》"文苑三",中华书局1976年版。

② 江凌:《清代两湖地区的出版业》,华中师范大学2008年博士学位论文。

③ 赵所生等主编:《中国历代书院志》第9册,《桐乡书院志》卷六,《书院杂议四首·藏书籍》,江苏教育出版社1995年版,第769页。

响。如文化传承、民风民俗及人才间的交流互动都属于社会环境的范畴。

一、文化传承

"文化这种东西是具有很多特点的,最鲜明的特点就是扩散。也可以称之为交流。"①地域文化传统具有感染力和生命力,它对地域人才的出现和成长起作用,具有地域文化传统优势的地区也成一地人才成长的一条捷径。

明代万历年间著名的人文地理学家王士性曾描述:

> 蕲、黄之间,近日人文飙发泉涌,然士风与古渐远,好习权奇,以旷达为高,绳墨为耻,盖有东晋之风焉。然其一段精光亦铲埋不得。毋论士大夫,即女郎多有能诗文者,如周元孚董夫人辈。②

鄂东靖氏在修纂宗谱时,为表彰那些因科甲宦绩,或因文章声名被收入省府县志的族人。③ 同治《汉川县志》有一段非常有意思的记载:

> 学宫基址肇自元代,明嘉靖中,议者以为非吉改迁于伏龙山,未及仍复故地。历今六百年来规制闳壮,髦俊济跄,亦云吉矣。若夫科名之隆盛,则视乎人材之造就,岂专恃乎地哉?④

县志的编撰者们阐述汉川县科名的兴盛在于本地人才造就的,而非学

---

① 王会昌等:《长江流域人才地理》,《季羡林总序》,湖北教育出版社 2005 年版,第 7 页。

② (明)王士性:《广志绎》,卷四《江南诸省》,中华书局 1981 年版,第 92 页。

③ 游欢孙、曹树基:《地方权势演变与康熙中叶鄂东大族的宗族实践——以黄冈靖氏为例》,《学术界》2011 年第 11 期。

④ 同治《汉川县志》,卷首《图说》,《中国地方志集成》,湖北府县志辑 09,江苏古籍出版社 2001 年版,第 26 页。

宫选址的吉与不吉。说明汉川县文化氛围浓厚,历经几百年而不衰。

黄州府文脉传承盛况空前:

> 自宋王元之、苏子瞻二公以气节文章照临此邦,山川亦勃发其清淑
> 之气,笃生俊哲,自是以还,理学名儒文采经济,史不绝书,见于明史者
> 五十三人,文物声明遂为楚中之冠。①

再如:

> 夫黄在楚称巨郡,而文献尤甲诸郡。……黄既为楚巨郡,声名文物
> 又与海内大区相比。数其中豪儁兴起于侯之治化,反讹鄙为庞裕,当不
> 逾朝夕。②

黄冈县王廷瞻、王廷陈、冯云路、熊霝、易道暹、王家录、吴琳入传,其中
王廷瞻、王廷陈为进士,其余几人或为诸生,或举于乡,均为文人。

麻城县入传八人,黄梅县邢寰、石金二人,江夏县入传的王竑、殷承叙、
郭正域、熊廷弼、贺逢圣等五人均为进士出身。

> 江陵作相九列公卿,半系楚人。如吕相国调阳,方司马逢时,李司
> 空幼滋,曾司空省吾,刘司寇一儒,王少宰篆,谢司徒鹏举,陈宗伯恩育,
> 汪冢宰宗伊,各据要路。其后吴相继之,则许相国国,王相国锡爵,徐宗
> 伯学谟,姜宗伯宝,顾司马章志,方司徒弘静,王司寇世贞,王御史大夫

---

① 光绪《黄州府志(一)》,《序》,《中国地方志集成》,湖北府县志辑14,江苏古籍出版社
2001年版,第3页。

② 光绪《黄州府志(一)》,《潘志序》,《中国地方志集成》,湖北府县志辑14,江苏古籍出版
社2001年版,第18—19页。

樵,赵少宰用贤,程司徒嗣功,顾司马养谦。今则豫章渐盛。①

其中,吕调阳、汪宗伊、方逢时等人《明史》皆有传。

石首县:

成荣昌字国梁,盐运司经历。少失怙,事其祖与母至孝,友爱两弟,延师课读,欬治备至,后相继成名,族子弟有秀而贫者,极力玉成。②

王庆之,字孟吉,……以贡入国学,考授州同弗就。读书教子,家法严肃,性喜吟咏,寒暑不辍。③

襄阳在三国及唐代名人辈出,闻名遐迩。但在明清襄阳人才在省内的地位已下降不少,始终在第六、七位徘徊。"襄阳夙称多耆旧古迹。……其人又有尹伯奇、卞和、司马德操、张柬之、杜审言、皮日休诸人。"④

清代陶澍论述湖北文化格局:

汉魏以来,襄、郧一带衣冠极盛,近则文风首推武、汉、黄三属,而安陆、荆州、德安、沔阳次之,襄阳远不逮矣。⑤

明清时期,鄂东地区文化勃兴,人才蔚起,黄州府科甲兴旺,更名列各府第一。这种文化地理的变动,彻底改变了湖北文化重心长期徘徊于江汉地

---

① (明)王士性:《广志绎》,卷四《江南诸省》,中华书局 1981 年版。
② 同治《石首县志》,卷六上《同治丙寅年人物志》,《中国地方志集成》,湖北府县志辑 45,江苏古籍出版社 2001 年版,第 190 页。
③ 同治《石首县志》,卷六上《同治丙寅年人物志》,《中国地方志集成》,湖北府县志辑 45,江苏古籍出版社 2001 年版,第 191 页。
④ (明)王士性:《广志绎》,卷四《江南诸省》,中华书局 1981 年版,第 91—92 页。
⑤ 陶澍:《蜀輶日记》卷四,道光四年刊本。

区的格局。①

明代王士性评价湖北黄州府科第突出时说道：

> 江北山川彝旷,声名文物所发泄者不甚偏胜;江南山川盘郁,其融结偏厚处则科第为多:如浙之余姚、慈溪,闽之泉州,楚之黄州,蜀之内江、富顺,粤之全州、马平,每甲于他郡邑。然文人学士又不拘于科第,尝不择地而生。……然世朝以来江南彬彬乎盛矣。②

汉阳县明代"蔡溶如字元度,博雅能文,以贡为湘阴教谕,流寓滇越。晚乃归里,……作四无诗以见志,学者争相传写。性耿介不妄取,虽困穷泊如也一夕"③。

汉川县同治年间遭受太平天国运动的重创,社会生产生活遭受巨大破坏,但随着动乱平息,文化传统发挥了重要的延续作用。

> 然而亩亩之子户守耕耘儒素之家,人安絃诵,其间文章志节,卓然继起,尤足以振世而励俗斯岂非。④

宜都人杨守敬,曾做过黄冈教谕、两湖书院教习等职。《清史稿》评价他:

> 为文不足跻裕钊,而其学通博。精舆地,用力於水经尤勤。通训

---

① 张笃勤:《明清黄州文化科举兴盛及其社会根源》,《学习与实践》2009 年第 3 期。
② （明）王士性:《广志绎》,卷一《方舆崖略》,中华书局 1981 年版。
③ 光绪《续辑汉阳县志》,卷二十一《文苑》,《中国地方志集成》,湖北府县志辑 05,江苏古籍出版社 2001 年版,第 2 页。
④ 同治《汉川县志》,《序》,《中国地方志集成》,湖北府县志辑 09,江苏古籍出版社 2001 年版,第 5 页。

诂,考证金石文字。能书,摹钟鼎至精。工俪体,为箴铭之属,古奥耸拔,文如其人。以举人官黄冈教谕,加中书衔。……卒,年七十有七。著有水经注图、水经注要删、隋书地理志考证、日本访书志、晦明轩稿、邻苏老人题跋、望堂金石集等。①

黄陂县有:

> 侯信卿,字怀宇,雅志披玄交多名士,卜居甘露钓台间。年七十余,从邑中邓黄诸先生讲学,棲遲二程祠,不问寒暑,游者甚众。②
> 刘世荣,字泰占,贡生,工文章。自辟町畦,不依傍前人。教人心得为宗,沈潜经术,反覆训诂于新安四书,註水解的,破一切高头讲章,概所不览,一时从游者多登科第。③ 又有"林盛,字大林,问学该博,为文力追古人。……于楚风三变之外,自成一家之言。著有《此观堂集》数十卷,名士从游者甚众。"④黄陂县"王崇斌,增生,学纯品正善课读门下士多科甲"。⑤

鄂中南地区的京山县亦有人才辈出的传统:

---

① 赵尔巽、柯劭忞等:《清史稿》,卷四百八十六《列传二百七十三》"文苑三",中华书局1976年版。

② 同治《黄陂县志》,卷之九《文苑》,《中国地方志集成》,湖北府县志辑08,江苏古籍出版社2001年版,第259页。

③ 同治《黄陂县志》,卷之九《文苑》,《中国地方志集成》,湖北府县志辑08,江苏古籍出版社2001年版,第262页。

④ 同治《黄陂县志》,卷之九《文苑》,《中国地方志集成》,湖北府县志辑08,江苏古籍出版社2001年版,第262页。

⑤ 同治《黄陂县志》,卷之九《文苑》,《中国地方志集成》,湖北府县志辑08,江苏古籍出版社2001年版,第265页。

就京邑人才言之,春秋敬王之世伍员将敌师入郢覆楚。京人申包胥者乞师于秦,⋯⋯若夫隐逸流寓,则有严光、孟郊之流人才辈出,文章蔚起。①

何炳棣教授认为:"科举制是清代社会流动的重要途径。尽管获得功名的举子大多数还是出身于较高社会阶层,但一定比例的布衣借助科举得以升迁的事实,说明他们仍有一个较为公平的向上流动渠道。"

二、民风民俗

明清时期湖北各地独特的风俗表现在各地人才的差异性上面,试从大区来分析。

（一）鄂东地区

苏东坡《方山子传》中云:"光黄之间,多异人也。"光黄之间,光,指现河南光山;黄,指湖北黄州,即麻城一带。清乾嘉陈诗所著《湖北通志·人物志序》中云:

吾闻光黄多异人,出则鸾翔,处则豹隐。夫皆孕灵光岳,文行表表,绝尘而驰,殆指不胜层云,高贤流商所至,仰始九鼎⋯⋯

黄州府:

其形胜地连云梦,城倚大江,山川相缪,淮楚之交。其俗淳质俭约,民有鱼稻之利,田事不修。

---

① 康熙《京山县志》,《序》,《中国地方志集成》,湖北府县志辑43,江苏古籍出版社2001年版,第2—3页。

黄州府黄冈县：

士多工古文词，其习相渐尔。……士传家学，科甲后先称盛。①

士好读书，以博览著述为业，辄自负不能相下。旧时治经者多礼祀各有师傅，今颇兼之。②

冈邑之为俗也，士传家学，人喜为儒。科甲后先称盛，童子试且数千文名甲于楚。其佔毕授徒，自邻邑达乎豫蜀，居常循循遵礼法，有躐治者群绝之。③

蕲州：

阤俗富庶，乐于为儒，数十年来人文宣朗，名士辈出，斐然成风。良由圣朝涵濡礼乐之教既深且久，而牧兹土著，又皆躬行以振励之，故民风士习益隆益盛。……其人庞近古秀民乐于为儒，士习诗书民务稼穑。④

蕲水县：

文藻渊源簪缨联续。……邑多衣冠之绪，以孝友为本，诗书为业，朴茂近古，今风气渐开，骚雅文会之兴，盖骎骎焉。⑤

---

① （清）吕调元、刘承恩修，张仲炘、杨承禧纂：民国《湖北通志》，卷二十一《舆地志》"风俗"，民国十年重刊本，台湾华文书局印行 1967 年版，第 573 页。

② 乾隆《黄冈县志》，卷之一《风俗》，《中国地方志集成》，湖北府县志辑 16，江苏古籍出版社 2001 年版，第 46 页。

③ 乾隆《黄冈县志》，卷之一《风俗》，《中国地方志集成》，湖北府县志辑 16，江苏古籍出版社 2001 年版，第 45 页。

④ 嘉靖《蕲州志》，卷之一《风俗》，天一阁藏明代方志选刊，上海古籍书店 1962 年版。

⑤ （清）吕调元、刘承恩修，张仲炘、杨承禧纂：民国《湖北通志》，卷二十一《舆地志》"风俗"，民国十年重刊本，台湾华文书局印行 1967 年版，第 573 页。

麻城县：

　　麻邑在楚之东北,延袤数百里,其土厚而肥,其俗醇而朴,其人质直而好义。……山灵川媚常生大儒,为国家瑞应。……家诵诗书,士尚名俭,工词翰善,嘘奖后进,达则争相朋植。民习勤苦,通技艺,轻远游,能以劳起家。……谣云东乡田庄,西乡文章,南乡经商,北乡酒浆。①

　　麻城土风厚善,乐于为儒,出重名节,处尚廉耻。旴俗富庶,秀民乐于为儒,不轻释其业。彬彬喜学,有邹鲁遗风。②

广济县：

　　俗多朴茂,民爱稼穑,士喜诗书,以孝友为先,然其人椎而赣。……旧家大族以书为业,庶民不论贫贱,皆知重儒。士尚节气,重廉耻,有奔竞者众,咸訾之。③

黄梅县：

　　士习礼教,勤学而文朴不陋。……邑自雍正间升为大学迩来,科甲联翩,所在皆学舍闻书声,风近古矣。④

---

① (清)吕调元、刘承恩修,张仲炘、杨承禧纂:民国《湖北通志》,卷二十一《舆地志》"风俗",民国十年重刊本,台湾华文书局印行 1967 年版,第 574 页。
② 民国《麻城县志前编》,卷一《疆域》"风俗",《中国地方志集成》,湖北府县志辑 20,江苏古籍出版社 2001 年版,第 32 页。
③ (清)吕调元、刘承恩修,张仲炘、杨承禧纂:民国《湖北通志》,卷二十一《舆地志》"风俗",民国十年重刊本,台湾华文书局印行 1967 年版,第 574 页。
④ (清)吕调元、刘承恩修,张仲炘、杨承禧纂:民国《湖北通志》,卷二十一《舆地志》"风俗",民国十年重刊本,台湾华文书局印行 1967 年版,第 574 页。

罗田县：

> 无鱼盐市舶通商之利，故其俗勤生而力本。无金玉货贝绮谷绘锦，珍禽怪兽名花异材之产，故其俗质约而隘。无车马络绎将迎供亿之扰，故其俗惜费而惮役。①

武昌府：

> 风流都雅，词章郁勃，尚气节而重礼仪。②

武昌知府裕谦骄傲地评价武昌府文教兴盛，民风淳朴：

> 武郡地居省会，夙称文教之邦，本府莅任以来留心访察江夏士子俱能恪守卧碑，从不干预公事，足征首善名区，风气淳厚不胜嘉悦之至。③

武昌：

> 其形胜江汉为池，吴楚襟带。其俗皆窳偷生而无积聚，尚朴崇鬼，力本好文。④

针对各地不同风俗教化，清代学人即认识到"相其偏敝而施政教"，教

---

① 嘉靖《罗田县志》，序，《中国地方志集成》，湖北府县志辑 21，江苏古籍出版社 2001 年版，第 4 页。

② （清）吕调元、刘承恩修，张仲炘、杨承禧纂：民国《湖北通志》，卷二十一《舆地志》"风俗"，民国十年重刊本，台湾华文书局印行 1967 年版，第 570 页。

③ （清）裕谦：《勉益斋偶存稿》，卷四《武昌》"整顿士习示"（道光九年九月）。

④ （明）章潢：《图书编》，卷三十九《湖广图叙》，钦定四库全书。

化与施政教对培养人才起重要的作用。康熙《湖广武昌府志》云：

> 语曰千里不同风，百里不同俗，是故太师陈诗，以观民风刚柔、燥湿、好恶、贞淫，相其偏敝而施政教焉。……夫武昌敦礼义、负气节、喜文学、登台辅者相望。然而所隶诸邑，风俗亦微不同志风俗。①

虽然武昌府在明清时期人才辈出，但据康熙《湖广武昌府志》②描述府内各县风土人情，各地风俗差异比较明显。

如武昌府：

> （江夏附郭）……有田者不躬亩，亩实产难而弃业易拙于封殖，敦于诗书，耻于武健，习于仁柔。③

武昌县：

> 临大江，内潴巨浸，山水清华秀土，以风俗雅相高，土地瘠确，小民以渔稻为业。

咸宁县：

> 然其秀民守常，彪彪如也。

---

① 康熙《湖广武昌府志》，卷之三《风俗志》，《中国地方志集成》，湖北府县志辑 02，江苏古籍出版社 2001 年版，第 165 页。
② 康熙《湖广武昌府志》，卷之三《风俗志》，《中国地方志集成》，湖北府县志辑 02，江苏古籍出版社 2001 年版，第 166—167 页。
③ 康熙《湖广武昌府志》，卷之三《风俗志》，《中国地方志集成》，湖北府县志辑 02，江苏古籍出版社 2001 年版，第 165 页。

嘉鱼县:

然其俗仅土著,耕地无车牛之牵,民用淳朴,士尚风节。是以名贤间出,文章气节之士前代为盛,而今则数十年隽二闱者寥寥,岂俗化使然与? 抑盛衰之变有必至也。土瘠而讼简习尚温柔家以鱼稻为业人敦诗礼之好。[①]

蒲圻县:

然而民尚诗书,士安诵读,使其去轻浮之习,尚敦素之风。黄溥之理学,魏观、廖明略道南之文章,任献夫之端正,未必不见于今日也。鄂之壮邑,居郡上流山川清淑,科第代不乏人。负山带河,湖陂内汇,稻黍鱼鳖耕渔足食。[②]

崇阳县:

土瘠民窭惰窳不善治生,山泽萑苻破苦。……贾而读书,人文科甲优于他僻邑。

通城县:

山多水少,民生其间资性重厚,甘淡泊务耕织,不事服贾故,邑虽弹丸而鲜奸悍,士气亦磊落。然而人物罕著,自唐宋以来进士可考者四

---

① (清)吕调元、刘承恩修,张仲炘、杨承禧纂:民国《湖北通志》,卷二十一《舆地志》"风俗",民国十年重刊本,台湾华文书局印行1967年版,第570页。
② (清)吕调元、刘承恩修,张仲炘、杨承禧纂:民国《湖北通志》,卷二十一《舆地志》"风俗",民国十年重刊本,台湾华文书局印行1967年版,第570页。

人,明三百年间二人而已。多力田,故而地虽少水,往往蛟龙起陆漂杀人畜,又当街道军旅往来。明末寇乱,白骨盈野。今幸生聚有年矣,俗俭不尽与他邑同。

兴国州:

远江近湖,俗尚俭朴,饭稻羹鱼,有果瓜竹箭茶茗之利。士尚义而好文明。士重经术,耻习讼。家虽贫,儿童必令读书,乞伙助以供束脩者,农勤垦植,野无旷土。①

大冶县:

邑偏处陬隅民鲜素封之积。……但其风气渟蓄实为江湖之奥区,故能名哲挺生,人才彪彪秀出,惟渐以诗书礼乐即比屋可封,何愧焉。

通山县:

僻在万山土地最瘠,风气刚毅民多朴野,士尚气节,无绮罗滋味之嗜,无嫄惰湿靡之习。产茶即以茶为业,犊裈椎髻与估客交易,无纷争。

武昌府内九县一州,其中江夏附郭、武昌、嘉鱼、蒲圻、崇阳、兴国州等地均有"敦于诗书"、"名哲挺生"、"民尚诗书"等风俗,这与明清时期武昌府内进士、著作数的地域分布基本一致。如附郭县江夏明清两代进士都排在府内

---

①　(清)吕调元、刘承恩修,张仲炘、杨承禧纂:民国《湖北通志》,卷二十一《舆地志》"风俗",民国十年重刊本,台湾华文书局印行1967年版,第571页。

第一位。兴国州明代产生进士 36 名,排府内第二位;清代产生进士 36 名,排府内第三位。武昌县明代有进士 13 名,清代有 53 名,在府内排名由明代的第七名上升到第二名,清代进士人才成长快。府内各类人才产出较少的是通城和通山两县,这与两地风土人情不无关系。如通城县人物罕见,明代三百年间仅出 2 名进士,与笔者统计结果一致,进士人才不发达可见一斑。

汉阳府"其俗信巫滔祀,力农业渔"。"汉口独盛,尤以商贾辐辏,杂有吴越川广之风焉。……汉口一带五方杂处,多以贸易为业,不事耕种,又多湖荡资以为生。惟土著殖民尚力农务而地属下湿,宜稻而不宜麦。"①汉阳县"人物科名之盛,甲于三楚"②。

汉阳县:

地狭民贫,然先贤名儒往往宦游其邦,流风余韵有存焉者。③

民国《夏口县志》载:

士大夫学古高蹈,虽贫乏亦志儒业,耻他途。民朴而有礼让之风。④

德安府:

①　民国《夏口县志》,卷二《风土志》,《中国地方志集成》,湖北府县志辑 03,江苏古籍出版社 2001 年版,第 36 页。
②　(清)吕调元、刘承恩修,张仲炘、杨承禧纂:民国《湖北通志》,卷二十一《舆地志》"风俗",民国十年重刊本,台湾华文书局印行 1967 年版,第 572 页。
③　(清)吕调元、刘承恩修,张仲炘、杨承禧纂:民国《湖北通志》,卷二十一《舆地志》"风俗",民国十年重刊本,台湾华文书局印行 1967 年版,第 571 页。
④　民国《夏口县志》,卷二《风土志》,《中国地方志集成》,湖北府县志辑 03,江苏古籍出版社 2001 年版,第 36 页。

其俗喜儒尚义,土风醇厚。承天府其俗质直,少文古风遗事,有白雪阳春之美。

应山县:

当楚之北偏,地甚贫瘠,俗亦简陋。……其里狭,土瘠民贫,俗醇朴,喜儒尚信义,有古遗风。……邑沐杨忠烈公遗泽士尚节义以守拙为高。①

应城县:

环境之内,原隰相间山泽交错,有布枲谷麦鱼鹜蒲苇之利,石膏所产甲天下,缒凿运贩,足赡数口,田赋中上,故人皆安土重迁,拥万金者不下数百户,丰盈之象异乎昔之所云矣。②

(二)鄂中南地区

荆州府:

其形胜距三峡介重湖江汉之间,四集之地,其俗敬鬼重祠,十年一佃,质直好学,衣冠渊薮。③

荆州府江陵县:

① (清)吕调元、刘承恩修,张仲炘、杨承禧纂:民国《湖北通志》,卷二十一《舆地志》"风俗",民国十年重刊本,台湾华文书局印行1967年版,第575页。
② (清)吕调元、刘承恩修,张仲炘、杨承禧纂:民国《湖北通志》,卷二十一《舆地志》"风俗",民国十年重刊本,台湾华文书局印行1967年版,第575页。
③ (明)章潢:《图书编》,卷三十九《湖广图叙》,钦定四库全书。

> 荆州含带蛮蜒,土地辽阔称为殷盛。……成化弘治间,户口蕃殖,狱讼稀简,民各安,其乡里亲爱。……江陵衣冠薮泽。谚云:琵琶多于饭,甑措大多于鲫鱼。①

公安县:

> 士重经学,喜古文辞,仕进者以贫相高,以进退勖长者咸畏谨,避事自诧于无闻知。子弟多结文社,以艺相角故,一时文风甲于荆楚,科第亦蝉联不绝。②

监利县:

> 士多好学,民勤农桑,田畴常虞水患。……以德教蒸蒸乎,富庶礼让之邦。③

鄂中南地区人才虽不及鄂东地区为人文渊薮,但荆州府江陵县、公安县人才产出较其他县发达。安陆府内天门、钟祥二县人才亦较为发达。

(三)鄂北地区

鄂北地区主要有襄阳府和郧阳府等地。各府民俗如下:

襄阳府:

---

① (清)吕调元、刘承恩修,张仲炘、杨承禧纂:民国《湖北通志》,卷二十一《舆地志》"风俗",民国十年重刊本,台湾华文书局印行 1967 年版,第 579—580 页。

② (清)吕调元、刘承恩修,张仲炘、杨承禧纂:民国《湖北通志》,卷二十一《舆地志》"风俗",民国十年重刊本,台湾华文书局印行 1967 年版,第 580 页。

③ (清)吕调元、刘承恩修,张仲炘、杨承禧纂:民国《湖北通志》,卷二十一《舆地志》"风俗",民国十年重刊本,台湾华文书局印行 1967 年版,第 581 页。

其形胜跨荆蜀、控南北、接宛许、扼关洛。撲大汉以为池,面崇山以为固。其俗江汉好游,尚文习侈,信鬼滛祀,好楚歌,居室编竹代瓦。

襄阳府南漳县:

田畴既辟,生齿日繁,而士之崛起科目者不概见。①

光化县:

山谷绵延,流逋朋居,悍而无统,易扇以乱。②

郧县:

地僻一隅,士皆散处,鲜所观摩,学亦易废。③ 郧县"郧阳古志,民多秦音俗尚楚歌,务农少学,流寓杂处。群书备考介荆陕之间为万山盘互,其民刀耕火种,易动难戢,盖楚之轻剽,秦之强悍兼而有之"④。

房县:

邑居省城西偏,山深地僻,俗陶秦楚之风,人渐江汉之化。民讼稀,

---

① （清）吕调元、刘承恩修,张仲炘、杨承禧纂:民国《湖北通志》,卷二十一《舆地志》"风俗",民国十年重刊本,台湾华文书局印行1967年版,第577页。

② （清）吕调元、刘承恩修,张仲炘、杨承禧纂:民国《湖北通志》,卷二十一《舆地志》"风俗",民国十年重刊本,台湾华文书局印行1967年版,第577页。

③ （清）吕调元、刘承恩修,张仲炘、杨承禧纂:民国《湖北通志》,卷二十一《舆地志》"风俗",民国十年重刊本,台湾华文书局印行1967年版,第578页。

④ 同治《郧县志》,舆地卷二《风俗》,《中国地方志集成》,湖北府县志辑59,江苏古籍出版社2001年版,第74页。

邢政不烦,庶几先王之遗近,今流寓日多,五方杂处,习俗相沿寖不古若。①

竹山县:

地阔人稀,其俗浑朴,后值五方杂处,能勿异习殊俗耶,惟是俗之美者,可因俗之,颓者宜革。②

往岁学校榛芜,近数十年膠庠之士日众,户诵家絃,不似深山陋习。③

郧阳府:

"郡之有学,自升郡时始"。在府城除府学外,还陆续开办了龙门书院和正学书院。各县大致在建府一、两年内,都兴建了县学,同时还"令各属广建社学"。一时在汉水中上游兴起了办学之风,深山野谷里有了朗朗的读书声。④

(四)鄂西南地区

施南府:

<hr>

① (清)吕调元、刘承恩修,张仲炘、杨承禧纂:民国《湖北通志》,卷二十一《舆地志》"风俗",民国十年重刊本,台湾华文书局印行1967年版,第578页。
② 同治《竹山县志》卷七《风俗》,《中国地方志集成》,湖北府县志辑61,江苏古籍出版社2001年版,第340页。
③ (清)吕调元、刘承恩修,张仲炘、杨承禧纂:民国《湖北通志》,卷二十一《舆地志》"风俗",民国十年重刊本,台湾华文书局印行1967年版,第579页。
④ 匡裕从:《15—19世纪鄂西北的开发》,《理论月刊》1998年第10期。

民俗全郡略同,城镇无茶馆酒肆,妇女不冶容游春。① 宣恩县"人好入山,不乐平旷"。来凤县"地僻山深,民杂夷獠,俗尚朴陋,习勤苦力。近时五方杂处,称以多事"。咸丰县"其风朴野俗尚耕稼,土旷民稀,獠蛮杂处。水陆不通,生计太薄,惟服牛负贩自食其力"②。

潘先生在《中国画家的分布、移植与遗传》一文中,通过对明以前画家分布与迁徙的分析,提出"文化的移徙,由于自身移徙——即文化之传播推广者小,而由于人口移徙者大。约言之,人才的迁徙,实为文化移徙的张本"。从人口的迁徙谈到文化的迁徙,再总结出人才的迁徙是文化迁徙的必然结果。潘先生还提出了"人才产生三边形"模型,即"生物遗传"、"文化遗业"、"平生遭际",认为一个人成才的程度,就在于这三种因缘结合的程度。③

在这三边形中,遗传是基础,文化遗业和平生遭际是供给刺激的环境,前者是纵时性的,后者是横时性的。潘先生认为,"平生遭际"只决定成才的方向,而不能决定成才的程度。

三、宾兴业的发展

宾兴起源于《周礼》,是一种表彰和劝学的礼仪。目前人们较为熟悉的"宾兴"的含义是指科举考试资助。④ 有学者指出:"'宾兴'一词源于《周礼》'以

---

① (清)吕调元、刘承恩修,张仲炘、杨承禧纂:民国《湖北通志》,卷二十一《舆地志》"风俗",民国十年重刊本,台湾华文书局印行1967年版,第584页。
② (清)吕调元、刘承恩修,张仲炘、杨承禧纂:民国《湖北通志》,卷二十一《舆地志》"风俗",民国十年重刊本,台湾华文书局印行1967年版,第583—584页。
③ 叶忠海:《人才地理学概论》,上海科技教育出版社2000年版,第7页。
④ 毛晓阳:《清代宾兴礼考述》,《清史研究》2007年第3期。

乡三物教万民而宾兴之'。后世将支持应试、入学、登科的机构称作宾兴。"①"宾兴"一词,最终成为地方社会捐资助考的社会公益基金的特定称谓。②

毛晓阳认为,明初宾兴礼第一次与乡饮酒礼分离,成为府州县一级的科举送别及庆贺典礼,明代地方科举经费预算为宾兴礼的举行提供了有力的经费支持。③ 而清代科举宾兴是清代教育经费中除儒学、书院资产之外的第三大门类。④ 而到了清代,"宾兴更多的是作为一种地方的助考组织,在诸多方面为考生提供帮助。"⑤

就湖北而言,道光年间,裕谦在武昌和荆州两地任知府期间,曾倡议捐银数千两作为宾兴费用,"因与诸僚属议衷金三千两,存典生息,为计偕之资,俾寒畯得以及时自效,人之欲善谁不如我邑。绅士中有愿独捐者,有愿公捐者,集腋成裘,亦可为同心之一助,今同年郑君若璜,与其乡人士,有宾兴馆之举,凡士子春秋闱费,俱出乎其中。"⑥武昌"奎照堂,宾兴钱一万千贺阶平捐为乡会试宾兴之费"⑦。

"楚夙多材,荆郡尤称材薮,自元明以来,名公巨卿指不胜屈。我朝厚泽深仁涵濡数百年之久,府属七邑暨驻防城内,登贤书者颇不乏人。而溯查丁丑科会试尚有二十余名,迨至己卯科起至丙戌科止,每科会试不过数名或四五名不等。…… 皆由寒畯之士,资斧不敷,因而裹足不前,怀才未试。……本府因是率属,捐廉发典生息推广。"⑧

---

① 李才栋、邓爱红:《漫说"宾兴"》,见刘海峰主编:《科举制的终结与科举学的兴起》,华中师范大学出版社 2006 年版,第 419—425 页。

② 毛晓阳、金甦:《明代科举宾兴考述》,《井冈山大学学报》2012 年第 1 期。

③ 毛晓阳、金甦:《明代科举宾兴考述》,《井冈山大学学报》2012 年第 1 期。

④ 毛晓阳:《科举学研究丛书:清代科举宾兴史》,华中师范大学出版社 2014 年版。

⑤ 杨雪:《清代湖北宾兴研究》,华中师范大学 2009 年硕士学位论文。

⑥ (清)裕谦:《勉益斋偶存稿》,卷二《荆州》"江陵宾兴馆记"(道光七年十一月)。

⑦ (清)吕调元、刘承恩修,张仲炘、杨承禧纂:民国《湖北通志》,卷六十一《学校七》"经费",民国十年重刊本,台湾华文书局印行 1967 年版,第 1416 页。

⑧ (清)裕谦:《勉益斋偶存稿》,卷一《荆州》"捐助会试举人盘费示"(道光七年正月)。

道光九年十二月，时任武昌知府的裕谦捐助乡试诸生卷价，"武郡为楚荆材薮，辈出名贤，迩来文品士风，愈觉蒸蒸日上，每届乡试之岁，亦甲于通省，祁祁秀艾，所为感发奋兴。……卑府有培育人材之责，筹思及此，曷可漠然？是以倡率所属十州县公，捐廉银五千两，分饬武昌、咸宁、蒲圻、兴国、大冶、嘉鱼六州县领发各典商，每月以一分起息，每年计得息银六百两，积至三年，可得息银一千八百两，每年以十个月息银，存为散给正科乡试诸生卷价，每年所余两个月息银及遇闰增息银两，俱另为提出存贮，以备恭逢恩科散给之资，俾得均有沾润，免致偏枯。"①

又有捐助会试举人盘费，"窃照武昌府领袖楚江，夙称材薮，登贤书者，科不乏人。……寒畯往往春官一上行即裹足拨撅，……水程山驿，舟车之费维艰。虽有腾骧之志而不能自捷其登进之步者，不知凡几。卑府前守荆州时体此寒士苦衷，曾于道光六年，倡捐廉银，发典生息，以助公车之费。……迨道光九年己丑科会试人数即倍于前。……是以仿照荆州原议章程，率同江夏县公捐廉银五千两，即发江夏各典商，每月以一分起息每年计得息银六百两。……每年以十个月息银存为正科会试举人盘费。"②裕谦认为，"庶寒士略有所资可期，临场更为踊跃。"③

他还详细记录了当时武昌府内各县捐银的数目及发典生息，如"一府中捐银一千五百两，江夏县捐银一千四百两；武昌、兴国、大冶三州县，各捐银五百两；咸宁、嘉鱼、蒲圻、通城、通山六县，各捐银一百两，总共捐市平纹银五千两。查武昌县典商较多，发交银一千五百两；其次咸宁、蒲圻应各发交银一千两；其次兴国、大冶、嘉鱼各发交银五百两，每月按一分起息，每年共得息银六百两，遇闰增息银五十两，按四季呈缴府库积存备用"④。

---

① （清）裕谦：《勉益斋偶存稿》，卷四《武昌》"捐助乡试诸生卷价详"（道光九年十二月）。
② （清）裕谦：《勉益斋偶存稿》，卷四《武昌》"捐助会试举人盘费详"（道光九年十二月）。
③ （清）裕谦：《勉益斋偶存稿》，卷四《武昌》"捐助乡试诸生卷价详"（道光九年十二月）。
④ （清）裕谦：《勉益斋偶存稿》，卷四《武昌》"捐助乡试诸生卷价详"（道光九年十二月）。

裕谦在武昌知府任内十分重视文教事业的发展,不仅数次捐助并拨公款,更在全府范围内设立了资助乡试和会试的宾兴钱发典生息,给士子派发盘费银两,以助科考。省治所在地武昌府,"江夏县,于乾隆五十年,建立了资助乡会试的宾贤庄。"①

光绪《沔阳州志》亦记载沔阳州资助科举考试士子及书院的费用等详细情况:

> 宾兴公车,自道光二十五年,前福建按察使周揆源等筹捐,前直隶霸昌道张鸿衢暨邑绅向系钟、费道章、张树煊等倡捐。合邑共捐钱七千有奇,以三千贯作宾兴成本,余作膏火、卷价等项成本,邑绅平治捐银一千两,作公车成本,存典生息。……给佃领种,收租典湖取利,充作宾兴之用。其嘉庆十六年清文隔垱六湖,原额一千零四十七亩,外盈余湖淤田七百八十四亩,每年纳租钱六十串,归聚奎书院充用。②

光绪《大冶县志续编》载:

> 兴贤庄。光绪七年,署知县朱荣椿捐九九钱二百串,发典生息作宾兴费。③

民国《夏口县志》也有记载"宾兴"一目:

> 学额既分,培文、培芹、蔚文三堂公款势不能久,合旋经两属绅首,

① 杨雪:《清代湖北宾兴研究》,华中师范大学 2009 年硕士学位论文。
② 光绪《沔阳州志》,卷五《宾兴》,《中国地方志集成》,湖北府县志辑 47,江苏古籍出版社 2001 年版,第 178—179 页。
③ 光绪《大冶县志续编》,卷之五《学校志》,《中国地方志集成》,湖北府县志辑 06,江苏古籍出版社 2001 年版,第 425 页。

仍照三分之一派拨付各典及殷户生息,房租亦间有之。每届考试年,分量息多寡按人数分派,即学师卷费亦按月致送,迨科举停学,官裁学生之优,奖举贡者赴部应试,莫不于兹。是赖蓋亦宾兴之遗意也。①

　　黄州府的八个县或州有七个分别在康嘉时期建立宾兴组织,这是当地社会文化发展的一个反映。② 杨雪认为,清代湖北宾兴组织"以地区的横向发展,则分为鄂东、鄂中和鄂西三个区域,以鄂东地区发展最为充分"③。黄州府的宾兴组织发展较为成熟,其中黄冈县、黄安县、蕲水县、罗田县、广济县和黄梅县六县均建立有宾兴组织,蕲水县宾兴最早出现在明代,经过战乱的中断后,在清康熙年间重建了宾兴庄田。这与进士人才数量在地域分布上以鄂东人才最为昌盛的现象具有一致性。

　　由于经济条件的制约,鄂西南和鄂北地区的宾兴资金相对其他地区较少。又因地方偏远,士子参加科举考试所需要的经费都比其他地区同样的人数要多得多。科举经费少成为两地人才产出数量较少的原因之一。

四、人才交流

　　俗话说"近朱者赤",人才群体间的交流无疑是有利于人才成长的。就黄州府来看,前有苏子瞻"滞黄数稔"④。

　　蕲黄合治以后,黄州府"上游作楚门户,……从来地以人重,人以文显。昔苏文忠以迁客来此,不治民事,王元之,两制旧臣,一麾出守故竹楼,赤壁

---

　　① 民国《夏口县志》,卷六《学校》,《中国地方志集成》,湖北府县志辑 03,江苏古籍出版社 2001 年版,第 94 页。
　　② 杨雪:《清代湖北宾兴研究》,华中师范大学 2009 年硕士学位论文。
　　③ 杨雪:《清代湖北宾兴研究》,华中师范大学 2009 年硕士学位论文。
　　④ 光绪《黄州府志(一)》,《序》,《中国地方志集成》,湖北府县志辑 14,江苏古籍出版社 2001 年版,第 18 页。

雪堂、月波楼诸作,寄托旷达,未可云经国大业也"①。

明清时期湖北各类人才间互相交流的例子不胜枚举。如黄冈人冯云路:

> 好学励行,年三十,即弃诸生,从贺逢圣讲学,遂寓居武昌,著书数百卷。②

麻城人毛凤起:

> 为县生员,究心性命之学,闻阳明先生倡道东南,徒步从之,居数年有所得,归而授徒,作心学图致知说,以淑人士。先生之道以诚敬为入门,以践履为实地。……知县陈子文筑道峰书院,复其徭役,以居就教者益众。③

贺逢圣,字克繇,江夏人:

> 与熊廷弼少同里闬,而不相能。为诸生,同受知于督学熊尚文。尚文并奇二生,曰"熊生,干将、莫邪也。贺生,夏瑚、商琏也"举于乡。家贫,就应城教谕。万历四十四年,殿试第二人,授翰林编修。④

---

① 光绪《黄州府志(一)》,《序》,《中国地方志集成》,湖北府县志辑 14,江苏古籍出版社 2001 年版,第 3 页。

② (清)张廷玉:《明史》,卷二百九十四《列传第一八二》"忠义六",中华书局 1974 年版。

③ 民国《麻城县志前编》,卷九《耆旧》"文学",《中国地方志集成》,湖北府县志辑 20,江苏古籍出版社 2001 年版,第 200—201 页。

④ (清)张廷玉:《明史》,卷二百六十四《列传第一百五十二》"贺逢圣",中华书局 1974 年版。

刘应元,字云峤,武昌人:

初为铜工,闻蕲州顾问讲学寒溪,往听悦之。……应元因弃家游学,久之门徒数十人,所坐一牀觚棱尽灭,所著有《学易宗旨》、《洪范辨疑》、《盛朝六典》、《当世要务》诸书。①

胡可仕,咸宁人:

兄弟三人皆明春秋,可仕,擢进士。陈友谅兵起,遁迹不仕,教授乡间邑人鲍琮、方嵩游其门,传其学。②

周振,字若临,麻城人:

万历己未进士,不应选,逍遥林下。家在乡,去县治百里,而近足迹不一,岁时伏腊,亦乐与田夫牧竖工饮,姚希孟以书劝之,仕不报。③

嘉鱼李承箕往广东拜师于白沙学派陈献章,几经磨难,"自嘉鱼至新会,涉江浮海,水陆万里,先生往见者四。"④民国《湖北通志》亦有记载,

---

① （清）吕调元、刘承恩修,张仲炘、杨承禧纂:民国《湖北通志》,卷一百五十四《人物志》"隐逸传",民国十年重刊本,台湾华文书局印行 1967 年版,第 3625 页。
② （清）吕调元、刘承恩修,张仲炘、杨承禧纂:民国《湖北通志》,卷一百五十四《人物志》"隐逸传",民国十年重刊本,台湾华文书局印行 1967 年版,第 3625 页。
③ （清）吕调元、刘承恩修,张仲炘、杨承禧纂:民国《湖北通志》,卷一百五十四《人物志》"隐逸传",民国十年重刊本,台湾华文书局印行 1967 年版,第 3625 页。
④ （清）黄宗羲著,沈芝盈点校:《明儒学案》卷五《白沙学案上》"举人李大厓先生承箕",中华书局 1985 年版,第 93 页。

"（承箕）其胸次洒落，献章之门无及之者。"①师生间交流颇多，如陈献章曾在一首诗中描述到：

> 去岁逢君笑一回，经年笑口不曾开。
> 山中莫谓无人笑，不是真情懒放怀。②

李承箕得白沙学说之真谛，是陈献章的得意门生。又如《明儒学案》评价二人交往而成莫逆之交：

> 衡岳千寻云万寻，丹青难写梦中心。
> 人间铁笛无吹处，又向秋风寄此音。③

在明代的鄂东地区文学界、思想界最为引人注目的是著名思想家、文学家李贽寓居于黄安、麻城等地，对寓居当地的社会乃至湖北的地方社会都产生了影响。

如黄安人耿定向：

> 其学本王守仁。尝招晋江李贽于黄安，后渐恶之，贽亦屡短定向。④

耿定向"竭力地探求一种既有形而上的根据，又能融合于日常生活的

---

① （清）吕调元、刘承恩修，张仲炘、杨承禧纂：民国《湖北通志》，卷一百五十一《人物志》"文学传"，民国十年重刊本，台湾华文书局印行 1967 年版，第 3566—3567 页。
② （清）黄宗羲著，沈芝盈点校：《明儒学案》卷五《白沙学案上》"举人李大厓先生承箕"，中华书局 1985 年版，第 93 页。
③ （清）黄宗羲著，沈芝盈点校：《明儒学案》卷五《白沙学案上》"举人李大厓先生承箕"，中华书局 1985 年版，第 93 页。
④ （清）张廷玉：《明史》，卷二百二十一《列传第一百九》"耿定向"，中华书局 1974 年版。

真理。……他已经开始指出了伦理道德的理,应当与物理、地理的理有所区别,以此施政的标准也应当与哲学思想有所区别"①。可见哲学家耿定向思想超前,已经开始挑战一元论的宇宙观。

耿定理在调和长兄与李贽间的冲突起了很大作用,他性格柔和轻松,善于用禅宗式的机锋来避开辩论中的正面冲突。② 一生没有应考做官,但学问很高,亦与李贽交好,李贽辞官后寓居鄂东黄安、麻城等地达二十年之久。

> 余自出滇,即取道适楚,以楚之黄安有耿楚倥(即定理)、周友山二君聪明好学,可藉以夹持也。③

及定理去世后,李贽更留居湖北达二十年之久,令人钦佩:

> 乃令人护送家眷回籍,散遣僮仆依亲,只身走麻城芝佛院与周柳塘先生为侣。……不觉遂二十年,全忘其地之为楚,身之为孤,人之为老,须尽白而发尽秃也。④

再如湖北著名的文学流派——公安派"三袁"兄弟同李贽之间交往颇多,如:

> 万历二十一年(一五九三),他们兄弟三人,同访卓吾(李贽)于黄州龙潭,向他"问学"。⑤

---

① ［美］黄仁宇:《万历十五年》,中华书局 2006 年版,第 205 页。
② ［美］黄仁宇:《万历十五年》,中华书局 2006 年版,第 205 页。
③ (明)李贽:《李氏续焚书》,卷二《序二汇》"释子须知序"。
④ (明)李贽:《李氏续焚书》,卷二《序二汇》"释子须知序"。
⑤ (明)袁宗道著,钱伯城标点:《白苏斋类集》,《前言》,上海古籍出版社 1989 年版,第 4 页。

李贽寓居麻城时还与周思久、周思敬、梅国桢等过从甚密,梅国桢曾为李贽的著作《焚书》撰写序言。

麻城"风俗好义尚耻。载在方志,明李贽流寓时,虽尝以狂诞悖戾之言,呼朋譁众。……忠义文学甚盛益炽"①。李贽在黄州讲学的影响甚广,如《明史》列传中描述李贽:

> 贽为姚安知府,一旦自去其发,冠服坐堂皇,上官勒令解任。居黄安,日引士人讲学,杂以妇女,专崇释氏,卑侮孔、孟。②

讲学时常有妇女来听,如"梅国桢有一个孀居的女儿梅澹然曾拜李贽为师,梅家的其他女眷也和李贽有所接触"③。足见对黄安、麻城等地社会的影响。

苏州思想家、文学家冯梦龙也曾寓居麻城讲学,与李贽、丘长孺、袁宏道、袁中道、梅之焕等人过从甚密。

> 余昔年游楚,与刘金吾、丘长孺(按:丘长孺为刘金吾妹夫)俱有交。刘浮慕豪华,然中怀麟介,使人不测。长孺文试不偶,乃拔笔为游击将军。然雅歌赋诗,实未能执殳前驱也,身躯伟峰,袁中郎呼为"丘胖";而恂恂雅饰,如文弱书生,是宜为青楼所归矣。④

丘长孺,名坦,楚麻城世家子。性喜豪华,尤工诗字。其姊丈刘金

---

① 民国《麻城县志前编》,序一,《中国地方志集成》,湖北府县志辑20,江苏古籍出版社2001年版,第1页。
② (清)张廷玉:《明史》,卷二百二十一《列传第一百九》"耿定向",中华书局1974年版。
③ [美]黄仁宇:《万历十五年》,中华书局2006年版,第223页。
④ 冯梦龙:《情史类略》,卷六《情爱类》"丘长孺"。转引自王凌:《冯梦龙麻城之行——冯梦龙生平及思想探幽之二》,《福建论坛》1988年第4期。

吾,亦崇、恺之亚也。①

　　除却本地学者之间、外地学者来湖北做学术交流外,还可见湖北人才与周边省份人才的交流与互动。

　　湖北的鄂东地区与安徽的安庆府接壤,而明清时期的安庆府亦是人文渊薮,涌现出众多人才群体,影响清代文坛200余年的"桐城派"即诞生于此,对于周边地区的影响不言而喻。再如两湖地区的人才交往也是有例可证。

　　江夏人刘湘煃问学于安徽宣城的历算大家梅文鼎:

　　　　闻梅文鼎以历算名当世,赍产走千馀里,受业其门,湛思积悟,多所创获。②

　　沔阳人童承叙与"茶陵张治、蒲圻廖道南,号楚三才,而承叙尤俊迈"③。武昌人张裕钊被誉为"曾门四弟子"之一,继承桐城派余绪。在《清史稿》中有传:

　　　　少时,塾师授以制举业,意不乐。家独有南丰集,时时窃读之。咸丰元年举人,考授内阁中书。曾国藩阅卷赏其文,既,来见,曰"子岂尝习子固文耶?"裕钊私自喜。已而国藩益告以文事利病及唐、宋以来家法,学乃大进,痗前此所为犹凡近,马迁、班固、相如、扬雄之书,无一日不诵习。④

---

　　①　冯梦龙:《情史类略》,卷六《情爱类》"丘长孺"。
　　②　(清)赵尔巽、柯劭忞等:《清史稿》,卷五百六《二百九十三》"畴人一",中华书局1976年版。
　　③　(清)吕调元、刘承恩修,张仲炘、杨承禧纂:民国《湖北通志》,卷一百五十一《人物志》"文学传",民国十年重刊本,台湾华文书局印行1967年版,第3568页。
　　④　(清)赵尔巽、柯劭忞等:《清史稿》,卷四百八十六《列传二百七十三》"文苑三",中华书局1976年版。

曾国藩曾言:"'吾门人可期有成者,惟张、吴两生',谓裕钊及吴汝纶也。"曾国藩是湖南人,吴汝纶即为安徽桐城人,而桐城人马其昶又出自张裕钊的门下,人才间互动交流可见一斑。

清初诗人赵翼的《论诗·其二》云:"李杜诗篇万口传,至今已觉不新鲜。江山代有才人出,各领风骚数百年。"说明人才都是一定历史时代的产物。我们研究历史时期的人才是为了"往古而知今",为今天的人才培养与开发提供借鉴。

何炳棣曾在论述中认为湖北、湖南、四川及广东四省,明初因举人定额较少而使间接遭受损失,因为这种定额并不依据人口增长而加以修订,1702年以后的分省进士定额又使这几个省份直接蒙受损失。"在明清的大部分时期,湖北和湖南形成单独的一个省份——湖广。而且,直到1702年,所有这四个省不得不在所谓的'南卷'中,与文风兴盛的东南诸省竞争。它们也许不应当被视为文化落后的省份。"①民国《湖北通志》也谓:"洪熙元年(1425年)九月,改定乡试取士额,湖广四十名,初定会试中额,以百名为率南北卷分取,南人十六,北人十四,湖广为南卷。"②从研究进士数量及流动入手,他认为湖北或许不应当被视为文化落后的省份。梁启超亦认为,湖北文化虽有坚固之文化原质,终究不能一跃而为中国文化之超等地位,若湖北能完成经济上腾飞和文化上负责调和南北两大责任,则湖北文化必定能跻身全国前列。

---

① 何炳棣著,王振忠译,陈绛校:《科举与社会流动的地域差异》,《历史地理》第十一辑,上海人民出版社1993年版,第306页。

② (清)吕调元、刘承恩修,张仲炘、杨承禧纂:民国《湖北通志》,卷一百二十四《人物志》"选举表二",民国十年重刊本,台湾华文书局印行1967年版,第2813页。

结　语

　　明清时期的湖北在经济、政治、文化、社会等诸方面都发生了巨大改观，乃至有学者认为"这种改观正是明清时期湖北历史发展的主要内容"[1]。明清时期湖北的发展，离不开当时涌现出的大量杰出人才。而明清时期湖北人才的成长，又取决于当时的社会环境。可以说，二者是互为前提、相互作用、循环往复的。本书基于《明史》《清史稿》及各地地方志的文本统计，选取了进士、列传人物和著作三个维度，运用图表等方法直观呈现了明清时期湖北人才时空分布的特征，并详细探讨了明清湖北人才地理分布与自然环境及社会环境之间的互动过程。

一、研究结论

　　第一，仅从明清湖北人才历史变迁的实证分析来看，清代学人顾祖禹认为明代为湖北人才三大高峰之一的判断是站得住脚的。仅从与安徽、湖南两省有限的比较来看，梁启超、何炳棣等对湖北人才处于全国中游位置的论断也与本书的数据分析相符。

　　第二，在明清500多年的历史中，湖北人才并非处于同一水平，而是上下起伏，有高峰有低谷。明代湖北在政治舞台上诞生了张居正、杨溥、杨涟、

---

[1]　章开沅等主编，张建民著：《湖北通史·明清卷》前言，华中师范大学出版社1999年版，第1页。

刘天和、邹文盛、孙交、周宏禴、李承勋、吴廷举、熊廷弼、郭正域、贺逢圣、鲁
铎、吴琳、陈金等一大批人才,在学术方面涌现出黄安"三耿"、嘉鱼"二李"、
公安"三袁"、李维桢、王廷瞻等人才。相较于明代,清代要逊色不少。明清
时期湖北人才在时间上呈现出明代景泰朝后稳步上升的趋势,在明代万历
年间达到顶峰。明代中后期和清代初期为湖北进士人才的高产时期,明代
初年相对是人才的低谷期。总之,湖北人才在明代初年发展缓慢,明中期以
后人才发展呈持续上升趋势,清代人才发展相对平稳,太平天国运动期间又
短暂走向低谷,随后反弹,但始终没有达到明代高峰时期的水平。

第三,明清时期湖北文化在快速发展的同时,人才的地域分布存在着地
区间的不平衡。整体而言,全省可以划分为三大人才区域:鄂东为人才发达
地区、鄂中南为人才次发达地区、鄂北和鄂西南为人才不发达地区。从趋势
上看,明至清湖北人才不断向鄂东地区集中,其人才数量约占全省人才总数
的70%。人才向鄂东地区集中的一个典型例证是,明代鄂中南地区荆州府
人才数量处于全省前三,而至清代鄂东地区汉阳府人才数量迅速攀升至全
省第三位,荆州府则落入人才不发达区域。图1显示,明代湖北各府州三个
指标的地域分布趋势基本一致。图2表明,清代湖北进士人才与著作数地
域分布的变化趋势基本一致,在列传人物的分布上仅有些许出入。

第四,从明代开始,湖北的经济和文化就进入了"以东南言之,则重在
武昌"的时代,但仅就人才数量而言,明清两代黄州府人才均处于全省绝对
高峰,作为政治中心的武昌府虽亦为人才辈出之邦也只能紧随其后。清代
荆州府人才地位相对有所下降。在黄州府清代人才不断积聚的情况下,麻
城县人才地位与明代相比已不可同日而语,由明代的府内排名第一降至第
三位,变化显著。

第五,明清湖北人才几次大的高峰是嘉靖、万历、顺治、康熙、乾隆朝,可
见湖北人才产出高峰在明代中后期和清代初期。小高峰有永乐、成化、弘
治、正德、崇祯、雍正、嘉庆、道光、同治、光绪等朝。

第六,宋代以后经济重心向南方转移的大背景给湖北带来了发展机遇。对于明清时期的湖北来说,政治中心转移到鄂东的武昌是促使鄂东人才飞速发展的关键因素。鄂东地区的武昌府、黄州府、汉阳府、德安府(除随州)地理区位都是围绕在武昌这一政治中心,可获得最优质的政治资源和文化资源,有利于人才的成长。鄂东地区之所以成为明清时期湖北文化中心、人才中心,是"地缘政治、历史积淀、经济发展、教育以及结社讲学之风等诸多因素共同作用的结果"①。这种境况的形成是历史时期人才的成长对自然地理环境的选择性、区域文教发展特性、地区行政变迁、移民等因素综合选择的结果。

第七,移民所带来的社会经济变化是人才发展的直接因素。鄂东人才发展的最为直接原因是江西移民给地方社会带来的巨大变化。明中叶至清中叶的"江西填湖广"、"湖广填四川"都是基于两湖地区这个"中转站",湖北成为江西移民的流入地和中转地。而鄂东地区占据区位优势,成为最先接纳江西移民的地区。江西自宋代以来即成为文化发达地区,因此江西移民既提供了富余的劳动力,又带来了先进生产技术,使得鄂东地区率先得到开发和发展。鄂东地区本就有蕲水、浠水、巴水、举水、倒水等五水与长江、汉江相连,形成了辐射四周的便利交通网络,加上政治中心的吸引,移民所携带来的异邦先进文化又使得这一地区的人们开阔了视野,"尽得风气之先",培养了许多人才,成为明清时期湖北人才的高产之邦。

二、研究展望

本书充分运用了历史统计学、定量分析、图表的方法,对明清时期湖北人才的三个指标——列传人物、进士、著作在湖北各地的地理分布、差异及

---

① 方正:《人文重镇形成的文化生态——以明代黄州府为考察中心》,武汉大学 2013 年博士学位论文。

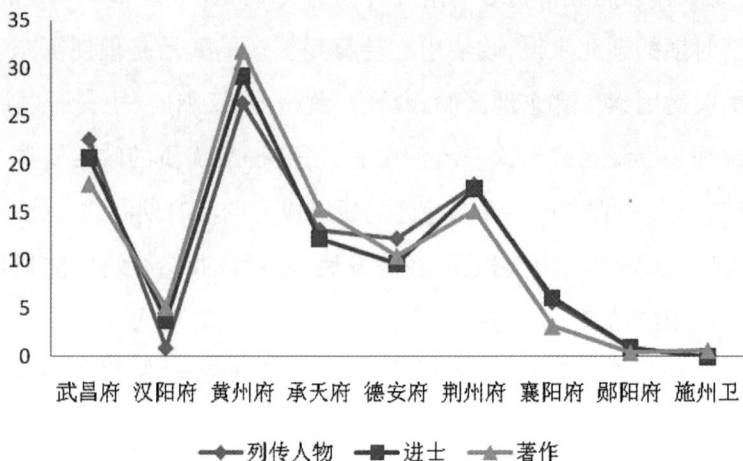

图 1　明代湖北列传人物、进士、著作各府占比图（%）

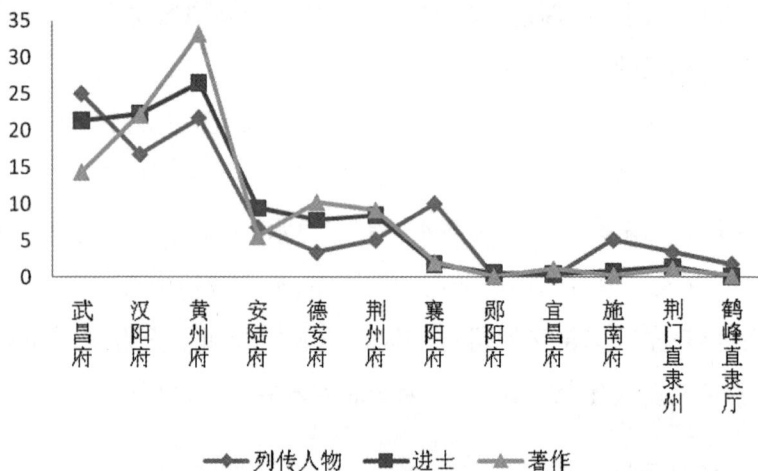

图 2　清代湖北列传人物、进士、著作各府占比图（%）

历史变迁的情况,作了系统而细致的阐述,并对影响人才地理分布的因素进行了探讨。本书是对湖北历史人才研究的尝试,是对中国历史人才地理研究的有益补充。但是随着研究的深入,发现还有许多地方需要作进一步深入研究。囿于时间和精力,本书没有展开讨论,但为下一步研究指明了方向。

第一，纵向坐标上湖北人才的比较研究问题。众所周知，在先秦时期湖北地区创造了灿烂辉煌的楚文化，三国时期这一区域也曾是文化高峰时期。对湖北文化的三大高峰时期人才的比较，以及对湖北历史时期人才的纵向研究值得进一步探讨。

第二，横向坐标上的人才比较研究问题。移民将明清时期的湖北与周边省份如江西、湖南、安徽等联系起来，湖北人才与周边人才的比较值得研究。具体可做一些个案深入研究下去，如通过谱系、方志等资料对于湖北人才作溯源研究，探寻湖北人才的代际流动问题。

第三，"人才与时代"的关系研究。明清时期是湖北历史发展的重要阶段，本书初步探讨了这一历史时期环境影响人才成长的一面，但是对人才如何影响时代发展，尤其是明清人才与湖北社会转型之间的互动机制没有进行深入探讨。进一步而言，武昌首义的发生、红安县众多军事人才的涌现，与湖北历史上人才分布之间的关系也值得进一步深入思考和研究。

参考文献

一、古籍

[1]（汉）司马迁:《史记》,中华书局 1972 年版。

[2]（宋）叶适:《水心文集》,商务印书馆 1922 年版。

[3]（元）脱脱等:《宋史》,中华书局 1985 年版。

[4]（明）方孝孺著,徐广大校:《逊志斋集》,宁波出版社 2000 年版。

[5]（明）焦竑:《国朝献征录》,《续修四库全书》,上海古籍出版社 1996 年版。

[6]（明）沈德符:《万历野获编》,中华书局 1959 年版。

[7]（明）汪道昆著,胡益民、余国庆点校:《太函集》,黄山书社 2005 年版。

[8]（明）王士性:《广志绎》,中华书局 1981 年版。

[9]（明）谢肇淛:《五杂俎》,上海书店出版社 2001 年版。

[10]（明）袁宏道:《袁中郎先生全集》重刊本,1829（道光九年）。

[11]（明）袁中道:《珂雪斋集》,上海古籍出版社 1989 年版。

[12]（明）张居正:《张太岳集》影印本,上海古籍出版社 1984 年版。

[13]（明）章潢:《图书编》,广陵书社 2011 年版。

[14]（明）梅国桢著,凌礼潮笔注:《梅国桢集》,湖北人民出版社 2006 年版。

［15］《明会典》重印明万历本,中华书局1989年版。

［16］(清)蔡冠洛:《清代七百名人传》,中国书店1984年版。

［17］(清)顾炎武:《天下郡国利病书》,图书集成局牵引本,1901(光绪二十七年)。

［18］(清)顾祖禹:《读史方舆纪要》,中华书局2005年版。

［19］(清)胡承诺:《绎志》,浙江书局重刊本,1872(同治十一年)。

［20］(清)黄宗羲著,沈芝盈点校:《明儒学案》,中华书局1985年版。

［21］(清)吕调元、刘承恩修,张仲炘、杨承禧纂:《湖北通志》,民国十年重刊本,台湾华文书局印行1967年版。

［22］(清)沈德潜等:《清诗别裁集》,上海古籍出版社1984年版。

［23］(清)陶澍:《书輈日记》,小方壶斋舆地从钞本,杭州古籍书店影印,1985年。

［24］(清)陶澍:《陶文毅公全集》影印本,台湾文海出版社1966年版。

［25］(清)王士禛:《池北偶谈》,中华书局1982年版。

［26］(清)张廷玉:《明史》,中华书局1974年版。

［27］(清)张维屏编撰,陈永正点校:《国朝诗人征徵略》,中山大学出版社2004年版。

［28］(清)赵尔巽、柯劭忞等:《清史稿》,中华书局1976年版。

［29］(清)赵翼:《廿二史札记》,中华书局2008年版。

［30］《大清会典》,湖北崇文书局刊本,1872(同治十一年)。

［31］《大清会典事例》,嘉庆刊本。

［32］《大清一统志》,中华书局1986年版。

［33］《清朝文献通考》影印本,浙江古籍出版社1988年版。

［34］《清会典》影印光绪本,中华书局1991年版。

［35］《清会典事例》影印光绪本,中华书局1991年版。

［36］《清史列传》标点本,中华书局1987年版。

[37]（台湾）故宫博物院：《宫中档雍正朝奏折》，台北：1977 年。

[38]（台湾）故宫博物院：《宫中档康熙朝奏折》，台北：1976 年。

[39]（台湾）故宫博物院：《宫中档乾隆朝奏折》，台北：1982 年。

[40]范锴撰，江浦、朱忱等校释：《汉口丛谈校释》，湖北人民出版社 1999 年版。

[41]陈士元：《江汉丛谈》，《丛书集成》本。

[42]王葆心：《续汉口丛谈》，武昌益善书局铅印本，1933（民国二十二年）。

二、方志

[1]弘治《黄州府志》，天一阁藏明代方志选刊本，上海古籍书店影印，1965 年。

[2]弘治《夷陵州志》，天一阁藏明代方志选刊续编本，上海书店影印，1990 年。

[3]嘉靖《汉阳府志》，天一阁藏明代方志选刊本，上海古籍书店影印，1963 年。

[4]嘉靖《湖广图经志书》，日本藏中国罕见地方志丛刊本，书目文献出版社 1991 年版。

[5]嘉靖《罗田县志》，天一阁藏明代方志选刊续编本，上海书店影印，1990 年。

[6]嘉靖《蕲水县志》，天一阁藏明代方志选刊本，上海古籍书店影印，1963 年。

[7]嘉靖《蕲州志》，天一阁藏明代方志选刊本，上海古籍书店影印，1962 年。

[8]嘉靖《应山县志》，天一阁藏明代方志选刊本，上海古籍书店影印，1964 年。

［9］嘉靖《巴东县志》,天一阁藏明代方志选刊续编本。

［10］嘉靖《大冶县志》,嘉靖十九年刻本(1540)。

［11］嘉靖《归州全志》,天一阁藏明代方志选刊续编本。

［12］嘉靖《归州志》,天一阁藏明代方志选刊续编本。

［13］嘉靖《公安县志》,嘉靖二十二年刻本(1543)。

［14］万历《湖广总志》,万历十九年刻本(1591)。

［15］顺治《监利县志》,顺治九年刻本(1652)。

［16］顺治《蕲水县志》,顺治十四年刻本(1657)。

［17］康熙《德安府志》,康熙二十四年刻本(1685)。

［18］康熙《汉阳府志》,康熙八年刻本(1669)。

［19］康熙《湖广通志》,康熙二十三年刻本(1684)。

［20］康熙《景陵县志》,康熙三十一年刻本(1692)。

［21］康熙《松滋县志》,康熙九年刻本(1670)。

［22］康熙《随州志》,康熙六年刻本(1667)。

［23］康熙《武昌府志》,康熙二十六年刻本(1687)。

［24］康熙《孝感县志》,康熙十二年刻本(1673)。

［25］康熙《应城县志》,康熙十年刻本(1671)。

［26］康熙《枝江县志》,康熙九年刻本(1670)。

［27］乾隆《东湖县志》,乾隆二十八年刻本(1763)。

［28］乾隆《汉阳府志》,乾隆十二年刻本(1747)。

［29］乾隆《汉阳县志》,乾隆十三年刻本(1748)。

［30］乾隆《鹤峰州志》,乾隆六年刻本(1741)。

［31］乾隆《黄冈县志》,乾隆五十四年刻本(1789)。

［32］乾隆《江陵县志》,乾隆五十九年刻本(1794)。

［33］乾隆《荆州府志》,乾隆二十二年刻本(1757)。

［34］乾隆《蒲圻县志》,乾隆三年刻本(1738)。

[35]乾隆《随州志》,乾隆五十五年刻本(1790)。

[36]乾隆《天门县志》,乾隆三十年刻本(1765)。

[37]乾隆《武昌县志》,乾隆二十八年刻本(1763)。

[38]乾隆《襄阳府志》,乾隆二十五年刻本(1760)。

[39]乾隆《郧西县志》,乾隆四十二年刻本(1777)。

[40]乾隆《枝江县志》,乾隆五年刻本(1740)。

[41]乾隆《钟祥县志》,乾隆六十年刻本(1795)。

[42]乾隆《竹山县志》,乾隆五十年刻本(1785)。

[43]嘉庆《恩施县志》,嘉庆十三年刻本(1808)。

[44]嘉庆《汉阳县志》,嘉庆二十三年刻本(1818)。

[45]嘉庆《湖北通志》,嘉庆九年刻本(1804)。

[46]嘉庆《荆门直隶州志》,嘉庆十四年刻本(1809)。

[47]嘉庆《南漳县志》,嘉庆二十年刻本(1815)。

[48]嘉庆《郧阳志》,嘉庆二年刻本(1797)。

[49]道光《安陆县志》,道光二十三年刻本(1843)。

[50]道光《巴州志》,道光十三年刻本(1833)。

[51]道光《长阳县志》,道光二年刻本(1822)。

[52]道光《鹤峰县志》,道光二年刻本(1822)。

[53]道光《建始县志》,道光二十一年刻本(1841)。

[54]道光《蒲圻县志》,道光十六年刻本(1836)。

[55]道光《施南府志》,道光十四年刻本(1834)。

[56]道光《天门县志》,道光元年刻本(1821)。

[57]道光《云梦县志》,道光二十年刻本(1840)。

[58]道光《竹溪县志》,道光七年刻本(1827)。

[59]同治《保康县志》,同治五年刻本(1866)。

[60]同治《长阳县志》,同治五年刻本(1866)。

［61］同治《崇阳县志》,同治五年刻本(1866)。

［62］同治《大冶县志》,同治六年刻本(1867)。

［63］同治《东湖县志》,同治三年刻本(1864)。

［64］同治《恩施县志》,同治三年刻本(1864)。

［65］同治《房县志》,同治四年刻本(1865)。

［66］同治《公安县志》,同治十三年刻本(1874)。

［67］同治《谷城县志》,同治六年刻本(1867)。

［68］同治《广济县志》,同治十一年刻本(1872)。

［69］同治《汉川县志》,同治十二年刻本(1873)。

［70］同治《汉阳县志》,同治七年刻本(1868)。

［71］同治《黄陂县志》,同治十年刻本(1871)。

［72］同治《监利县志》,同治十一年刻本(1872)。

［73］同治《建始县志》,同治五年刻本(1866)。

［74］同治《江夏县志》,同治八年刻本(1869)。

［75］同治《荆门直隶州志》,同治七年刻本(1868)。

［76］同治《来凤县志》,同治五年刻本(1866)。

［77］同治《利川县志》,同治四年刻本(1865)。

［78］同治《蒲圻县志》,同治五年刻本(1866)。

［79］同治《施南府志》,同治十年刻本(1871)。

［80］同治《石首县志》,同治五年刻本(1866)。

［81］同治《松滋县志》,同治八年刻本(1869)。

［82］同治《随州志》,同治八年刻本(1869)。

［83］同治《通山县志》,同治七年刻本(1868)。

［84］同治《咸丰县志》,同治四年刻本(1865)。

［85］同治《襄阳县志》,同治四年刻本(1865)。

［86］同治《兴山县志》,同治四年刻本(1865)。

[87]同治《宣恩县志》,同治二年刻本(1863)。

[88]同治《宜昌府志》,同治五年刻本(1866)。

[89]同治《宜城县志》,同治五年刻本(1866)。

[90]同治《宜都县志》,同治五年刻本(1866)。

[91]同治《应山县志》,同治十年刻本(1871)。

[92]同治《远安县志》,同治五年刻本(1866)。

[93]同治《郧西县志》,同治五年刻本(1866)。

[94]同治《郧县县志》,同治五年刻本(1866)。

[95]同治《郧阳府志》,同治九年刻本(1870)。

[96]同治《枣阳县志》,同治四年刻本(1865)。

[97]同治《枝江县志》,同治五年刻本(1866)。

[98]同治《钟祥县志》,同治六年刻本(1867)。

[99]同治《竹山县志》,同治四年刻本(1865)。

[100]同治《竹溪县志》,同治十六年刻本(1877)。

[101]光绪《长乐县志》,光绪元年增刻本(1875)。

[102]光绪《德安府志》,光绪十四年刻本(1888)。

[103]光绪《光化县志》,光绪十年刻本(1884)。

[104]光绪《广德州志》,光绪七年刻本(1881)。

[105]光绪《归州志》,光绪八年刻本(1882)。

[106]光绪《汉川图记证实》,光绪二十一年刻本(1895)。

[107]光绪《汉阳县志》,光绪十年刻本(1884)。

[108]光绪《黄冈县志》,光绪八年刻本(1882)。

[109]光绪《黄梅县志》,光绪二年刻本(1876)。

[110]光绪《黄州府志》,光绪十年刻本(1884)。

[111]光绪《江陵县志》,光绪三年刻本(1877)。

[112]光绪《京山县志》,光绪八年刻本(1882)。

［113］光绪《荆州府志》,光绪六年刻本(1880)。

［114］光绪《利川县志》,光绪二十年刻本(1894)。

［115］光绪《罗田县志》,光绪二年刻本(1876)。

［116］光绪《麻城县志》,光绪八年刻本(1882)。

［117］光绪《沔阳州志》,光绪二十年刻本(1894)。

［118］光绪《蕲水县志》,光绪六年刻本(1880)。

［119］光绪《潜江县志》,光绪五年刻本(1879)。

［120］光绪《武昌县志》,光绪十一年刻本(1885)。

［121］光绪《咸宁县志》,光绪八年刻本(1882)。

［122］光绪《襄阳府志》,光绪十一年刻本(1885)。

［123］光绪《孝感县志》,光绪八年刻本(1882)。

［124］光绪《兴国州志》,光绪十五年刻本(1889)。

［125］光绪《续辑均州志》,光绪十年刻本(1884)。

［126］光绪《应城县志》,光绪八年刻本(1882)。

［127］民国《麻城县志前编》,民国二十四年刻本(1935)。

［128］民国《南漳县志》,民国十一年刻本(1922)。

［129］民国《夏口县志》,民国九年刻本(1920)。

［130］民国《枣阳县志》,民国十二年刻本(1923)。

［131］光绪《湖北通志志余》,湖北地方志稿本汇刊本,湖北省图书馆
1985 年版。

［132］《中国地方志集成湖北府县志辑》(1—67),江苏古籍出版社
2001 年版。

三、专著

［1］［美］黄仁宇:《万历十五年》,中华书局 2006 年版。

［2］［美］孔飞力:《叫魂:1768 中国妖术大恐慌》,生活·读书·新知三

联书店 2012 年版。

[3] [美]罗威廉著,李里峰等译:《红雨:一个中国县域七个世纪的暴力史》,中国人民大学出版社 2014 年版。

[4] [美]罗威廉著,鲁西奇、罗杜芳译:《汉口:一个中国城市的冲突和社区(1796—1895)》,中国人民大学出版社 2008 年版。

[5] [美]施坚雅主编,叶光庭等译:《中华帝国晚期的城市》,中华书局 2000 年版。

[6] [印度]S.K.乔朴拉主编,莘国梁等译:《人才流失及其逆转》,哈尔滨船舶工程学院出版社 1992 年版。

[7] [英]阿兰·R.H.贝克著,阙维民译:《地理学与历史学——跨越楚河汉界》,商务印书馆 2008 年版。

[8] [英]哈·迈进:《历史的地理枢纽》,商务印书馆 1985 年版。

[9] [英]李约瑟著,陆学善等译:《中国科学技术史》,科学出版社 2003 年版。

[10] 《中国民俗大观·湖北民俗》,甘肃人民出版社 2003 年版。

[11] 白寿彝:《中国通史》,上海人民出版社 2004 年版。

[12] 蔡少卿:《再现过去:社会史的理论视野》,浙江人民出版社 1988 年版。

[13] 陈谷嘉等:《中国书院史资料》,浙江教育出版社 1998 年版。

[14] 陈伟:《楚东国地理研究》,武汉大学出版社 1994 年版。

[15] 陈正祥:《中国文化地理》,香港三联书店出版社 1983 年版。

[16] 邓洪波:《中国书院史》,上海东方出版中心 2004 年版。

[17] 邓拓:《中国救荒史》,北京出版社 1998 年版。

[18] 冯天瑜等:《中华文化史》,上海人民出版社 2006 年版。

[19] 冯天瑜:《明清文化史札记》,上海人民出版社 2006 年版。

[20] 冯天瑜:《文化守望》,武汉大学出版社 2006 年版。

［21］冯天瑜：《中国文化近代转型管窥》，商务印书馆 2010 年版。

［22］葛剑雄、曹树基、吴松弟编著：《简明中国移民史》，福建人民出版社 1993 年版。

［23］葛剑雄：《中国历代疆域的变迁》，中共中央党校出版社 1991 年版。

［24］葛剑雄主编，曹树基著：《中国人口史》，复旦大学出版社 2001 年版。

［25］葛兆光：《古代中国社会与文化十讲》，清华大学出版社 2002 年版。

［26］郭齐勇：《宋明儒学与长江文化》，湖北教育出版社 2004 年版。

［27］郭培贵：《明代科举史事编年考证》，科学出版社 2008 年版。

［28］龚胜生：《清代两湖农业地理》，华中师范大学出版社 1996 年版。

［29］顾颉刚、史念海：《中国疆域沿革史》，商务印书馆 2004 年版。

［30］郭沫若：《中国史稿地图集》，中国地图出版社 1990 年版。

［31］郭全胜：《人才流动理论政策与实践》，中国劳动出版社 1990 年版。

［32］何炳棣著，徐泓译注：《明清社会史论》，台北联经出版事业股份有限公司 2013 年版。

［33］侯仁之：《历史地理学的理论与实践》，上海人民出版社 1992 年版。

［34］胡兆量等：《中国文化地理概述》，北京大学出版社 2001 年版。

［35］湖北省人民政府文史研究馆等主编：《湖北文征》，湖北人民出版社 2000 年版。

［36］湖北省社科院历史研究所：《湖北简史》，湖北教育出版社 1994 年版。

［37］湖北大学中国思想文化研究所主编：《中国文化的现代转型》，湖

北教育出版社 1996 年版。

[38]华林甫:《中国历史地理学五十年:1949—1999》,学苑出版社 2001 年版。

[39]黄盛章:《历史地理论集》,人民出版社 1988 年版。

[40]黄韦:《中国地方志词典》,黄山书社 1986 年版。

[41]介永强:《西北佛教历史文化地理研究》,人民出版社 2008 年版。

[42]蓝勇:《西南历史文化地理》,西南师范大学出版社 1997 年版。

[43]雷虹霁:秦汉历史地理与文化分区研究》,中央民族大学出版社 2007 年版。

[44]李兵:《科举与书院关系研究》,华中师范大学出版社 2005 年版。

[45]李德复、陈金安:《湖北民俗志》,湖北人民出版社 2002 年版。

[46]李国钧:《中国书院史》,湖南教育出版社 1998 年版。

[47]李孝聪:《中国区域历史地理》,北京大学出版社 2004 年版。

[48]李智君:《关山迢递(河陇历史文化地理研究)》,上海人民出版社 2011 年版。

[49]历史地理编辑委员会:《历史地理》(第十辑),上海人民出版社 1992 年版。

[50]历史地理编辑委员会:《历史地理》(第十三辑),上海人民出版社 1996 年版。

[51]历史地理编辑委员会:《历史地理》(第十一辑),上海人民出版社 1993 年版。

[52]梁方仲:《中国历代户口、田地、田赋统计》,中华书局 2008 年版。

[53]梁启超:《清代学术概论》,上海古籍出版社 2012 年版。

[54]梁启超:《中国近三百年学术史》,岳麓书社 2010 年版。

[55]林济:《长江中游宗族社会及其变迁——黄州个案研究(明清—1949)》,中国社会科学出版社 1999 年版。

［56］林拓:《文化的地理过程分析》,上海书店出版社 2004 年版。

［57］刘声木撰,徐天祥点校:《桐城文学渊源考·撰术考》,黄山书社 1989 年版。

［58］刘锡涛:《中国历史地理概要》,江西人民出版社 2006 年版。

［59］刘玉堂:《中国地域文化通览·湖北卷》,中华书局 2013 年版。

［60］卢云:《汉晋文化地理》,陕西人民教育出版社 1991 年版。

［61］鲁西奇:《区域历史地理研究:对象与方法——汉水流域的个案考察》,广西人民出版社 2000 年版。

［62］罗福惠:《湖北近三百年学术文化》,武汉出版社 1994 年版。

［63］罗福惠:《长江流域的近代社会思潮》,湖北教育出版社 2004 年版。

［64］罗运环:《荆楚文化》,山西教育出版社 2006 年版。

［65］柳诒徵:《中国文化史》,中国社会科学出版社 2008 年版。

［66］马正林:《中国历史地理简论》,陕西人民出版社 1987 年版。

［67］梅介人、田景海:《人才·环境·选择》,中国地质大学出版社 1988 年版。

［68］孟森:《明清史讲义》,中华书局 1981 年版。

［69］缪进鸿主编:《中国东南地区人才问题国际研讨会论文集》,浙江大学出版社 1993 年版。

［70］潘光旦:《明清两代嘉兴的望族》,上海书店出版社 1991 年版。

［71］潘光旦:《中国伶人血缘之研究》,上海书店出版社 1991 年版。

［72］潘新藻:《湖北省建置沿革》,湖北人民出版社 1987 年版。

［73］钱茂伟:《国家、科举与社会——以明代为中心的考察》,北京图书馆出版社 2004 年版。

［74］钱穆:《中国近三百年学术史》,商务印书馆 1997 年版。

［75］钱谦益:《列朝诗集小传》,上海古籍出版社 1983 年版。

［76］容肇祖：《明李卓吾先生赞年谱》，台湾商务印书馆1982年版。

［77］商衍鎏：《清代科举考试述录》，三联书店1958年版。

［78］沈云龙主编，潘世恩著：《思补斋笔记》，《近代中国史料丛刊续集：第二十集194》，台湾文海出版社1974年版。

［79］石泉：《古代荆楚历史地理新探》，武汉大学出版社1988年版。

［80］史念海：《河山集》，山西人民出版社1991年版。

［81］司徒尚纪：《广东文化地理》，广东人民出版社1993年版。

［82］宋元强：《清朝的状元》，吉林文史出版社1992年版。

［83］苏云峰：《张之洞与湖北教育改革》，台北"中央研究院"近代史研究所专刊(35)，1976。

［84］苏云峰：《中国现代化的区域研究(1860—1916)——湖北省》，台北"中央研究院"近代史研究所，1981年。

［85］谭其骧：《长水集》，人民出版社2009年版。

［86］谭其骧等：《中国历史地图集》，中华地图学社1975年版。

［87］陶用舒：《近代湖南人才群体研究》，岳麓书社2000年版。

［88］王恩涌等：《中国文化地理》，科学出版社2008年版。

［89］王光镐：《楚文化源流新证》，武汉大学出版社1988年版。

［90］王会昌：《中国文化地理》，华中师范大学出版社1992年版。

［91］王会昌等：《长江流域人才地理》，湖北教育出版社2005年版。

［92］王继平：《晚清人才地理分布研究(1840—1912)》，中国社会科学出版社2012年版。

［93］王玉德：《中华文明史稿》，崇文书局2008年版。

［94］王育民：《中国历史地理概论》，人民教育出版社1987年版。

［95］王钟翰点校：《清史列传》，中华书局1987年版。

［96］文选德：《湖湘文化古今谈》，湖南人民出版社2006年版。

［97］吴仁安：《明清江南望族与社会经济文化》，上海人民出版社2001

年版。

［98］吴宣德：《明代进士的地理分布》，香港中文大学出版社 2009 年版。

［99］吴永章：《湖北民族史》，华中理工大学出版社 1990 年版。

［100］徐斌：《明清鄂东宗族与地方社会》，武汉大学出版社 2010 年版。

［101］徐明庭辑校：《武汉竹枝词》，湖北民出版社 1999 年版。

［102］徐少华：《周代南土历史地理与文化》，武汉大学出版社 1994 年版。

［103］许苏民：《朴学与长江文化》，湖北教育出版社 2004 年版。

［104］薛正昌：《黄河文明的绿洲——宁夏历史文化地理》，宁夏人民出版社 2007 年版。

［105］严如熤：《三省山内风土杂识》，丛书集成初编本，商务印书馆 1936 年版。

［106］姚伟钧、郑玉东：《荆楚社会生活》，武汉出版社 2013 年版。

［107］殷海光：《中国文化的展望》，上海三联书店 2002 年版。

［108］叶调元撰，徐明庭、马昌松校注：《汉口竹枝词》，湖北人民出版社 1985 年版。

［109］叶学齐、刘盛佳等：《湖北省地理》，湖北教育出版社 1998 年版。

［110］叶忠海：《人才地理学概论》，上海科技教育出版社 2000 年版。

［111］易永卿、陶用舒：《现代湖南人才群体研究》，湖南人民出版社 2005 年版。

［112］雍际春：《陇右历史文化与地理研究》，中国社会科学出版社 2010 年版。

［113］余英时：《士与中国文化》，上海人民出版社 1987 年版。

［114］张步天：《中国历史文化地理》，湖南教育出版社 1993 年版。

［115］张国雄：《明清时期的两湖移民》，陕西人民出版社 1993 年版。

［116］张家驹:《两宋经济重心的南移》,湖北人民出版社 1957 年版。

［117］张建民:《10 世纪以来长江中游区域环境、经济与社会变迁》,武汉大学出版社 2008 年版。

［118］张杰:《清代科举家族》,社会科学文献出版社 2003 年版。

［119］张骏生:《人才学》,中国劳动社会保障出版社 2006 年版。

［120］张伟然:《湖北历史文化地理研究》,湖北教育出版社 2000 年版。

［121］张伟然:《湖南历史文化地理研究》,复旦大学出版社 1995 年版。

［122］张晓虹:《文化区域的分异与整合:陕西历史文化地理研究》,上海书店出版社 2004 年版。

［123］张正明:《楚文化史》,上海人民出版社 1987 年版。

［124］章开沅等主编,张建民著:《湖北通史·明清卷》,华中师范大学出版社 1999 年版。

［125］赵世瑜、周尚意:《中国文化地理概说》,山西教育出版社 1991 年版。

［126］赵世瑜等:《中国文化地理概说》,山西教育出版社 1991 年版。

［127］赵所生等主编:《中国历代书院志》第 9 册,江苏教育出版社 1995 年版。

［128］支伟成:《清代朴学大师列传》,岳麓书社 1986 年版。

［129］中国社会科学院历史研究所明史研究室编:《明史研究论丛》(第十三辑),中国广播电视出版社 2014 年版。

［130］钟敬文:《民俗学概论》,上海文艺出版社 1998 年版。

［131］周积明:《湖北文化史》,湖北教育出版社 2006 年版。

［132］周积明、宋德金:《中国社会史论》,湖北教育出版社 2000 年版。

［133］周尚意等:《文化地理学》,高等教育出版社 2010 年版。

［134］周晓光:《徽州传统学术文化地理研究》,安徽人民出版社 2006 年版。

［135］周振鹤：《中国历史文化区域研究》，复旦大学出版社 1997 年版。

［136］朱保炯、谢沛霖：《明清进士题名碑录索引》，上海古籍出版社 1980 年版。

［137］朱海滨：《近世浙江文化地理研究》，复旦大学出版社 2011 年版。

［138］朱君毅：《中国历代人物之地理的分布》，中华书局 1932 年版。

［139］朱玲玲、杜瑜：《中国历史地理学论著索引》，书目文献出版社 1987 年版。

［140］邹逸麟：《中国历史地理概述》，福建人民出版社 1993 年版。

四、论文

［1］蔡惠茹：《福建明代人才地理分布研究》，《福建地理》2005 年第 3 期。

［2］蔡志荣：《明清之际湖北地区的教育与书院》，《武汉科技大学学报（社会科学版）》2009 年第 5 期。

［3］曹树基：《明清时期移民氏族的人口增长——长江中下游地区族谱资料分析之一》，《中国经济史研究》1994 年第 4 期。

［4］陈方权：《湖北宋元明清刻书考略（上）》，《图书情报论坛》2008 年第 1 期。

［5］陈方权：《湖北宋元明清刻书考略（下）》，《图书情报论坛》2008 年第 2 期。

［6］陈国生：《〈明史〉入传人物本贯的地理分布及形成原因刍论》，《中国历史地理论丛》1995 年第 2 期。

［7］陈广宏：《论钟伯敬体的形成》，《中国文学研究》1999 年第 4 期。

［8］陈广宏：《中晚明女性诗歌总集编刊宗旨及选录标准的文化解读》，《中国典籍与文化》2007 年第 1 期。

［9］陈广宏：《谭元春启、祯间交游考述——兼论竟陵派发展后期影响

的进一步拓展》,《南京师范大学文学院学报》2003 年第 1 期。

[10]丁文江:《历史人物与地理的关系》,《科学》1923 年第 1 卷第 8 期。

[11]范金民:《明清江南进士数量、地域分布及其特色分析》,《南京大学学报》1992 年第 2 期。

[12]高琪:《浅析明清湖北地区洪涝灾害及其影响》,《武汉文博》2009 年第 2 期。

[13]龚胜生:《湖北瘟疫灾害的时空分布规律:770BC-AD1911》,《华中师范大学学报(自然科学版)》2003 年第 3 期。

[14]郭莹、梁方:《明清湖北人文化性格论析》,《江汉论坛》2014 年第 4 期。

[15]郭莹:《试论湖北文化的交融性》,《光明日报》2005 年 12 月 6 日。

[16]韩茂莉、胡兆量:《中国古代状元分布的文化背景》,《地理学报》1998 年第 6 期。

[17]侯峰、罗朝新:《明清云南人才的地理分布》,《学术探索》2002 年第 1 期。

[18]胡兆量、王恩涌、韩茂莉:《中国人才地理特征》,《经济地理》1998 年 18 卷 1 期。

[19]黄炎培:《清代各省人文统计之一斑》,《人文月刊》1931 年 2 卷 6 期。

[20]江凌、蔡志荣:《试论明清时期湖北地区的教育与书院》,《长江论坛》2010 年第 1 期。

[21]柯西钢:《论明清时期两湖移民的文化流播——汉江上游湘文化区的个案考察》,《求索》2008 年第 6 期。

[22]赖玉芹:《明清士绅对文化名胜的传承——以湖北黄州为例》,《理论月刊》2011 年第 2 期。

［23］黎小龙:《两汉时期西南人才地理特征探析》,《西南师范大学学报》1995 年第 2 期。

［24］李良品:《乌江流域民族地区历代科举人才的地理分布》,《贵州民族研究》2004 年第 3 期。

［25］李琳琦:《徽商与清代汉口紫阳书院——清代商人书院的个案研究》,《清史研究》2002 年第 2 期。

［26］李琳琦:《明清徽州进士数量、分布特点及其原因分析》,《安徽师范大学学报》2001 年第 1 期。

［27］梁启超:《近代学风之地理的分布》,《清华学报》1924 年 1 卷 4 期。

［28］刘海峰:《科举制——中国的第五大发明》,《探索与争鸣》1995 年第 8 期。

［29］刘礼堂、方正:《人文重镇形成的文化生态——以明代黄州府为考察中心》,《江汉论坛》2013 年第 3 期。

［30］刘锡涛:《宋代福建人才地理分布》,《福建师范大学学报》2005 年第 2 期。

［31］梅介人:《我国人才地理分布略述》,《人才天地》1985 年第 2 期。

［32］梅介人:《中国状元及其地理分布》,《中国人才》2002 年第 12 期。

［33］梅莉:《明清湖北农业区域特征分析》,《中国历史地理论丛》1993 年第 4 期。

［34］缪进鸿、钱伟刚:《科举制度衰亡与"东南"人才辈出》,《人才开发》2005 年第 11 期。

［35］缪进鸿:《历代浙江人才的初步研究》,《东南文化》1989 年第 6 期。

［36］莫立民:《唐代文学人才的地理分布及成因》,《中州学刊》2006 年第 5 期。

[37]潘光旦:《明清两代嘉兴的望族》,《中山文化教育馆丛刊》1935年第8期。

[38]潘光旦:《中国画家的分布、移植与遗传》,《人文月刊》第1卷1期。

[39]潘光旦:《中国伶人血缘之研究》,《中山文化教育馆丛刊》1934年第9期。

[40]庞思纯:《贵州七百进士地域考》,《贵州文史丛刊》2002年第3期。

[41]任放:《二十世纪明清市镇经济研究》,《历史研究》2001年第5期。

[42]任鸿隽:《科学家人数与一国文化之关系》,《科学》1915年第1卷第6期。

[43]任泉香等:《近现代中国女性人才的地理分布和区域分异》,《地理学报》2007年第2期。

[44]沈登苗:《明清全国进士与人才的时空分布及其相互关系》,《中国文化研究》1999年冬之卷。

[45]石泉、张国雄:《明清时期两湖移民研究》,《文献》1994年第1期。

[46]史念海:《发挥中国历史地理学有用于世的作用》,《中国历史地理论丛》1992年第3期。

[47]孙谦:《试论中国近代人才的地理分布》,《晋阳学刊》1982年第6期。

[48]陶用舒等:《论湖南人才的几个问题》,《长沙大学学报》2004年第9期。

[49]汪毅夫:《地域历史人群研究:台湾进士》,《东南学术》2003年第3期。

[50]王恩涌、胡兆量、李向荣:《当前我国文武人才的地理分布与南北

差异》,《云南地理环境研究》1996 年第 8 期。

[51]王海刚:《近代黄冈陶氏刻书考略》,《出版科学》2007 年第 6 期。

[52]王玉德:《试论鄂东文化层》,《鄂州大学学报》2008 年第 6 期。

[53]魏长宝:《明清之际的学术话语转型与儒学的转折》,《江汉论坛》2005 年第 10 期。

[54]吴培玉:《我国历史人才地理分布与流向》,《人才研究》1988 年第 2 期。

[55]吴琦:《滥觞、成型、完善、变异——湖北风俗文化的历史演进》,《理论月刊》1992 年第 6 期。

[56]吴泽:《历史上人才的地理分布与阶级层次的转移》,《历史教学问题》1985 年第 1 期。

[57]夏维中、范金民:《明清江南进士研究之二——人数众多的原因分析》,《历史档案》1997 年第 4 期。

[58]肖华忠:《宋代人才的地域分布及其规律》,《中国历史地理论丛》1993 年第 3 期。

[59]谢贵安、冯天瑜:《明清文化转型学术思想研究》,《学习与实践》2011 年第 1 期。

[60]谢宏维:《论明清时期江西进士的数量变化与地区分布》,《江西师范大学学报》2000 年第 4 期。

[61]徐宝芳:《人才地域分布规律研究》,《内蒙古师范大学学报》1997 年第 6 期。

[62]杨斌:《贵州历代人才地理分布变迁》,《中国历史地理论丛》1994 年第 3 期。

[63]张笃勤:《明清黄州文化科举兴盛及其社会根源》,《学习与实践》2009 年第 3 期。

[64]张珊珊:《行政区划调整与省级核心区——以清代湖北为例》,《历

史地理》2006 年第二十一辑。

[65]张卫东:《略论唐五代河南人才的地理分布》,《郑州大学学报》2004 年第 7 期。

[66]张晓纪:《明代安徽人才的地理分布及其成因》,《安庆师范学院学报》2008 年第 7 期。

[67]张晓纪:《清代安徽人才的地理分布及其成因》,《安庆师范学院学报》2012 年第 1 期。

[68]张耀翔:《清代进士之地理分布》,《心理》1926 年 4 卷 1 期。

[69]张伟然:《中国历史文化地理研究的核心问题》,《江汉论坛》2005 年第 1 期。

[70]周积明:《文化分区与湖北文化》,《江汉论坛》2004 年第 9 期。

[71]朱君毅:《现代中国人物之地理教育与职业的分布》,《心理》1926 年 4 卷 1 期。

[72]朱翔:《近现代湖南人才地理研究》,《地理学报》1998 年第 6 期。

[73]朱翔:《中国人才时期与人才地理研究》,《人文地理》2001 年第 5 期。

[74]Haifeng Qian,"Talent,creativity and regional economic performance: the case of China",*Regional Science*,2008.

[75] Helen Lawton Smith, John Glasson, Andrew Chadwick, "The Geography of talent:entrepreneurship and local economic development in Oxford shire",*Entrepreneurship & Regional*,*Development*,2005,11.

[76] Marc Cowling,"The Geographical Distribution of UK Talent:Causes and consequences",*IES Working Paper*,2009,10.

[77]Richard Florida,"The Economic Geography of Talent",*Annals of the Association of American Geographers*. 2002,4(92).

五、学位论文

[1]蔡志荣:《明清湖北书院研究》,华中师范大学博士学位论文,2008 年。

[2]冯明:《张居正改革群体研究》,华中师范大学博士学位论文,2011 年。

[3]方正:《人文重镇形成的文化生态——以明代黄州府为考察中心》,武汉大学博士学位论文,2013 年。

[4]顾利真:《明代湖北地区水旱灾害的时空分布特征及影响研究》,华中师范大学硕士学位论文,2012 年。

[5]黄明光:《明代科举制度研究》,浙江大学博士学位论文,2005 年。

[6]江凌:《清代两湖地区的出版业》,华中师范大学博士学位论文,2008 年。

[7]林涓:《清代行政区划变迁研究》,复旦大学博士学位论文,2004 年。

[8]刘方:《明代湖广作家研究》,上海师范大学硕士学位论文,2007 年。

[9]刘锡涛:《宋代江西文化地理研究》,陕西师范大学博士学位论文,2001 年。

[10]刘亚文:《同治间书院教育研究》,河北大学硕士学位论文,2011 年。

[11]马桂菊:《赋役·水利·书院》,华中师范大学硕士学位论文,2011 年。

[12]彭恩:《清代湖北地区经济开发与生态环境变迁》,西南大学硕士学位论文,2007 年。

[13]田志馥:《宋代福建庙学的历史地理学分析》,福建师范大学博士

学位论文,2013年。

[14]肖卫华:《清代前期湖北籍高层文官研究》,武汉大学硕士学位论文,2004年。

[15]于祥成:《清代书院的儒学传播研究》,湖南大学博士学位论文,2012年。

[16]张崇旺:《明清时期自然灾害与江淮地区社会经济的互动研究》,厦门大学博士学位论文,2004年。

[17]张晓纪:《明清时期安徽人才地理分布研究——以政治、科举人才为例》,福建师范大学硕士学位论文,2009年。

[18]周运中:《苏皖历史文化地理研究》,复旦大学博士学位论文,2010年。

[19]邹鹏:《现当代黄冈人才地理分布研究》,华中师范大学硕士学位论文,2012年。

[20]吴正东:《明清时期湖南人口与社会变迁》,华中师范大学博士学位论文,2012年。

附　录

附表1　《明史》列传湖北籍人物地域分布　　　　　单位:人

府州	辖州或县	列传人物	府州	辖州或县	列传人物
武昌府 (24)	江夏	7	荆州府(19, 归州1人, 荆州1人, 清江1人, 夷陵2人)	江陵	5
	武昌	2		公安	6
	嘉鱼	6		石首	2
	蒲圻	2		监利	0
	咸宁	4		松滋	1
	崇阳	2		枝江	0
	通城	0		长阳	0
	兴国州	0		宜都	0
	大冶	1		远安	0
	通山	0		兴山	0
黄州府 (28,黄州 1人)	黄冈	7		巴东	0
	麻城	8	承天府 (14)	钟祥	4
	黄陂	2		京山	3
	黄安	3		潜江	2
	蕲水	2		当阳	0
	罗田	1		沔阳	1
	蕲州	1		景陵	4
	广济	0	德安府 (13)	安陆	2
	黄梅	3		云梦	1
襄阳府 (6)	襄阳	2		应城	2
	宜城	2		孝感	4
	南漳	0		随州	3
	枣阳	0		应山	1
	谷城	2	汉阳府 (1)	汉阳	0
	光化	0		汉川	1
	均州	0	施州卫 军民指挥 使司(0)	大田军民千户所	0
郧阳府 (1)	郧	0		施南宣抚司	0
	房	0		散毛宣抚司	0
	竹山	0		忠建宣抚司	0
	竹溪	0		容美宣抚司	0
	上津	0		木册长官司	0
	郧西	1		镇南长官司	0
	保康	0		唐崖长官司	0

注:行政区划以《明史》为准。

257

附表2 《清史稿》列传湖北籍人物地域分布　　　　　　单位:人

府州	辖州或县(厅)	列传人物	府州	辖州或县(厅)	列传人物	府州	辖州或县(厅)	列传人物
武昌府(15)	江夏	8	汉阳府(10)	汉阳	6	黄州府(13)	黄冈	4
	武昌	1		汉川	0		黄安	2
	嘉鱼	0		孝感	2		蕲水	2
	蒲圻	0		黄陂	1		罗田	1
	咸宁	2		沔阳	1		麻城	1
	崇阳	0		夏口	0		蕲州	0
	通城	0	安陆府(4)	钟祥	2		广济	0
	兴国	1		京山	0		黄梅	3
	大冶	2		潜江	0	荆州府(3)	江陵	1
	通山	1		天门	2		公安	0
郧阳府(0)	郧	0	德安府(2)	安陆	1		石首	0
	房	0		云梦	0		监利	0
	竹山	0		应城	1		松滋	1
	竹溪	0		随州	0		枝江	0
	保康	0		应山	0		宜都	1
	郧西	0	施南府(3,施南1人)	恩施	2	襄阳府(6)	襄阳	5
宜昌府(0)	东湖	0		宣恩	0		宜城	0
	归州	0		来凤	0		南漳	0
	长阳	0		咸丰	0		枣阳	0
	兴山	0		利川	0		谷城	1
	巴东	0		建始	0		光化	0
	长乐	0	荆门(2,荆门2人)	当阳	0		均州	0
鹤峰直隶厅(1)		1		远安	0			

注:行政区划以《明史》为准。

附表3　明代湖北进士地域分布　　　　　　单位:名

府州	辖州或县	进士数	府州	辖州或县	进士数
武昌府 (234)	江夏	64	荆州府 (190, 荆州1人, 夷陵14人)	江陵	67
	武昌	13		公安	31
	嘉鱼	22		石首	40
	蒲圻	35		监利	16
	咸宁	17		松滋	8
	崇阳	28		枝江	3
	通城	2		长阳	0
	兴国州	36		宜都	5
	大冶	10		远安	3
	通山	7		兴山	0
黄州府 (330, 黄州1人)	黄冈	86		巴东	2
	麻城	104	承天府 (147, 荆门8人)	钟祥	22
	黄陂	17		京山	37
	黄安	7		潜江	26
	蕲水	36		当阳	1
	罗田	7		沔阳	30
	蕲州	40		景陵	23
	广济	12	德安府 (110)	安陆	24
	黄梅	20		云梦	8
襄阳府 (69)	襄阳	39		应城	24
	宜城	6		孝感	33
	南漳	5		随州	12
	枣阳	7		应山	9
	谷城	5	汉阳府 (42)	汉阳	35
	光化	2		汉川	7
	均州	5	施州卫 军民指 挥使司(0)	大田军民千户所	0
郧阳府 (10)	郧	3		施南宣抚司	0
	房	2		散毛宣抚司	0
	竹山	1		忠建宣抚司	0
	竹溪	3		容美宣抚司	0
	上津	1		木册长官司	0
	郧西	0		镇南长官司	0
	保康	0		唐崖长官司	0

注:①资料来源:根据民国十年《湖北通志》选举志,不包括武进士。②行政区划以《明史》为准。

附表4　清代湖北进士地域分布

单位:名

府州	辖州或县(厅)	进士数	府州	辖州或县(厅)	进士数	府州	辖州或县(厅)	进士数
武昌府(273)	江夏	115	汉阳府(284)	汉阳	69	黄州府(339)	黄冈	122
	武昌	53		汉川	24		黄安	40
	嘉鱼	7		孝感	80		蕲水	55
	蒲圻	24		黄陂	73		罗田	14
	咸宁	13		沔阳	38		麻城	42
	崇阳	5		夏口	0		蕲州	21
	通城	4	安陆府(121)	钟祥	34		广济	23
	兴国	36		京山	11		黄梅	22
	大冶	12		潜江	21	荆州府(108,荆州1)	江陵	47
	通山	4		天门	55		公安	10
郧阳府(6)	郧	1	德安府(98)	安陆	24		石首	10
	房	1		云梦	34		监利	26
	竹山	1		应城	18		松滋	7
	竹溪	2		随州	3		枝江	6
	保康	0		应山	19		宜都	1
	郧西	1	施南府(9)	恩施	6	襄阳府(22)	襄阳	9
宜昌府(4,夷陵2人)	东湖	1		宣恩	0		宜城	3
	归州	0		来凤	0		南漳	1
	长阳	1		咸丰	0		枣阳	3
	兴山	0		利川	1		谷城	3
	巴东	0		建始	2		光化	0
	长乐	0	荆门(17,荆门11人)	当阳	6		均州	3
鹤峰直隶厅(0)		0		远安	0			

注:①资料来源:民国十年《湖北通志》选举志,不包括武进士。②行政区划以《清史稿》为准。

附表5　明代湖北进士宦绩表

姓名	籍贯	进士科年代	最高官职及要绩
刘儁*	江陵	洪武十八年	兵部尚书,两次参加明征安南军务,有功
杨溥	石首	建文二年	礼部尚书、武英殿大学士,"三杨"之一
张天祐	江夏	洪武二十六年	吏部尚书
邹来学	麻城	宣德八年	都御史,巡抚南畿,修水利、垦荒、荒政
张瓒	孝感	正统十三年	副都御史,总督漕运、赈灾
王轼	公安	天顺八年	贵州巡抚、南京户部尚书
雍泰	咸宁	成化五年	南京户部尚书
陈金	应城	成化八年	都御史,军政
孙交	安陆	成化十七年	户部尚书,理财
吴廷举	嘉鱼	成化二十三年	都御史,巡抚应天,教育、军政
袁宗皋	石首	弘治三年	礼部尚书兼文渊阁大学士,廉直
李承勋	嘉鱼	弘治六年	兵部尚书兼左都御史,边务
邹文盛	公安	弘治六年	户部尚书,边务
鲁铎	景陵	弘治十五年	国子监祭酒,教育、出使安南
刘天和	麻城	正德三年	兵部尚书,河工水利、边政
戴金	汉阳	正德九年	兵部尚书,为人刚直,边务
童承叙*	沔阳	正德十六年	翰林院侍讲、国子监司业,教育、文化
熊桴*	武昌	嘉靖二十九年	金都御史,巡抚广东,边务
方逢时	嘉鱼	嘉靖二十年	兵部尚书,边政
王之诰	石首	嘉靖二十三年	刑部尚书,边政
耿定向	黄安	嘉靖三十五年	户部尚书,为人刚正,学校教育
张居正	江陵	嘉靖二十六年	礼部尚书、武英殿大学士、内阁首辅
王廷瞻*	黄冈	嘉靖三十八年	户部尚书,漕运、水利
郑继之	襄阳	嘉靖四十四年	吏部尚书,清廉
刘一儒	夷陵	嘉靖三十八年	南京工部尚书,高洁不阿
李维桢	京山	隆庆二年	礼部尚书
周嘉谟	汉川	隆庆五年	吏部尚书,边务、水利,反魏忠贤
刘天衢	广济	隆庆五年	山西按察使加太仆卿,水利、边务
刘楚先	江陵	隆庆五年	礼部尚书

续表

姓名	籍贯	进士科年代	最高官职及要绩
郭正域	江夏	万历十一年	礼部侍郎掌翰林院,刚直不阿
何宗彦	随州	万历二十三年	吏部尚书,建极殿大学士
李长庚	麻城	万历二十三年	吏部尚书,理饷
熊廷弼	江夏	万历二十六年	兵部尚书,辽东经略,边务
袁世振	蕲州	万历二十六年	盐法道,盐政、理财
梅之焕	麻城	万历三十二年	金都御史巡抚甘肃,边政
杨涟	应山	万历三十五年	副都御史,廉正、反魏忠贤
贺逢圣*	江夏	万历四十四年	礼部尚书、文渊阁大学士
姚明恭	蕲水	万历四十七年	户部尚书、文渊阁大学士
方岳贡	谷城	天启二年	户部、兵部尚书兼文渊阁大学士,慎廉、荒政

资料来源:章开沅等主编,张建民著:《湖北通史·明清卷》表8-6,华中师范大学出版社1999年版,第628—629页。

* 说明:①刘傮,原表作刘俊,这里沿用民国《湖北通志》"选举志"作"傮"。②童承叙,原表作正德十五年进士,实为正德十六年。③熊桴,原表作嘉靖元年进士,实为嘉靖二十九年。④王廷瞻,原表作王廷瞻,实为王廷瞻。⑤贺逢圣,原表作贺逢胜,这里沿用通志的"圣"。

附表6　清代湖北科举人才宦绩表

姓名	籍贯	科举年代	最高官职及要绩
吴正治	江夏	顺治六年	工部尚书、武英殿大学士,刑狱
余国柱	大冶	顺治九年	户部尚书、武英殿大学士
王泽弘*	黄冈	顺治十二年	礼部尚书
姚缔虞*	黄陂	顺治十六年	四川巡抚,禁私征杂派
熊赐履	孝感	顺治十五年	武英殿大学士、吏部尚书
涂天相	孝感	康熙四十二年	刑部、兵部尚书
鲁之裕	麻城	康熙举人	直隶清河道、布政使,河道水利
李先复	江陵	康熙举人	工部尚书,理饷
彭承尧	松滋	乾隆二十五年(武进士)	广西提督、四川提督,边务、军政
金光悌	英山	乾隆四十五年	刑部尚书,廉正无私
李潢	钟祥	乾隆三十六年	侍郎、会试副总裁,教育
许兆椿	云梦	乾隆三十七年	漕运总督、贵州巡抚、吏部侍郎
樊雄楚	襄阳	乾隆四十三年(武进士)	福建总兵,边务
李钧简	黄冈	乾隆五十四年	吏部侍郎、顺天府尹,水利
帅承瀛	黄梅	嘉庆元年	吏部侍郎、浙江巡抚,赈灾、水利
陈中孚*	武昌	嘉庆六年	漕运总督、山东巡抚,盐政、水利
刘彬士	黄陂	嘉庆六年	浙江巡抚、刑部侍郎,水利
邱树棠	汉阳	嘉庆七年	山西巡抚、刑部侍郎,水利
陈銮	蕲州	嘉庆二十五年	两江总督兼江南河道总督,水利、海运
蒋立镛	天门	嘉庆十六年	内阁学士,水利
陆建瀛	沔阳	道光二年	两江总督,赈灾、河工、水利
乔用迁	孝感	嘉庆十九年	贵州巡抚,禁烟、苗疆

资料来源:章开沅等主编,张建民著:《湖北通史·明清卷》表8-7,华中师范大学出版社1999年版,第630页。

*说明:①原表题为"清代湖北进士宦绩表",似乎不准确,因为鲁之裕和李先复并没有中进士,因此改为"清代湖北科举人才宦绩表"。②王泽弘,原表作王泽宏有误,依《湖北通志》作"王泽弘"。③姚缔虞,为顺治十六年己亥科进士,原表作顺治十五年有误。④陈中孚,原表作陈忠孚,依《湖北通志》作"陈中孚"。

附表7　明代湖北籍著作地域分布

单位:部

府州	辖州或县	著作数	府州	辖州或县	著作数
武昌府 (316)	江夏	84	荆州府 (259, 荆州4, 荆藩1, 东湖3, 夷陵8)	江陵	57
	武昌	43		公安	67
	嘉鱼	25		石首	42
	蒲圻	56		监利	53
	咸宁	3		松滋	12
	崇阳	60		枝江	3
	通城	11		长阳	0
	兴国州	16		宜都	8
	大冶	11		远安	1
	通山	7		兴山	0
黄州府 (561, 黄州5人)	黄冈	159		巴东	0
	麻城	93	承天府 (277, 荆门7)	钟祥	14
	黄陂	7		京山	75
	黄安	56		潜江	28
	蕲水	28		当阳	52
	罗田	24		沔阳	2
	蕲州	74		景陵	99
	广济	35	德安府 (182, 德安1)	安陆	37
	黄梅	80		云梦	25
襄阳府 (55)	襄阳	26		应城	58
	宜城	4		孝感	49
	南漳	10		随州	8
	枣阳	0		应山	4
	谷城	6	汉阳府 (89)	汉阳	45
	光化	7		汉川	44
	均州	2	施州卫 军民指 挥使司 (10,鹤峰6, 施州卫4)	大田军民千户所	0
郧阳府 (7,郧阳3)	郧	1		施南宣抚司	0
	房	0		散毛宣抚司	0
	竹山	1		忠建宣抚司	0
	竹溪	0		容美宣抚司	0
	上津	0		木册长官司	0
	郧西	1		镇南长官司	0
	保康	1		唐崖长官司	0

说明:①资料来源于民国十年《湖北通志》艺文志。②景陵又称竟陵、天门,将记载为竟陵、天门的籍贯
　　一并计入景陵县。

附表8　清代湖北籍著作地域分布

单位:部

府州	辖州或县(厅)	著作数	府州	辖州或县(厅)	著作数	府州	辖州或县(厅)	著作数
武昌府(567)	江夏	188	汉阳府(872)	汉阳	232	黄州府(1308,黄州9)	黄冈	374
	武昌	101		汉川	171		黄安	107
	嘉鱼	12		孝感	133		蕲水	166
	蒲圻	76		黄陂	19		罗田	31
	咸宁	3		沔阳	317		麻城	70
	崇阳	61		夏口	0		蕲州	260
	通城	26	安陆府(222)	钟祥	37		广济	169
	兴国	74		京山	49		黄梅	122
	大冶	23		潜江	60	荆州府(361,荆州3)	江陵	129
	通山	3		天门	76		公安	38
郧阳府(6)	郧	1	德安府(406,德安2)	安陆	116		石首	85
	房	1		云梦	117		监利	57
	竹山	0		应城	133		松滋	22
	竹溪	2		随州	15		枝江	16
	保康	0		应山	23		宜都	11
	郧西	2	施南府(11)	恩施	2	襄阳府(79)	襄阳	34
宜昌府(43,夷陵6)	东湖	16		宣恩	2		宜城	19
	归州	0		来凤	6		南漳	6
	长阳	6		咸丰	0		枣阳	10
	兴山	12		利川	0		谷城	1
	巴东	0		建始	1		光化	7
	长乐	3	荆门直隶州(48,荆门31)	当阳	11		均州	2
鹤峰直隶厅(9)		9		远安	6			

说明:①资料来源于民国十年《湖北通志》艺文志;②作者籍贯不详著作1部;③天门又称景陵、竟陵,将记载景陵、竟陵的籍贯一并计入天门县。

附表9 《明史》列传湖南籍人物地域分布　　　　　　　单位:人

府州	辖州或县	列传人物	府州	辖州或县	列传人物	府州	辖州或县	列传人物
岳州府（8）	巴陵	2	衡州府（3）	衡阳	0	常德府（7）	武陵	7
	临湘	0		衡山	1		桃源	0
	华容	3		耒阳	1		龙阳	0
	平江	1		长宁	0		沅江	0
	安乡	0		安仁	0	靖州直隶州（1）	会同	0
	石门	0		酃县	0		通道	0
	慈利	1		临武	1		绥宁	0
	澧州	1		蓝山	0		天柱	0
长沙府（12）	长沙	1		嘉禾	0	永州府（6）	零陵	1
	善化	0		桂阳州	0		祁阳	0
	湘阴	2	辰州府（0）	沅陵	0		东安	2
	湘潭	1		卢溪	0		宁远	1
	浏阳	1		辰溪	0		江华	0
	醴陵	0		溆浦	0		永明	0
	宁乡	0		黔阳	0		新田	0
	益阳	1		麻阳	0		道州	2
	湘乡	0		沅州	0	永顺军民宣慰使司（0）	南渭州	0
	攸	2	宝庆府（0）	邵阳	0		施溶州	0
	安化	1		新化	0		上溪州	0
	茶陵州	3		城步	0		田家洞	0
郴州直隶州（4，郴州1）	永兴	0		新宁	0		白崖洞	0
	宜章	0		武冈州	0		施溶溪	0
	兴宁	0	保靖州军民宣慰使司（0）	五寨长官司	0		驴迟洞	0
	桂阳	3		筸子坪长官司	0		麦著黄洞	0
	桂东	0					臘惹洞	0

注:行政区划以《明史》为准。表内容转引自张伟然:《湖南历史文化地理研究》,复旦大学出版社1995
年版。

附表 10　明代湖南进士地域分布　　　　　　　　　　单位:名

府州	辖州或县	进士数	府州	辖州或县	进士数	府州	辖州或县	进士数
岳州府（88）	巴陵	28	衡州府（50）	衡阳	26	常德府（50）	武陵	33
	临湘	4		衡山	5		桃源	7
	华容	33		耒阳	7		龙阳	7
	平江	1		长宁	0		沅江	3
	安乡	3		安仁	1	靖州直隶州（1）	会同	0
	石门	0		酃县	1		通道	0
	慈利	2		临武	2		绥宁	1
	澧州	17		蓝山	5		天柱	0
长沙府（110）	长沙	15		嘉禾	0	永州府（55）	零陵	20
	善化	4		桂阳州	3		祁阳	8
	湘阴	14	辰州府（36，芷江2）	沅陵	17		宁远	11
	湘潭	16		卢溪	4		江华	1
	浏阳	4		辰溪	4		永明	5
	醴陵	4		溆浦	4		新田	0
	宁乡	3		黔阳	5		道州	10
	益阳	9		麻阳	0	永顺军民宣慰使司（0）	南渭州	0
	湘乡	3		沅州	0		施溶州	0
	攸	21	宝庆府（21）	邵阳	11		上溪州	0
	安化	2		新化	4		田家洞	0
	茶陵州	15		城步	0		白崖洞	0
郴州直隶州（48，郴州7）	永兴	15		新宁	2		施溶溪	0
	宜章	3		武冈州	4		驴迟洞	0
	兴宁	8	保靖州军民宣慰使司（0）	五寨长官司	0		麦著黄洞	0
	桂阳	15		筸子坪长官司	0		腾惹洞	0

注:①资料来源:《湖南通志》选举志,转引自张伟然:《湖南历史文化地理研究》,复旦大学出版社 1995年版。②行政区划以《明史》为准。

附表 11　清代湖南进士地域分布

单位:名

府州	辖州或县	进士数	府州	辖州或县	进士数	府州	辖州或县	进士数
岳州府（50）	巴陵	24	衡州府（50）	衡阳	24	常德府（48）	武陵	39
	临湘	7		衡山	27		桃源	2
	华容	10		耒阳	7		龙阳	5
	平江	9		长宁	5		沅江	2
长沙府（412）	长沙	112		安仁	3	靖州直隶州（3）	会同	1
	善化	78		酃县	3		通道	0
	湘阴	26		清泉	13		绥宁	1
	湘潭	72	桂阳州（9，桂阳6）	临武	1	永州府（55）	零陵	4
	浏阳	15		蓝山	1		祁阳	11
	醴陵	1		嘉禾	1		东安	0
	宁乡	33	辰州府（13）	沅陵	6		宁远	2
	益阳	22		卢溪	0		江华	0
	湘乡	24		辰溪	3		永明	2
	攸	12		溆浦	4		新田	0
	安化	7	沅州府（2）	黔阳	2		道州	4
	茶陵州	10		麻阳	0	永顺府（1）	永顺	1
郴州直隶州（12，郴州4）	永兴	2	宝庆府（42）	邵阳	20		龙山	0
	宜章	0		新化	10		保靖	0
	兴宁	0		城步	0		桑植	0
	桂阳	4		新宁	1		古丈坪厅	0
	桂东	2		武冈州	1	澧州直隶州（14，澧州7）	安乡	4
	永绥直隶厅	1	南州（0）		0		石门	1

注:①资料来源:《湖南通志》选举志,转引自张伟然:《湖南历史文化地理研究》,复旦大学出版社 1995 年版。②行政区划以《清史稿》为准。

附表 12　《明史》列传皖籍人物地域分布①　　　　　单位:人

府州	辖州或县	列传人物	府州	辖州或县	列传人物	府州	辖州或县	列传人物
凤阳府（93）	泗州	2	庐州府（32）	合肥	17	和州（6）	和州	5
	寿州	9		庐江	2		含山	1
	宿州	2		无为	3	宁国府（11）	宣城	8
	颍州	1		巢县	6		南陵	1
	亳州	1		六安	3		旌德	0
	凤阳	26		英山	0		泾县	1
	临淮	9		霍山	0		宁国	0
	五河	2		舒城	1		太平	1
	虹县	5	安庆府（20）	怀宁	1	徽州府（48，新安2人）	歙县	19
	怀远	7		桐城	16		休宁	8
	定远	22		潜山	1		婺源	12
	霍邱	2		太湖	1		祁门	4
	蒙城	0		宿松	0		黟县	0
	天长	0		望江	1		绩溪	3
	盱眙	3	池州府（9）	贵池	4	太平府（6）	当涂	6
	灵璧	1		青阳	0		芜湖	0
	颍上	1		铜陵	0		繁昌	0
	太和	0		石埭	3	滁州（17）	滁州	9
广德（2）	广德	2		建德	1		全椒	7
	建平	0		东流	1		来安	1

注:行政区划以《明史》为准。

---

① 张晓纪:《明清时期安徽人才地理分布研究》,福建师范大学 2009 年硕士学位论文。

附表 13 《清史稿》列传皖籍人物地域分布① 　　　　　　单位:人

府州	辖州或县	列传人物	府州	辖州或县	列传人物	府州	辖州或县	列传人物
安庆府(51)	怀宁	1	徽州府(51)	绩溪	2	宁国府(19)	太平	0
	潜山	0		歙县	29		旌德	4
	宿松	0		婺源	5		南陵	1
	太湖	1		休宁	12		宣城	5
	望江	0		祁门	0		宁国	0
	桐城	49		黟县	3		泾县	9
凤阳府(15)	凤阳	2	颍州府(8,涡阳1人,颍州1人)	蒙城	2	泗州(7)	五河	0
	寿县	4		亳县	3		泗州	2
	宿州	1		霍邱	0		盱眙	3
	灵璧	1		阜阳	1		天长	2
	怀远	5		颍上	0		虹县	0
	临淮	0		太和	0	六安州(4)	英山	1
	凤台	0	庐州府(35)	巢县	0		霍山	1
	定远	2		合肥	26		六安	2
池州府(11)	池州	4		舒城	1	滁州(2)	滁县	1
	铜陵	0		庐江	8		来安	0
	东流	0		无为	0		全椒	1
	建德	2	太平府(3)	芜湖	0	和州(3)	和县	3
	石埭	2		繁昌	0		含山	0
	青阳	3		当涂	3	广德(0)	广德	0
							建平	0

注:行政区划以《清史稿》为准。

① 张晓纪:《明清时期安徽人才地理分布研究》,福建师范大学 2009 年硕士学位论文。

附表14　明代安徽进士地域分布①　　　　　单位:名

府州	辖州或县	进士数	府州	辖州或县	进士数	府州	辖州或县	进士数
凤阳府（199）	泗州	16	庐州府（156）	合肥	49	和州（21）	和州	15
	寿州	13		庐江	10		含山	6
	宿州	8		无为	29	宁国府（151）	宣城	64
	颍州	27		巢县	13		南陵	12
	亳州	7		六安	20		旌德	9
	凤阳	17		英山	5		泾县	43
	临淮	17		霍山	4		宁国	9
	五河	7		舒城	26		太平	14
	虹县	2	安庆府（177）	怀宁	48	徽州府（410）	歙县	180
	怀远	9		桐城	84		休宁	62
	定远	13		潜山	16		婺源	92
	霍邱	10		太湖	12		祁门	46
	蒙城	8		宿松	10		黟县	13
	天长	10		望江	7		绩溪	17
	盱眙	13	池州府（76）	贵池	24	太平府（91）	当涂	59
	灵璧	12		青阳	23		芜湖	16
	颍上	5		铜陵	4		繁昌	16
	太和	5		石埭	6	滁州（39）	滁州	16
广德州（34）	广德	25		建德	16		全椒	13
	建平	9		东流	3		来安	10

注:①资料来源:根据《重修安徽通志》选举志统计制作。②行政区划以《明史》为准。

①　张晓纪:《明清时期安徽人才地理分布研究》,福建师范大学2009年硕士学位论文。

附表15　清代安徽进士地域分布①　　　　　　　　　单位:名

府州	辖州或县	进士数	府州	辖州或县	进士数	府州	辖州或县	进士数
安庆府（304）	怀宁	57	徽州府（315）	绩溪	17	宁国府（176）	太平	21
	潜山	10		歙县	145		旌德	33
	宿松	22		婺源	44		南陵	13
	太湖	46		休宁	89		宣城	38
	望江	16		祁门	10		宁国	6
	桐城	153		黟县	10		泾县	65
凤阳府（71）	凤阳	8	颍州府（34）	颍州	23	泗州（41）	五河	3
	寿县	16		蒙城	0		泗州	9
	宿州	2		亳县	0		盱眙	13
	灵璧	2		霍邱	5		天长	15
	怀远	13		阜阳	3		虹县	1
	临淮	0		颍上	3	六安州（52）	英山	15
	凤台	4	庐州府（120）	巢县	8		霍山	6
	定远	26		合肥	65		六安	31
池州府（36）	池州	8		舒城	13	滁州（47）	滁县	5
	铜陵	6		庐江	24		来安	6
	东流	1		无为	10		来安	36
	建德	5	太平府（60）	芜湖	26	和州（37）	和县	18
	石埭	5		繁昌	25		含山	19
	青阳	11		当涂	9	广德（15）	广德	11
							建平	4

注:①资料来源:《重修安徽通志》选举志和《明清进士题名碑录索引》光绪三年以后的皖籍进士。②行政区划以《清史稿》为准。

---

① 张晓纪:《明清时期安徽人才地理分布研究》,福建师范大学2009年硕士学位论文。

责任编辑:陈光耀

封面设计:姚 菲

图书在版编目(CIP)数据

明清时期湖北人才地理分布研究/张晓纪 著. —北京:人民出版社,2021.7

ISBN 978－7－01－021701－7

Ⅰ.①明… Ⅱ.①张… Ⅲ.①人才-地理分布-研究-湖北-明清时代

Ⅳ.①C964.2

中国版本图书馆 CIP 数据核字(2020)第 005397 号

明清时期湖北人才地理分布研究

MINGQING SHIQI HUBEI RENCAI DILI FENBU YANJIU

张晓纪 著

人民出版社 出版发行

(100706 北京市东城区隆福寺街 99 号)

中煤(北京)印务有限公司印刷 新华书店经销

2021 年 7 月第 1 版 2021 年 7 月北京第 1 次印刷

开本:710 毫米×1000 毫米 1/16 印张:17.5

字数:240 千字

ISBN 978－7－01－021701－7 定价:65.00 元

邮购地址 100706 北京市东城区隆福寺街 99 号

人民东方图书销售中心 电话 (010)65250042 65289539